佛教研究叢書 14

佛教中國化的當代實踐：

北京地區青年佛教徒的信仰生活

韓琪　著

蘭臺出版社

前言

　　堅持我國宗教的中國化方向，是當前引領我國宗教研究、指導我國宗教工作的一項重要理論指導。在 2015 年 5 月的中央統戰工作會議上，習近平總書記首次提出「積極引導宗教與社會主義社會相適應，必須堅持中國化方向。」在 2016 年 4 月的全國宗教工作會議上，習總書記對此進一步強調並提出系統闡釋。他指出：「積極引導宗教與社會主義社會相適應，一個重要的任務就是支持我國宗教堅持中國化方向。要用社會主義核心價值觀來引領和教育宗教界人士和信教群眾，弘揚中華民族優良傳統，用團結進步、和平寬容等觀念引導廣大信教群眾，支持各宗教在保持基本信仰、核心教義、禮儀制度的同時，深入挖掘教義教規中有利於社會和諧、時代進步、健康文明的內容，對教規教義作出符合當代中國發展進步要求、符合中華優秀傳統文化的闡釋。」[1] 在 2017 年黨的十九大報告中，習總書記再次提出：「全面貫徹黨的宗教工作基本方針，堅持我國宗教的中國化方向，積極引導宗教與社會主義社會相適應。」[2] 因此，堅持我國宗教的中國化方向的重要性和必要性可見一斑。

1　〈發展中國特色社會主義宗教理論 全面提高新形勢下宗教工作水準〉，《人民日報》2016 年 4 月 24 日。
2　〈決勝全面建成小康社會 奪取新時代中國特色社會主義偉大勝利〉，《人民日報》2017 年 10 月 28 日。

　　我國五大宗教中，除土生土長的道教之外，佛教、基督教、天主教和伊斯蘭教均是外來宗教，傳入中國後都存在一個中國化的問題。其中，佛教傳入中國的歷史最久，在傳播過程中逐漸與中國社會文化深度交流和融合，進而成為中華文明的一個重要組成部分，因此佛教的中國化程度可以說是最好的。

　　2015 年之前，學術界對佛教中國化的探討基本上在「宗教本土化」的範式下進行，從外來宗教傳入中國的視角探討其本土化歷程，旨在探討世界各大宗教生存和發展的一般規律。2015 年中央統戰工作會議之後，學術界開始直接考察佛教的中國化，其理論宗旨是任何一種中國宗教，無論外來的還是本土的，都要走中國化道路、堅持中國化方向。因此，直接考察佛教中國化的研究可以說更具有針對性、政治性和創新性。關於佛教的中國化過程，學界有三種觀點，第一種觀點認為佛教的中國化過程只是中國佛教自身發展總過程的一個前期階段，它始於佛教初傳中國的西漢末年，基本結束於隋唐時期有中國特色的佛教宗派相繼成立，從兩宋開始到今天就是中國佛教或稱中國化佛教的持續發展了；第二種觀點認為佛教的中國化歷程就是中國佛教的歷史演進過程，一部中國佛教演進的歷史，就是一部佛教中國化的歷史，隋唐時期有中國特色佛教宗派的創立實現了佛教的中國化，之後是在此中國化的基礎上繼續前進，中國化程度越來越強烈，比如五代以後進入三教融合時期；第三種觀點認為佛教在中國的發展可以分為三個階段，即佛教初傳時期的古印度佛教在中國階段，佛教中國化階段，和中國佛教發展階段，即佛教的中國化過程涵蓋的歷史範圍更窄了。[3]

　　本書基本上採用第二種觀點，即認為中國佛教的發展演進就是佛教中國化的過程，直至今天，佛教的中國化仍然在持續進行中，它日益深度融入當代中國的社會文化。歷史上，印度佛教初傳入中國就因思想的異質性而遭到士大夫階層激烈的反對。面對中國社會知識和權力菁英的不斷質疑，佛教不斷調整立場，通過比附中國傳統文化的方式闡釋自身的教義和宗教實踐，盡可能化解文化差異，謀求更多的社會理解和認同。這樣才逐

3　魏道儒，〈舊課題與新理論：研究「佛教中國化」的脈絡〉，《內蒙古師範大學學報（哲學社會科學版）》，2021 年第 2 期。

漸與中國文化深入融合，並形成天臺、華嚴、禪宗等具有中國特色的佛教宗派，實現了自身的中國化。今天佛教的中國化，依然帶有歷史上這一文化融合的痕跡，體現出佛教努力適應中國文化的鮮明特點。

學界提出了一個全面闡釋何謂佛教的中國化的概念：「佛教中國化不是抽象或象徵性的話語，也不是一種學術史意義上的脈絡梳理，而是佛教教義在中國的實現途徑和實現方式。也就是說，佛教中國化作為一個特定命題，是指佛教徒在推動佛教流傳的過程中，逐漸使印度佛教與中國政治、經濟、文化、社會實際相適應、相結合，接受中國社會環境的影響和改造，從而在教義思想、儀軌制度和修持生活諸方面都發生了變化，打上了中國社會的深刻烙印，具有鮮明的中國民族性、地域性和時代性特徵，納入了中國傳統文化的巨流，轉變為中國文化的品格和旨趣，形成了有別於印度佛教的獨特精神風貌。」[4] 因此，佛教中國化的歷程正是在每一個鮮活的佛教徒的具體信仰行為中得到落實、推進和不斷深入。

本書的研究可以說正是對這一概念的當代呈現和印證。通過滾雪球抽樣，對北京地區的 23 名青年佛教徒進行深度訪談，考察他們信佛後面臨的首要問題是什麼，為什麼會有這些問題，他們如何應對如何解決，以及這些解決方式何以有效。研究發現，學佛如何跟現實生活相融合正是他們面臨的首要問題，其成因則在於佛教信仰的出世性與俗世生活的兩難，而這群青年信徒所選擇的解決問題的方式讓他們的信仰生活呈現為一種「入世潛修」的生活樣式。這一生活樣式不僅澄清了馬克斯・韋伯對於大乘佛教無法發展出一種理性的、俗人的生活方法論的偏頗判斷，而且恰好呈現出佛教中國化的一種當代實踐面向。這群青年佛教徒的信仰生活，正是佛教中國化實踐在當代的一種真實體現。

關於佛教中國化的研究，一直以來都以歷史研究、哲學研究偏多，實證研究則相對較少。本書作為一份對當代青年佛教徒信仰情況的定性研究，為佛教中國化的當代實踐提供了一份鮮活的實證資料，在研究方法和研究內容上具有一定的創新。由於對宗教信徒信仰生活的深度訪談資料非常不容易獲得，本研究亦具有一定的研究積累價值，其研究結論可以為佛

4　方立天，〈佛教中國化與中國化佛教——以漢傳佛教為中心〉，《方立天文集》（第 1 卷），中國人民大學出版社 2012 年，頁 447。

教中國化的相關研究的深入發展和理論構建提供基礎，亦可為相關的宗教治理工作提供一定的參考。

目　錄

第一章　導論

一、研究問題

2010 年，一名北大畢業生放棄美國麻省理工的全額獎學金而選擇出家，這一消息在網上激起了各種討論。根據當時新浪網對此事所做的調查，只有超過 40％的民眾表示理解這種行為。大多數人不明白為何一個天才要選擇遁入空門。面對社會的質疑，國家宗教局局長王作安、北大校長周其鳳分別適時地表明態度，「可以進行理性的討論，但不要圍繞個人炒作」，「北大確實有畢業生出家，但沒有很多畢業生出家」，基本上他們都認為這是個人選擇的自由，是一件正常的事情。

無獨有偶，2001 年，美國哈佛大學學生 Sumi Loundon 出於對同齡佛教徒狀況的好奇與關注，經過在全美三年的搜尋，編輯出版了《穿牛仔褲的佛：青年佛教徒的聲音》（*Blue Jean Buddha: Voices of Young Buddhists*）一書，該書集合了 28 位年齡在 20 多到 30 出頭之間的美國青年佛教徒的故事，他們大多數都受過大學教育。2006 年，Sumi Loundon 再次編輯出版了一本《佛陀的弟子：更多青年佛教徒的聲音》（*The Buddha's Apprentices: More Voices of Young Buddhists*），除了 20 多、30 歲出頭的青年佛教徒的經歷之外，此書還包括少量 10 多歲少年佛教徒的故事以及幾位著名中年佛教徒對早年經歷的回望。這兩本書反映，對美國

的青年佛教徒來說，身分認同問題（identity issues）是他們關注的主要問題，即「我是誰」和「我到底要成為誰」，他們在外來的神祕又古老的佛教信仰與本土理性而現代的西方文明之間並不那麼順利地尋找著自己的身分定位，比如「我是否應當像個僧人那樣來看待生活？」、「我真是個佛教徒嗎？」、「我是不是需要一個老師？」、「我能否修習來自於（佛教中）不同傳統的東西」、「我是否應當努力學一門亞洲語言或者去亞洲？」、「我是不是可以只修習禪坐？」、「我的父母和朋友們是怎麼想的？」[1] 這兩本書探討了美國青年佛教徒的現實生活和宗教實踐，編者選取的都是接觸佛教至少好幾年的信徒而非初學者。

　　佛教是美國的外來宗教。20世紀60、70年代，它在美國獲得突破性的發展，1970年佛教徒人數增至20萬，占全美人口的0.1％，實現零的突破；截止2005年，美國人口3億，佛教徒272萬，占總人口的0.9％。[2] 儘管佛教在美國有如此迅速的發展，並且種類齊全、宗派林立，但它仍然不能算是美國社會的主流信仰。在這樣的大背景之下，一個美國青年選擇佛教信仰時自然面臨的首先是身分認同的問題，即自己選擇的信仰如何與土生土長的西方文明之間溝通和平衡。那麼我們不禁要問，在中國社會，青年佛教徒們面對的會是什麼樣的問題呢？考慮到北大畢業生出家一事在社會上引起的軒然大波，這一追問具有極強的理論和現實意義。

　　佛教在中國亦是外來宗教，然而自漢朝時傳入以來，它便與中國文化相融合逐步發展出具有本土特色的漢傳佛教而成為我國傳統文化儒釋道三教之一，以至於國人說起佛教根本不會想到它的外來身分，因此經過近2000年的發展與融合佛教在中國儼然已成為一個本土宗教。既然佛教已經融合成為中國文化的一部分，那麼對青年佛教徒來說應該不會有身分認同的問題，那麼他們面對的會是什麼樣的問題？既然佛教已經很好地融入了中國社會，為何只有40％的線民對北大畢業生出家一事表示理解？難道有了佛教信仰之後走上出家之路不是很正常的嗎？

1　Loundon, Sumi,(ed.) 2001, *Blue Jean Buddha: Voices of Young Buddhists*, Boston: Wisdom Publications, pp.xvi-xvii.

2　此資料來自李四龍，〈美國佛教的傳播經驗〉，載《世界宗教文化》，2009年第2期，頁16。這個資料還只是統計的正式皈依的佛弟子，如果算上信奉但未皈依的佛教徒，估計有3500萬。

　　帶著這些疑問，同時受 Sumi Loundon 的啟發，筆者以當代青年佛教徒為研究對象，探尋他們面臨的主要問題是什麼，為什麼在他們的信仰和生活中會產生這樣的問題，他們如何應對如何解決，他們採用了怎樣的具體的解決方法以及這種解決方法何以有效。

　　根據官方的資料，目前全國約有 20 萬佛教僧尼，其中藏傳出家人約 12 萬[3]，這是對佛教出家人的估計。佛教居士由於其身分建構的非制度化特徵，即主觀性、非排他性以及重複皈依的可能性，精確的人數統計很難操作，汲喆在官方統計基礎上根據自己的田野經驗對在家佛教徒提出了一個大概估計，約 2 至 3 億人，占中國總人口的 20% 左右，這其實是一個相當寬泛的估計。[4]楊鳳崗以 2007 年零點對中國人精神生活的調查資料為基礎，提出目前中國自稱為佛教徒的人數是 1 億 8 千 4 百多萬左右，占總人口的 18%，其中只有 1 千 7 百多萬參加過正式的皈依儀式，占總人口的 1.7%。[5]除了全國範圍的人數估計之外，孫尚揚於 2008 年底對北京大學學生對基督宗教的態度進行了一次抽樣調查，此次調查反映有 6.3% 的北大學生自認為是佛教徒，佛教是北大占比例最高的宗教信仰。[6]這一比例遠低於全國的情況。儘管如此，作為一個對社會狀況具有敏銳感知的群體，青年對信仰的選擇和理解在一定程度上特別能夠反映當前宗教復甦、社會發展中的一些實際問題。

　　結合北大畢業生出家一事，我們對北京地區青年佛教徒的信仰狀況進行探究將極具典型性和代表性。這是一份宗教社會學領域的探索性研究，以受過高等教育的佛教青年信徒為對象，試圖描述該群體的信仰狀況、歸納其特點並對研究問題提供解釋。本研究不論是對宗教社會學、對佛教研

3　此資料來自國家宗教事務局網站公布的《中國的宗教信仰自由狀況》白皮書。

4　汲喆，〈復興三十年：當代中國佛教的基本資料〉，載《佛教觀察》總第五期，2009年 7 月。

5　Yang, Fenggang & Leamaster, R. J., 2010,"Buddhists in China Today". 載 2010 年第七屆宗教社會科學年會論文集《中國宗教的現狀與走向》（II），頁 1044、1055。楊鳳崗的百分比以 2005 年中國總體成年人口（1,019,630,000）為參照，將新疆和西藏這兩個特殊地區的人口除外。此數據僅供參考。

6　孫尚揚、韓琪，〈北大學生對基督宗教的態度：初步調查與分析〉，《輔仁宗教研究》，2009 年秋，頁 60。其次是基督新教，占 3.8%；儒家 3.7%，天主教 0.9%，伊斯蘭教 0.7%，道教 0.4%。

究還是對青年信仰研究來說都具有非常重要的意義和價值。

二、研究範式

　　信仰與生活樣式（conduct of life）的關係這一研究範式，以馬克斯‧韋伯的《新教倫理與資本主義精神》表現得最為經典。這份成於 1905 年的研究試圖探究近代西方理性主義的獨有特質並闡釋其起源。韋伯觀察到，相比天主教徒來說，基督新教徒處處表現出一種經濟理性主義的特殊傾向，典型的比如虔敬派、加爾文派、門諾派等——他們「強固堅定的信仰與同等強盛發展的事業精神與成果的兩相結合」；對新教這種截然不同的生活態度，韋伯認為必須從其宗教信仰的內在特質中尋求，正是新教這樣一種經濟理性的生活樣式與近代資本主義文化之間有著某種內在的親和性（an inner affinity）。韋伯所謂的「資本主義精神」正是指以一種帶有倫理色彩的生活樣式來生活的性格傾向，即天職思想和為職業勞動獻身，而這正是宗教改革的產物。在宗教改革中逐步發展起來的基督新教各派，其禁欲性格以及在整體上講求方法的理性的生活樣式均以特定的宗教意識為基礎，如加爾文派的上帝預選說，再洗禮派監察作為神之啟示的良心的救贖論，它們均使得信徒雖著眼於彼世卻在現世內以一種講求方法的理性化的禁欲生活樣式過活。基督新教的這種入世禁欲精神最終孕育出一種基於職業理念的理性生活樣式，而後者——在其宗教根基枯萎之後——正是近代資本主義精神的一個本質構成要素，近代西方理性主義的獨有特質正在於這種經濟理性。經過追本溯源，韋伯對這種失去了信仰根基的經濟理性表示出巨大的憂慮，稱之為現代人的「鋼鐵般的牢籠」（a shell as hard as steel）。[7]

7　對《新教倫理與資本主義精神》的介紹，中文參考《韋伯作品集 XII：新教倫理與資本主義精神》（康樂、簡惠美譯，廣西師範大學出版社，2007 年）中的〈前言〉和〈第一部 新教倫理與資本主義精神〉。雖然〈前言〉作於 1920 年，是韋伯為其三卷本的《宗教社會學論文集》寫的序，從 1905 到 1920 年韋伯自身的思想是有發展的，1920 年整個《宗教社會學論文集》出版之時韋伯有一種明顯的整合前期研究的意圖，但是這種細微的變化在此並不影響本研究，故而從整體上一併參考。其中的英文參考 Baehr, Peter & Wells, Gordon C. (trans., eds.), 2002, *The Protestant Ethic and the "Spirit "of Capitalism and Other Writings*, Penguin Books, p.366, p.7, p.121. 生活樣式（conduct of life），也可翻譯為生活方式，在此跟康樂、簡惠美的譯文保持一致。因為在本書中「生

　　西方理性主義的這一獨有特色成為韋伯接下來宗教研究的著眼點，其他文明中的宗教信仰催生了怎樣相應的生活樣式因而逐漸形成了怎樣的有別於西方資本主義精神的文明特質或者傳統，正是韋伯一以貫之的問題意識。而信仰與生活樣式的關係這一主題既因為韋伯的努力而獲得了一種神聖重要性，又往往因為本身的微妙而湮沒在宏大的東西方文明比較之中。

　　1915 年，在繼《新教倫理》之後的〈比較宗教學導論——世界諸宗教之經濟倫理〉這篇論文中，韋伯進一步指出各宗教的「擔綱者」，即到底是哪些社會階層主要承擔這種宗教信仰，因而他們的生活樣式對這一宗教起到了非常關鍵的作用。相對於基督宗教主要是一種市民階級的宗教來說，佛教，特別是原始佛教，其擔綱者是一群「沉潛冥思、拒斥現世、離棄家園、流轉四方的托（缽）僧」，正是他們的生活樣式形塑了佛教的一般形象以及佛教文化中歷來的棄世冥思（world-rejecting contemplation）的傾向，韋伯認為他們才是佛教中「成色十足的」教團成員，是宗教意識的主體，而其他信徒都是宗教價值較低的俗人，充其量只是宗教意識的客體。[8]

　　此外，該文提出了比較宗教學研究中非常重要的一個概念——世界圖景（world image），即人們希望從哪裡被拯救出來、希望被解救到何處去，以及要如何才能被拯救。每一個宗教都有各自不同的世界圖景。韋伯認為，直接支配人類行為的是物質和精神上的利益，而非理念，但是由理念或者說宗教信條所創造出來的有系統且合理化的世界圖景則直接指引著人類趨利行為的方向。世界圖景這一概念可以說是對信仰的一種具體化，因此，不同的世界圖景會指引人們逐漸走上不同的生活樣式軌道，從而形成各個宗教在世界上獨具特色的現實表達。

活樣式」是作為一個專有名詞特指一種理想類型（ideal type），是抽象的而且在宏觀的整體的層面，比如韋伯認為的基督徒的生活樣式是入世禁欲主義或者說入世苦行，天主教徒的生活樣式是出世苦行，等等；而本書中用到「生活方式」之處則是一種泛泛的指示，即信仰帶給人的生活上的改變，它是具體的且不帶有抽象的層面。

8　韋伯，《韋伯作品集 V：中國的宗教、宗教與世界》，康樂、簡惠美譯，廣西師範大學出版社，2004 年，頁 463 － 464。此論文成於 1915 年。此處英文參考 Gerth, H. H. & Mills, C. W. (trans., ed.), 1947, *From Max Weber: Essays in Sociology*, Lowe & Brydone Printers, Ltd, p.269.

　　進一步，韋伯依據先知預言的特色提出了分析世界宗教的兩個理想型：「模範型」預言（"exemplary" prophecy）和「使命型」預言（"emissary" prophecy），前者以身示範，通常以一種冥思性的、無所動心的禁欲生活為模範，指引人們救贖之路；後者則以神之名頒布其對世間的要求，這些要求是倫理的並且往往帶有一種行動的、禁欲的性格。「使命型」預言與一種超世的、人格性的、賞善罰惡的上帝觀念有著深厚的親和性，而「模範型」預言中的至高存在則是一種非人格的存在，人們只能以冥思的靜態來接近它。明顯地，西方的基督宗教受「使命型」預言的支配，而「模範型」預言則主導著印度與中國的宗教。[9] 不同的宗教預言方式塑造著世界圖景的內容，因而對信徒的生活樣式亦有深遠的影響。

　　1916 － 1917 年，韋伯完成《印度教與佛教》。原始佛教以托缽僧為宗教擔綱者，其生活樣式自然是拒斥現世的，不過這之中並非沒有理性，他們以一種對所有本能衝動保持持續、警覺的控制的方法來規範生活，但它顯然不同於基督新教的入世禁欲主義。原始佛教這種遁世態度（other-worldliness）是無法導向一種現世中的理性的生活方法論的，更不用說形成一種可能轉化現世的經濟倫理了。[10] 隨著佛教的發展，大乘佛教在印度出現。通過對大乘佛教的特色的考察，韋伯認為，儘管關照俗人階層的救贖需求正是大乘佛教的發展因素之一，比如大乘獨有的菩薩信仰、神化佛陀的「三身」說（法身、報身、化身）等，但是理性的、現世內的生活樣式仍然不會在其基礎上發展出來；「在大乘裡，產生出一種理性的、俗人的生活方法論的任何端倪都沒有。和創造出這樣一種理性的俗人宗教意識遠相背離的，大乘佛教是將一種密教的、本質上是婆羅門式的、知識分子的神祕思想，和粗野的巫術、偶像崇拜和聖徒崇拜

9　同上，頁 477，482 － 483。英文參考 Gerth, H. H. & Mills, C. W. (trans., ed.), 1947, *From Max Weber: Essays in Sociology*, Lowe & Brydone Printers, Ltd, p.280, p.285.

10　韋伯，《韋伯作品集 VIII：宗教社會學》，康樂、簡惠美譯，廣西師範大學出版社，2005 年，頁 313 － 317。同時參考《韋伯作品集 X：印度的宗教——印度教與佛教》中關於「原始佛教」的論述（康樂、簡惠美譯，廣西師範大學出版社，2005 年），頁 278 － 316。英文參考 Roth, Guenther & Wittich, Claus (ed.), 1978, *Economy and Society: An Outline of Interpretive Sociology* (Volume I), The Regents of the University of California, p.627.

或俗人公式性的祈禱禮拜相結合起來。」[11]

　　至此簡要梳理了韋伯在信仰與生活樣式這一研究範式上的典型研究以及他對於歷史上佛教可能的生活樣式的看法，由於他的比較宗教學研究的出發點是西方理性主義獨有特質的起源，因此他對其他宗教的論斷固然有其精闢之處但也不能說百分百準確，更何況時代亦在不斷變遷。本研究即試圖在當前的佛教領域對這一主題做一點澄清與推進。

三、文獻綜述

（一）對中國佛教的實證研究

　　對中國佛教的實證研究自改革開放之後有一定的發展，但是跟本研究主題相關的文獻仍然需要追溯到上個世紀中期幾份很有分量的經驗研究，也正是這幾份研究對中國佛教的整體問題做了深入的揭示。

　　蒲樂道（John Blofeld）的《蓮花中的寶石：今日中國佛教概況》（1948）是較早的一本關於中國佛教現實情況的著述，描述了民國時期大乘佛教的特點。鑒於當時信徒人數的銳減，作者推測，作為一種有組織的宗教，佛教有消亡跡象，然而一些大城市的居士團體非常活躍，加上太虛法師推行的改革，也可以說某種佛教的復興正在發生，普遍趨勢是朝向學術化的唯識宗和密宗。但是，作者認為這種復興在整體國民身上沒有多少可察覺到的影響，因為當時全國的趨勢是遠離任何形式的宗教。蒲樂道特意指出當時的居士帶給他的深刻印象，「居士一般都是有教養的人。他偏愛穿體面的青、灰或赤褐色中式長衫，儀態嗜好顯示他對祖國傳統文化的素養。他通常是位詩人、畫家、哲學家或玄學家，而且還可能懂點兒歷史或者掌握一點兒中醫。看到居士們比幾乎任何受過教育的人群都更醉心于中國的傳統，人們就會驚歎印度宗教在本質上多麼的中國化了。」[12] 漢傳佛教居士的生活樣式體現出他們跟中國傳統文化的親和性，這一點即便在現代化的今天依然留有餘韻。蒲樂道認為，佛教已經浸入中國人的整體性

11　韋伯，《韋伯作品集 X：印度的宗教——印度教與佛教》，康樂、簡惠美譯，廣西師範大學出版社，2005 年，頁 338 － 360。

12　Blofeld, John, 1948, *The Jewel in the Lotus: An Outline of Present Day Buddhism in China*, London: The Buddhist Society, Sidgwick & Jackson Ltd, pp.58-59.

格，即便衰落，其影響也不會立刻消失。

尉遲酣（Holmes Welch）[13] 在其對現代中國佛教的口述史研究中提出了許多深契本質的探討。《中國佛教的實踐》（*The Practice of Chinese Buddhism, 1900-1950*）（1967）通過考察寺院組織和修行體系以破除西方學術界普遍的對當時中國佛教僧眾的負面印象 [14]，尉遲酣認為雖然寺廟確有墮落的跡象，但是僧人的生活樣式仍然很有生命力、風紀和靈性。《中國佛教的復興》（1968）則以 1949 年之前 30 年間中國佛教的極速變遷為基礎，進一步澄清西方人對中國佛教種種言過其實的負面描述 [15]，他們之所以對佛教產生曲解主要是由於基督教的固有成見。通過大量的訪談以及文獻研究，尉遲酣對「復興」提出了自己的看法：首先，佛教復興肇始於在家信徒努力重印毀於太平起義的典籍，而西方佛教的學術成就以及基督教傳道者入侵中國都加強了復興的勢頭，但是一直到晚清廟產興學運動的掀起，僧人才開始自衛性的創辦學校、從事社會福利並抗議對佛教的詆毀；其次，在家信徒推動復興是因為確立宗教身分的需要，清末知識分子面對西方的劇烈衝擊普遍有一種不安全感，中國「隨意而模糊的宗教傳統」不再能夠適應當時的需要了，而且，對當時的這些在家信徒來說，在宗教身分上選擇佛教就意味著選擇做中國人，這既是文化忠誠主義的一種表達也是對中國劣等論的一個抗議 [16]，正是這種知識分子維護宗教身分的需要促

13　Holmes Welch 中文名字叫尉遲酣，但是《中國佛教的復興》一書將之翻譯為霍姆斯維慈。美國著名佛教研究學者。

14　H. Hackman（*Buddhist Monastery Life in China* (1902), *Buddhism as a Religion* (1910)），芮沃壽（Arthur H. Smith）（*The Uplift of China*(1921)），陳榮捷（Wing-tsit Chan）（*Religious Trends in Modern China* (1953)）和陳觀勝（*Buddhism in China: A Historical Survey* (1964)）是當時學術界對中國佛教抱持負面觀念的四大權威，詳見其各自的具體研究。參見陳觀勝（Kenneth Ch'en）的書評（*The Journal of Asian Studies*, Vol.27, No.2 (Feb 1968), pp.392-393）。

15　這些負面描述主要來自於 De Groot，Samuel Beal，艾約瑟（Joseph Edkins），E. J. Eitel，H. Hackman，李提摩太（Timothy Richard），後五位都是傳教士。當然，也有比較支持佛教的，比如 Reginald Johnston 以及艾香德（K. L. Reichelt）牧師。（見〔美〕霍姆斯　維慈，《中國佛教的復興》，王雷泉、包勝勇、林倩等譯，上海古籍出版社，2006 年，頁 185、200。）在這些人的論述中也不乏關於當時中國佛教的現實情況，特別是艾香德牧師的佛教研究。

16　文化忠誠主義者選擇佛教大多滿足於讓它保持現狀，而抗議中國劣等論者則傾向於將其改變成能夠喚起外國人和同胞更大尊敬的宗教。這時，文化忠誠主義與維護身分的需要相衝突了，這也是尉遲酣書中貫穿佛教復興的又一主題。見《中國佛教的

使了唯識宗的復甦、佛教科學主義的產生和佛教對現代的融入，也促進了西方式的社會福利，同時增強了人們對迷信的普遍恐慌，加速從修行到研究、從宗教到哲學的轉向；再次，佛教改革的傑出代表太虛法師誤解了當時的形勢，因為西方在科學、知識和社會福利方面已經非常充足，長遠來看令西方人更感興趣的正是改革者們正在拋棄的東西，即中國獨特的修道方式。尉遲酣認為，「中國佛教的復興」這一說法犯了三個錯誤：第一，這並不是宗教復興，而是把宗教改為世俗；第二，這一運動並沒能在整體上影響中國人；第三，這一說法掩蓋了某種趨勢，如果這種趨勢持續下去，「將意味著不是佛教活力的增長，而是一個活生生宗教的最終消亡。」

尉遲酣對佛教復興的看法充分凸顯了社會劇變之下在家信徒的作用和努力，這正是來自佛教界內部的俗人的力量；而他作為一個西方人在深入瞭解中國佛教的僧俗實情之後提出的對太虛改革的隱憂實在是相當中肯的，固然改革的世俗化傾向在當時的形勢下在所難免。歷經文革以及改革開放後復甦的當今中國佛教，很多問題仍然來自民國那段歷史。這也是與本研究甚為相關的大背景。

改革開放之後，歐陽端（Raoul Birnbaum）的文章〈跨世紀的中國佛教〉（2003）通過田野調查指出，當前佛教界的許多做法實際上來自於晚清和民國時的改革，固然建國後政治、經濟和社會領域都發生了深刻的變化，但對於佛教界來說緊迫的議題仍然是那個時候問題的延伸，即佛教寺院的使命到底是什麼？維護寺院需要怎樣的訓練和領導能力？民國時改革派的核心是與傳統社會徹底決裂，提倡一個完全沒有迷信的佛教，信徒們通過精神訓練和慈善活動將此世變作淨土。然而改革派的代表人物太虛法師仍然是通過傳統的靜修方式如閉關、山中隱居等獲得成就進而實現在佛教界的權威地位，靜修事實上支持了當時改革派的話語[17]。建國前後那些傑出僧人逐漸離世，再加上文革的影響以至於現在出現了一個歷史斷層，因此寺院的使命和領導力問題仍然存在，而相比傳統的寺院修行方

復興》，頁 216。

17　這正是歐陽端認為自己與尉遲酣觀點不同之處，不過他很可能誤解了尉遲酣所說的改革者們拋棄了中國獨特的修道方式的意思。太虛法師本人當然不會否定這些方式，但是他所推行的改革比如建立新式佛學院等都沒有能夠給這些傳統方法預留合適的位置，這對未來的僧才培養會產生嚴重的影響。

式，佛學院體制也存在一些問題，再加上寺院經濟的變化，民國時傑出僧人的位置逐漸為另一類僧人取代，後者的聲譽不是來自於禪堂的艱苦訓練，相反作為佛學院的畢業生他們都是具備政治技巧的有能力的管理者。當然在當前這批年輕的僧人之中也有遠離俗世採取傳統靜修方式的，歐陽端認為這也可看做對當前寺院生活壓力和趨勢的一種隱性批判。由於當前傑出僧人的相對缺乏，海外以及藏區的著名僧人便開始影響大陸，特別在居士中頗有吸引力。目前社會對佛教徒的影響很明顯，而佛教徒對社會的影響還不清晰，這一點跟中國佛教的將來息息相關。[18]

　　歐陽端從當前的寺院、僧眾的角度對上個世紀尉遲酣的研究進行了一個回應，事實上他的觀察和結論可以說基本支持了尉遲酣對民國時佛教改革的判斷，改革派路線或許帶來了佛教慈善領域的世間繁榮，但是最關鍵的僧才卻得不到接續，在家信眾的需求無法滿足，這便是當前佛教界的現狀。

　　除了以上這幾份關注中國佛教整體狀況的重要研究之外，改革開放之後對中國佛教的實證研究大致可以分為以下幾個主題。

　　首先主要是制度層面的研究，即關注佛教體制本身、佛教與周圍環境的關係，這也是改革開放後宗教剛剛復甦時的主要議題。吳飛在〈一個寺廟的制度變遷〉（1998）中，從社會學角度考察某寺廟 1949 年以來「國家—寺廟」、「寺廟—地方社區」和「方丈—僧眾」三條權力線的互動，從而闡釋建國以來國家與社會的關係變遷模式。[19] 汲喆在〈佛教與政府的新關係〉（2004）中，則從宗教學角度將 1980 年代以來佛教復甦的過程分為三個階段：從文革剛結束時的「農禪並重」，到「種福田」和「做功德」階段，再到 90 年代的「文化搭台、經濟唱戲」階段；隨著經濟的發展，寺院與政府的關係實際上變成了政府、寺院和信徒三方之間的關係。[20] 楊鳳崗、魏德東在〈柏林禪寺：共產主義下的繁

18　Birnbaum, Raoul, "Buddhist China at the Century'sTurn", *The China Quarterly*, No.174 (Jun, 2003), pp.428-450.

19　吳飛，〈一個寺廟的制度變遷〉，《北京大學研究生學刊》1998 年第 1 期，頁 28 － 38。

20　Ji Zhe,"Buddhism and the State: the New Relationship", *China Perspectives*, 2004(5).

榮〉（2005）中，以著名的柏林禪寺為個案探討在當前中國政府的宗教政策下佛教復興的社會和政治因素，並認為該寺的成功得益於中國高度管制的宗教市場下政府的支持和信任，因此這並不是自由宗教市場中公平競爭的結果，在中國的宗教經濟中供給一直是短缺的。[21]Yoshiko Ashiwa 和 David L. Wank[22] 在〈中國東南部一個復興佛寺的政治：政府、佛協和宗教〉（2006）中，則以廈門南普陀寺為個案考察其復興過程中宗教行動者和政府宗教機關之間的互動。[23] 李向平、高虹在〈人間佛教的制度變遷模式──當代中國四大寺廟的比較研究〉（2008）中，通過對上海、河北、浙江、江蘇四地四個分別處於制度變遷不同階段的寺廟的個案比較，考察當代中國佛教寺廟從傳統叢林向現代教團轉變過程中的制度化和社會化問題，隨著寺廟相繼從注重個人修持的傳統叢林轉變為整合社會資源的現代寺廟，佛教信仰及其「功德共同體」正在構成一種穩定的價值體系和社會組織，並成為當代中國社會建設的重要社會資本。[24]Alison Denton Jones 則考察當前南京市佛教現狀及居士信仰情況，特別關注在該市的佛教復甦過程中政府干預對佛教形態及個人信仰的影響。[25]

其次是關注佛教的社會功能，即社會福利、慈善和公共產品方面的研究。該主題以對臺灣佛教的研究居多，比如黃倩玉、魏樂博的〈功德與母親般的關懷：臺灣佛教中的女性和社會福利〉（1998）就以臺灣佛教慈濟

21　Yang Fenggang & Wei Dedong, 2005,"The Bailin Buddhist Temple: Thriving under Communism", *State, Market, and Religions in Chinese Societies*, Edited by Yang Fenggang & Tamney, Joseph B, Leiden, Boston: Brill, pp.63-86.

22　此二人文章〈現代性中的宗教：中國的政府與佛教〉（"Positioning Religion in Modernity: State and Buddhism in China"）以佛教為對象討論了清末到 1949 年之前以及 70 年代末至今兩個階段在中國宗教被合法地納入政治體制的過程，這正是現代性過程的表現之一。（Ashiwa, Yoshiko & Wank , David L. (ed.), 2009, *Making Religion, Making the State: the Politics of Religion in Modern China*, Stanford University Press, pp.43-73.）

23　Ashiwa, Yoshiko & Wank, David L.,"The Politics of a Reviving Buddhist Temple: State, Association, and Religion in Southeast China", *The Journal of Asian Studies* 65, No.2(May 2006):337-359.

24　李向平、高虹，〈人間佛教的制度變遷模式──當代中國四大寺廟的比較研究〉（上、下），分別載於《佛教論壇》2008 年第 5、6 期，頁 9－21，頁 43－53。

25　Jones, Alison Denton, 2010, *A Modern Religion? The State, the People and the Remaking of Buddhism in Urban China Today*. 哈佛大學社會學博士論文。

基金會為個案闡釋其迅速發展、對女性的吸引力以及對慈善的強調，該文凸顯了慈濟為一個復興的、此世的佛教創造的可能性以及它對臺灣市民社會發展的貢獻。[26]Susan K. McCarthy 在〈做「奇怪的」事情：當代中國的靈性、宗教實踐和信仰基礎上的慈善〉以河北天主教 NGO「進德公益」和北京佛教居士組織「仁愛慈善基金會」為個案探討慈善活動中的信仰實踐，這些公益活動在應對靈性挑戰的同時展現著世俗關懷；她認為，信仰基礎上的慈善可以作為宗教表達的一個管道，它是靈性、實踐以及世俗三個層面的努力。[27]André Laliberté 在〈宗教與中國福利制度的變遷：佛教慈善事業的個案研究〉中認為，佛教慈善組織填補了不同維度的社會政策中的空白，但目前他們所能做的尚有限，一方面由於佛教復興不久，另一方面由於對佛教慈善在社會政策的執行中應該處於什麼樣的位置還缺乏共識，也缺乏信徒應該怎麼做這方面的系統教導，宗教慈善活動也缺乏相關法規的規範。[28]

再次，以全球化或者現代性為主題的研究。Stuart Chandler 的《建設人間淨土：佛光山的現代化與全球化視角》（2004）將臺灣佛教團體佛光山作為一個個案置於全球化理論下，考察佛光山對與之相關的更大範圍的制度趨勢以及各種現代思潮的回應，探討星雲法師及其佛光教團如何在二十、二十一世紀創造了一個現代化、人文化的中國佛教並進行全球傳播。[29]Yoshiko Ashiwa 和 David L. Wank 的〈中國佛教的全球化：二十世紀僧人及其支持者網路研究〉（2005）則通過在中國、東南亞地區以及美國的長期田野，考察二十世紀推動了中國佛教傳播的佛教徒的跨國互動情況，並指出正是中國佛教的傳統組織網路使得人員、資金的跨國流動及其

26 Huang, Chien-Yu Julia & Weller, Robert P, 1998,"Merit and Mothering: Women and Social Welfare in Taiwanese Buddhism", *The Journal of Asian Studies* 57(2):379-396.

27 McCarthy, Susan K, 2008,"Doing Strange Things: Spirituality, Religious Practice and Faith-based Charity in Contemporary China", In *Religion and Society in China* (II): *The 5th Annual Conference of Social Science of Religion in China*, pp.305-325.

28 Laliberté, André, 2010,"Religion and the Changing Welfare Regime of China: Buddhist Philanthropy as a Case Study", In *The Present and Future of Religion in China*(II): *The 7th Annual Conference of Social Science of Religion in China*, pp.1009-1028.

29 Chandler, Stuart, 2004, *Establishing a Pure Land on Earth: The Foguang Buddhist Perspective on Modernization and Globalization*, University of Hawaii Press.

合法性成為可能。[30]

　　第四，以卡里斯瑪為主題的研究。黃倩玉的《卡里斯瑪與慈悲：證嚴及其慈濟世界》（2009）為該領域的代表，這是關於臺灣佛教組織慈濟基金會的一份人類學民族志，清晰呈現了慈濟這個當代佛教卡里斯瑪運動的獨特個案。其獨特性不僅表現在它的女性領導以及大乘佛教傳統，更重要的是它超越或者說繞過了卡里斯瑪理論模型中的一系列二元對立，如個人吸引力和組織的成功、情感表達和紀律訓練等，並將這些二元對立整合進一種不定型的、由一系列向心和離心儀式來更新的、具備正式集體存在同時又是新興佛教（Protestant Buddhism）的科層體制中，該書精彩的展示了一位臺灣的比丘尼如何以及為什麼能夠使得臺灣以及全世界的女性和男性的生活有所不同。[31]

　　第五，以信仰者及其行為為主題的研究。Gareth Fisher 的〈靈性的土地熱：新一輪中國佛教寺廟建設中的功德與道德〉（2008）避開地方寺廟復興中宗教信徒與政府之間的關係，轉而審視佛寺建設中做功德與道德建設的文化，正是它導致僧人和居士形成跨地區的網路以在邊遠鄉村建設寺廟，該文探索寺廟建設是如何被城市中的佛教共同體不同的道德視角所驅使的。[32] 齊曉瑾在〈尋找心中的淨土：出世抑或入世〉（2008）以參與觀察和訪談法探究河北省柏林禪寺短期居住信徒的行動特點，他們具有更高的道德性；通過對寺院神聖空間的構成分析，該文試圖尋找這種與特定共同體聯繫緊密的道德性產生的原因。[33]

　　汲喆在〈改革時代的佛教：一種世俗化的復興？〉（2011）中指出，當前的佛教復甦不僅體現在大範圍的寺廟重建和僧俗信眾的持續增長，還

30　Ashiwa Yoshiko, & Wank, David L.,"The Globalization of Chinese Buddhism: Clergy and Devotee Networks in the Twentieth Century", *International Journal of Asian Studies*, 2, 2(2005), pp.217-237.

31　Huang, C. Julia, 2009, *Charisma and Compassion: Cheng Yen and the Buddhist Tzu Chi Movement*, Harvard University Press.

32　Fisher, Gareth, "The Spiritual Land Rush: Merit and Morality in New Chinese Buddhist Temple Construction",*The Journal of Asian Studies*, Vol.67, No.1 (February) 2008: 143-170.

33　齊曉瑾，〈尋找心中的淨土：出世抑或入世〉，見《中國宗教與社會高峰論壇暨第五屆宗教社會科學國際研討會論文集（下）》，2008 年，頁 360－369。

表現在佛教象徵和符號在世俗社會文化中的廣泛傳播。流行文化、佛學研究、地方政府的經濟策略以及中央政府的政治考量都推動著佛教在世俗社會中日益繁榮。但這也導致宗教與世俗界限模糊，將對信仰和倫理的要求置於次位。佛教不僅是文化，更是信仰和宗教實踐。[34] 在〈作為一種社會力量的中國佛教：三十年復興後的現實和潛質〉（2012）中，汲喆進一步指出，目前不論在精神上還是物質層面，佛教都還沒恢復到建國前水準。雖然微觀上佛教已成為許多中國人個體認同和生活意義的來源，但宏觀上其社會參與能力及影響還很有限，長遠看前景並不樂觀。[35]

　　盧雲峰根據北京、昆明兩地的田野資料，在〈善巧方便：當代佛教團體在中國城市的發展〉（2014）中指出，當代佛教在城市形成了新的實踐形態，從傳統的非聚會型宗教向聚會型宗教發展，其傳教性格也開始變得積極。但佛教團體仍然堅守一些傳統，如避免讓初學者陷入非此即彼困境，淡化排他性等。不論變遷還是堅守，其背後的行動邏輯都是善巧方便、以適當方式饒益眾生。[36] 張恆豔在〈北京廣化寺的護法組織和居士生活〉（2014）中梳理北京廣化寺 1989 年恢復之後的僧俗互動，分析寺中護法居士的角色組織、行動策略和宗教觀念。[37] 閆雪在《社會學視角下佛教禪宗居士生活狀況研究》（2015）中，從社會學視角考察現代佛教禪宗居士群體的宗教信仰、價值觀念、社會認同和人際交往情況。[38]

　　以上對改革開放之後中國佛教實證研究中的五個主要的主題進行了一個簡述，其中那三份對臺灣佛教研究的介紹只是起一個引子的作用，因為大陸在相關領域的研究尚不多。當然還有一些其他主題的經驗研究，比如

34　Ji Zhe, 2011, "Buddhism in the Reform Era: A Secularized Revival?", *Religion in Contemporary China: Revitalization and Innovation*, Adam Yuet Chau (ed.), London and New York: Routledge Taylor & Francis Group.

35　Ji Zhe, 2012, "Chinese Buddhism as a Social Force: Reality and Potential of Thirty Years of Revival", *Chinese Sociological Review*, Vol.45, No.2, Winter 2012-13.

36　盧雲峰、和園，〈善巧方便：當代佛教團體在中國城市的發展〉，《學海》2014 年第 2 期。

37　張恆豔，〈北京廣化寺的護法組織和居士生活〉，載於金澤、李華偉主編，《宗教社會學（第 2 輯）》，社會科學文獻出版社，2014 年。

38　閆雪，《社會學視角下佛教禪宗居士生活狀況研究》，西北大學 2015 屆碩士學位論文。

宗教間關係，李向平對中國四個東南部城市的佛耶互動情況的研究[39]，但因為這些主題相對來說量很少也不集中，在此就不再羅列。

　　總之，早期的研究具有非常明顯的整體性特色，而且其中提出的一些議題即便對當前的社會來說依然有效，比如佛教向科學、哲學的靠攏、它與中國文化的親和性，中國人精神需求問題等等，事實上當前中國佛教的復興和發展仍然是承接上個世紀早期的問題而來，這在歐陽端的文章中可以清楚看出。當代的研究則一般偏重於某一個主題，其中制度層面即關注佛教體制本身及其與政府關係的研究占了大部分，這與改革開放後佛教復甦的社會背景有莫大關係，而且宗教與政府的關係一直也是西方學者研究中國問題的一個主要領域，也是國家與社會這一研究範式中的核心領域；對於社會福利、慈善、公共產品提供等佛教社會功能領域的研究最近也日益得到關注，這與佛教自身的發展以及中國社會轉型的大背景有關，這方面的研究臺灣和海外比較成熟，大陸尚處於發展階段；全球化或現代性的主題可以說是近來宗教社會學研究中一個關鍵點，整個世界日益成為「地球村」，當今任何宗教的發展都必須面對全球化的事實，中國佛教也不例外，但大陸這方面的經驗研究尚不多；卡里斯瑪主題的研究主要在近幾十年興起的新興宗教領域比較多，臺灣一些佛教組織承接民國時的改革與復興已經成為全球新興的參與佛教（engaged Buddhism）中的一員，而大陸佛教儘管有這種趨勢，但其影響目前還有限；以信仰者及其行為為主題的研究相對也較少，而這一主題可以說是直承早期那幾份研究的核心思想，即關注中國人的精神需求，雖然前四個主題早期研究亦有涉及，但其實佛教的體制、慈善、全球化以及卡里斯瑪還主要是這幾十年隨著時代發展才日益凸顯出來的現象，而事實上對當前的中國社會來說，信仰者及其行為方面的研究是非常需要的。

　　本書的研究主題或範式，即信仰與生活樣式的關係，正屬於信仰者及其行為領域的研究，試圖回應早期研究的關注，探究在當前中國社會、佛教復興三十年之後的今天，青年佛教徒們的信仰和生活樣式及其成因。

39　Li Xiangping, 2004, "A Case Study of Interreligious Relations in Contemporary China: Buddhist-Christian Interaction in Four Southeast Cities", *Ching Feng*, n.s., 5,1 (2004) 93-118.

（二）對青年與宗教的相關研究

　　本研究訪談對象至少都是本科及以上學歷，年齡分布在 21 歲到 36 歲之間。以下將分別從國外、國內對青年與宗教的相關研究進行一個簡要介紹。

　　國外對青年與宗教的研究主要從 20 世紀中期開始，主題豐富、五花八門，而且往往是反映整體狀況和趨勢的定量研究走在前面。

　　（1）20 世紀 60 年代以前，美國該領域的研究基本都是定量調查，進行描述性統計，主要考察知識青年對宗教的態度來分析美國社會的宗教變遷情況。如考察大學生對有組織宗教的態度 [40]，對上帝和靈魂不朽的信仰情況 [41]，大學經歷對其上帝概念的影響 [42]，等等。

　　（2）20 世紀 60 年代起，開始採用定量技術直接分析已有資料、提出假設並進行檢驗，主題趨於多樣化，且挖掘較深。如斯達克運用全美研究生樣本資料探討宗教與科學是否相融，以回應 1960 年代的宗教與科學大辯論 [43]，庫珀提出大學生宗教性的多維度測量 [44] 等，這時尤以侯格對知識青年宗教觀變化趨勢的歷時研究（longitudinal study）為典型。

　　通過在一些大學長期定點調查搜集資料進行歷時比較，侯格發現，50、60 到 70 年代美國大學生中的整體趨勢是對傳統宗教委身的減弱，信仰自由化，宗教行為減少，教會參與持續下降 [45]，人文主

40　Fitch, Albert Parker, 1921, "What Is the Present Attitude of College Students toward Organized Religion?", *The Journal of Religion*, Vol.1, No.2 (Mar, 1921), pp.113-128.

41　Bain, Read, 1927, "Religious Attitudes of College Students", *The American Journal of Sociology*, Vol.32, No.5 (Mar, 1927), pp.762-770.

42　Wickenden, Arthur C., 1932, "The Effect of the College Experience upon Students' Concepts of God", *The Journal of Religion*, Vol.12, No.2 (Apr, 1932), pp.242-267.

43　Stark, Rodney, 1963, "On the Incompatibility of Religion and Science: A Survey of American Graduate Students", *Journal for the Scientific Study of Religion*, Vol.3, No.1 (Autumn, 1963), p.11.

44　Kuhre, Bruce E., 1971, "The Religious Involvement of the College Students from a Multi-Dimensional Perspective", *Sociological Analysis*, Vol.32, No.1 (Spring, 1971), pp.61-69.

45　Hastings, Philip K. & Hoge, Dean R, 1970, "Religious Change among College Students over Two Decades", *Social Forces*, Vol.49, No.1 (Sep, 1970), pp.16-28.
　　Hoge, Dean R, 1971, "College Students' Value Patterns in the 1950's and 1960's", *Sociology of Education*, Vol.44, No.2 (Spring, 1971), pp.170-197.

義傾向濃厚，而且反對父母的信仰的大學生比例增長（從 1948 年的 57 ％ 到 1974 年的 79 ％）[46]；然而從 70 年代下半期開始有一個朝向保守信仰和更多教堂參與的輕微轉向，1974 年之後反對父母的信仰的學生並沒有增加 [47]；而到 80 年代中期，在許多宗教、道德問題上大學生的態度都有一個朝向保守的巨大轉變，利己主義凸顯，這被學界稱為「50 年代的回歸」（「return of the fifties」）[48]，大學生們在 80 年代中期的態度要麼與 50 年代的相似要麼正朝那個方向變化 [49]。

　　簡而言之，20 世紀美國對青年與宗教的研究其實與定量研究本身的發展交織在一起，隨著定量技術的擴展該領域的研究也日益深入。侯格的研究將 20 世紀中下期美國大學生宗教方面的變化趨勢展現得淋漓盡致，並結合時代背景進行分析，從而成為該領域歷時研究的一個典範。從中我們可以看出，知識青年是一個社會感知極其敏銳的群體，通過對這個群體的價值觀、宗教趨勢的研究可以相對精確地反映社會發展的真實情況。

　　（3）進入 21 世紀，各種新視角、新主題紛紛湧現，定性研究增多，出現了綜合運用定量和定性技術的大型調查研究。

　　侯格的歷時研究已顯示，1970 年代開始，由於美國社會中大學對學生宗教方面的影響降低，即宗教觀的形成降到了更早些的年齡 [50]，比如

　　Hoge, Dean R, 1976, "Changes in College Students' Value Patterns in the 1950's, 1960's, and 1970's", *Sociology of Education*, Vol.49, No.2 (Apr, 1976), pp.155-163.

46　Hastings, Philip K. & Hoge, Dean R, 1976, "Changes in Religion among College Students, 1948 to 1974", *Journal for the Scientific Study of Religion*, Vol.15, No.3 (Sep, 1976), pp.237-249.

47　Hastings, Philip K. & Hoge, Dean R, 1981, "Religious Trends among College Students, 1948-79", *Social Forces*, Vol.60, No.2, Special Issue (Dec, 1981), pp.517-531.

48　Hastings, Philip K. & Hoge, Dean R, 1986, "Religious and Moral Attitude Trends Among College Students, 1948-84", *Social Forces*, Vol.65, No.2 (Dec, 1986), pp.370-377. 該年 Hoge 還有一篇探討天主教大學生從 1961－1982 年宗教和道德態度轉變的文章，60 年代趨向自由，70 年代回歸保守，見 Moberg, David O. & Hoge, Dean R, 1986, "Catholic College Students' Religious and Moral Attitudes, 1961 to 1982: Effects of the Sixties and the Seventies", *Review of Religious Research*, Vol.28, No.2 (Dec, 1986), pp.104-117.

49　Hoge, Dean R., Hoge, Jann L. & Wittenberg, Janet, 1987, "The Return of the Fifties: Trends in College Students' Values between 1952 and 1984", *Sociological Forum*, Vol.2, No.3 (Summer, 1987), pp.500-519.

50　Hastings, Philip K. & Hoge, Dean R, 1976, "Changes in Religion among College Students,

中學時代，因此宗教研究者們開始將注意力轉向青少年階段；而且隨著社會變遷，學生受教育年齡愈來愈長，年輕人普遍晚婚，美國乃至全球經濟變化導致個人職業生涯中不穩定因素增長，相應的父母對子女的經濟支持時限延長，所有這些因素都使得「青年」這個階段越來越長，即從少年到成年的過渡期變長並且作為一個特殊的人生階段凸顯出來。因此，青年與宗教的研究在美國事實上已有一部分逐漸被納入到對這一特殊人生階段，即「成年過渡期」（emerging adulthood）[51]的相關研究中，這是伴隨著社會變遷、研究深化而出現的研究視角的轉變。

「過渡期成年人」（emerging adults）視角逐漸取代大學生成為知識青年宗教信仰研究的主流。對「過渡期的成年人」相關的宗教研究比較著名的有 Christian Smith 和 Patricia Snell 的《轉變中的靈魂——過渡期的成年人的宗教和靈性生活》，此書是美國「青年與宗教的全國調查」（National Survey of Youth and Religion）[52]第三期調查資料的分析成果，當時調查對象正處於 18 － 24 歲之間。通過描繪這些「過渡期的成年人」的宗教文化結構：他們對宗教的態度、觀念、看法，如何對待父母的信仰和自己的信仰等，作者依照宗教和靈性的強弱對美國 18 － 24 歲的青年給出

1948 to 1974", *Journal for the Scientific Study of Religion*, Vol.15, No.3 (Sep, 1976), pp.237-249.

51　Smith, Christian & Snell, Patricia, 2009, *Souls in Transition: The Religious and Spiritual Lives of Emerging Adults*, Oxford University Press, pp.5-6. 這個階段也被稱為 extended adolescence, youthhood, adultolescence, the twixter years, young adulthood, the twenty-somethings, etc. 大致是從 18 歲到 30 歲左右的年齡段。

52　NSYR 調查是一份關於全美青少年的宗教與靈性狀況的歷時研究，它對同一群受訪者在不同時間點進行長期跟蹤調查，從 2002 年 7 月以來已經執行了三期。第一期調查於 2002 年 7 月到 2003 年 4 月間執行，對一個代表全美範圍內 13 － 17 歲之間青少年的樣本進行電話調查，共 3290 人，以及他們的一位父母，並對其中分布於全美 45 個州的 267 位青少年進行個人訪談。在第一期調查搜集資料的基礎上，Christian Smith & Melinda Lundquist Denton 於 2005 年出版了《靈魂的求索——美國青少年的宗教和靈性生活》（*Soul Searching: The Religious and Spiritual Lives of American Teenagers*）。第二期調查是 2005 年 6 － 11 月，盡可能追蹤調查和訪談第一期的受訪者，重新調查了第一期樣本的 78%，此時受訪者年齡在 16 － 20 歲之間。第三期調查是 2007 年 9 月－ 2008 年 4 月，重訪了第一期樣本的 77%，此時受訪者年齡是 18 － 23 歲，並訪談了 230 人。見 Smith, Christian & Denton, Melinda Lundquist, 2008, *National Study of Youth and Religion Telephone Survey Codebook Introduction and Methods (Waves 1, 2&3)*, Chapel Hill, NC: National Study of Youth and Religion.

了一個分類[53]。該書認為，「過渡期的成年人」作為十多歲的少年和完全
的成年之間一個嶄新的人生階段需要研究者們認真對待；這些青年中並不
必然存在普遍的宗教衰退現象；父母的宗教生活，如父母參加宗教儀式的
頻數、宗教信仰在其生活中的重要性等，仍然是影響這些青年宗教狀況最
有力的因素之一，而同齡人在宗教方面對他們的影響則很有限，明顯弱於
父母或其他長輩；他們相信自身的感覺和意願，更倚重經驗證據、可證科
學事實做判斷，並認為宗教應當停留在私人領域。因此，這些青年的生活
事實上被他們成長起來的社會文化結構深深地塑造和支配著，同時，也正
是通過這些青年的思想、感覺和行為的內化，相應的社會文化結構才得以
持久；不論是那些關心青年的人們還是宗教界人士，都應順從在這個特殊
人生階段支配並形塑青年的宗教靈性狀態的社會、文化和制度的結構以及
力量。[54]

　　至此，定性研究已經進入青年與宗教這一領域，並開闢出更為多樣化
的主題，比如研究美國的華裔大學生皈信基督宗教的社會文化因素[55]，從
批判理論的視角考察基督宗教的學生組織在大學校園內的亞文化角色[56]，
等等。

　　這一階段，靈性也開始替代宗教成為知識青年宗教信仰狀況研究的
新主題，而治療性個人主義（therapeutic individualism）[57]文化背景下

53　按照宗教和靈性上的強弱分類如下：虔誠的傳統主義者（不到15％，他們的箴言 "I
am really committed."）、選擇性的支持者（約30％，"I do some of what I can."）、
靈性上的開放者（約15％，"There's probably something more out there."）、宗教上
不感興趣者（至少25％，"It just doesn 't matter much."）、宗教上無聯繫者（不到5％，
"I really don't know what you're talking about."）、反宗教者（不到10％，"Religion
just makes no sense."）。Smith, Christian & Snell, Patricia, 2009, *Souls in Transition:
The Religious & Spiritual Lives of Emerging Adults*, Oxford University Press, pp.166-179.

54　Smith, Christian & Snell, Patricia, 2009, *Souls in Transition: The Religious & Spiritual
Lives of Emerging Adults*, Oxford University Press, pp.144-165, 279-299.

55　Hall, Brian, 2006, "Social and Cultural Contexts in Conversion to Christianity among
Chinese American College Students", *Sociology of Religion*, Vol.67, No.2, Special Issue:
Conversion to Christianity among the Chinese (Summer, 2006), pp.131-147.

56　Magolda, Peter & Ebben, Kelsey, 2007, "Students Serving Christ: Understanding the Role
of Student Subcultures on a College Campus", *Anthropology & Education Quarterly*,
Vol.38, No.2(Jun, 2007), pp.138-158.

57　治療性個人主義是影響當代美國青年的一種不可忽視的社會文化。它將個體自身視
為真正的道德和權威的來源和標準，將個體的自我實現視作生命的全部目標。鼓勵

的靈性探尋則成為許多研究的關注點。加州大學洛杉磯分校高等教育研究所（The Higher Education Research Institute）主持的〈高等教育中的靈性：一份大學生尋找意義和目的的全國調查〉（Spirituality in Higher Education: A National Study of College Students' Search for Meaning and Purpose），這是第一份對全美本科生靈性成長的歷時研究，直接考察學生的靈性品質在大學期間如何變化，以及大學在促進學生的靈性發展方面所起的作用。該研究測量了學生的五種靈性品質和五種宗教品質[58]。如果學生通過自我反思（self-reflection）、沉思（contemplation）或者禪修（meditation）積極進行「內在工作」（inner work），他們在五種靈性品質上都會顯示最大程度的發展；如果教師鼓勵學生探索意義和目的問題，學生的精神探求品質也會大幅增長；大多數大學期間的慈善參與比如社區服務、助人、捐錢等，都有助於促進其他的靈性品質；在平靜這一品質上的成長會提高學生的平均績點、領導能力、精神健康、與其他民族或文化相處的能力，以及對大學的滿意度；促進靈性發展的教育經歷和實踐比如海外學習、跨學科課程、自我反思、禪修等，對傳統的大學教育一律有正向的影響。總之，高等教育應當更多關注學生的靈性發展，推動學生的靈性成長有助於形成更有愛心、有全球意識、更重視社會公平的新一代，也有助於他們更好的應對社會迅速變遷帶來的緊張和壓力。[59]

人們朝內看，與自己的真實感受連接，找到真正的自我。在這一文化影響下，傳統的神父、牧師、父母和立法者的權威和職能大量地被專業的心理學家、精神科醫生、社會工作者以及其他治療性的諮詢師等所取代。許多曾被認為道德敗壞的行為，比如酗酒、吸毒等，如今則被認為是心理和生理異常，因而需要採用治療、自助研討、支持群組等康復計畫來對治。治療性個人主義正是現代性文化多元主義的一個副產品，人們在與截然不同的「他者」頻繁接觸中，原本客觀共用的認知和道德規範可能會行不通，進而為宣導個體主觀感受和自我實現的更窄的思想規範所取代。詳見 Smith, Christian & Denton, Melinda Lundquist, 2005, *Soul Searching: The Religious and Spiritual Lives of American Teenagers*, Oxford University Press, pp.172-173, 174.

58　五種靈性品質（Spiritual Qualities）：Spiritual Quest，Equanimity，Ethic of Caring，Charitable Involvement，Ecumenical Worldview。五種宗教品質（Religious Qualities）：Religious Commitment，Religious Engagement，Religious / Social Conservatism，Religious Skepticism，Religious Struggle。

59　該調查 2003 年開始，歷時 7 年，對全美範圍內 136 所院校的 14527 位本科生進行了調查、訪談並同時對大學教師有調查和訪談。詳見 Astin, Alexander W., Astin, Helen S. & Lindholm, Jennifer A, 2011, *Cultivating the Spirit: How College Can Enhance Students' Inner Lives*, Jossey-Bass.

　　總之，定量和定性研究方法的綜合採納，歷時研究的廣泛運用，各種新主題、新視角紛紛湧現，都充分顯示美國有關青年與宗教的研究領域進入了成熟階段。這也是時代發展、社會變遷、研究進步的必然結果。

　　相比而言，國內該領域不論在研究方法、研究主題還是視角上，都處於發展階段。目前，國內有關青年與宗教的研究按主題可分為三類，第一類數量最多，是對青年、大學生宗教觀的實證研究，多採用定量問卷調查，考察宗教認知、態度及信教心理。第二類，思政立場信仰教育方面的研究，將青年與宗教這一現象置於廣闊的時代背景和社會意義中考察，其內容和目的並不局限於宗教。第三類，關於大學生或青年中基督教信仰的實證研究。該類相對研究較深，方法趨於多樣，定量、定性均有採用。如左鵬、華樺、孫尚揚、李丁等的研究。總之，改革開放以來我國青年信教人數整體呈上升趨勢，信教原因多元化，其對宗教的態度以寬容為主，宗教信仰對其價值觀和行為會有深遠影響。

　　具體來說，從 2000 年李素菊的《青年與「宗教熱」》提出這一熱點問題，到左鵬對北京某大學的大學生基督徒的調查[60]，華樺對上海大學生基督徒的身分認同研究[61]和上海大學生信仰基督教狀況的調查[62]，黃海波等人對上海松江大學城 7 所高校學生進行的宗教信仰狀況的抽樣調查[63]，侯灃君對上海某大學的大學生基督徒宗教信仰的形成及其實踐特徵研究[64]，蘇杭對北京市大學生基督徒聚會點的個案研究[65]，乃至孫尚揚等在北京大學進行的北大學生對基督宗教的態度的調查[66]，等等，這些研究基本上集

60　左鵬，〈象牙塔中的基督徒──北京市大學生基督教信仰狀況調查〉，載《青年研究》，2004 年第 5 期。左鵬，〈情感歸屬與信仰選擇──北京某大學校園內基督教聚會點調查〉，載《當代宗教研究》，2005 年第 3 期。

61　華樺，《上海大學生基督徒的身分認同及成因分析》，華東師範大學教育科學學院教育學系 2007 屆博士學位論文。

62　華樺，〈大學生信仰基督教狀況調查──以上海部分高校大學生為例〉，載《青年研究》，2008 年第 1 期。

63　上海社科院宗教研究所課題組，〈松江大學城大學生宗教信仰狀況調查報告〉，載於金澤、邱永輝主編，《中國宗教報告（2009）》，社會科學文獻出版社，2009 年。

64　侯灃君，《大學生基督徒宗教信仰的形成及宗教實踐的特徵──以上海 S 大學的調查研究為例》，華東師範大學法政學院社會學系 2007 屆碩士學位論文。

65　蘇杭，《北京市大學生基督徒聚會點個案研究》，中央民族大學哲學與宗教學系 2007 屆碩士學位論文。

66　孫尚揚、韓琪，〈北大學生對基督宗教的態度：初步調查與分析〉，載《輔仁宗教

中於基督宗教特別是新教領域，且主要分布在上海、北京這兩個城市。

　　黃海波 2009 年發布的在上海的調查顯示，中國傳統宗教信仰者（包括佛、道、民間神靈信仰）在大學生中占最大優勢，12.68％，其中佛教徒 4.55％，而基督徒則有 4.89％，天主教徒 0.61％。而孫尚揚 2009 年發布的在北京大學進行的調查顯示，北大學生中佛教徒 6.3％，基督徒 3.8％，天主教徒 0.9％，要說中國傳統宗教信仰（佛、道、民間信仰）的比例則是 8.2％。因此，這兩次調查所得資料差異明顯，上海的大學生中基督徒比例比北大學生高，道教、民間信仰的比例（8.13％）遠高於北大（1.9％），而佛教徒、天主教徒的比例卻低於北大的情況。

　　雖然北大的情況不能代表整個北京地區，它有其自身獨特性，但從這一資料差異我們可以推測宗教信仰分布中可能的地域差異的影響，再加上不同地區的教堂、寺廟或宗教團體在布教導向方面的差異性，因此我們可以嘗試推測北京地區青年的佛教信仰狀況很可能有其特殊性。根據孫尚揚、李丁 2013 年發布的抽樣調查資料，北京市大學生最感興趣的宗教是佛教（占 32％），其次才是基督教（17.9％），大學生中佛教信徒的比例也是各宗教最高，占 7.0％[67]。

　　國內目前有關知識青年和佛教的研究相對較少。1995 年，汲喆以復旦大學「佛教與佛學」公共選修課為個案，考察佛教對大學生的影響和大學生研修佛學的實際情況，這大概算最早的研究[68]。有研究運用訪談和文獻法考察北京地區知識青年佛教徒，分析他們信仰中自我認同的建構方式特點[69]。有研究通過考察當今佛教現代化的弘法布道方式，指出佛教生活化、佛教夏令營、佛教藝術等雖然吸引了大量青年信眾，但也引發了佛教信仰淺層化的問題[70]，等等。

研究》，2009 年秋。

67　孫尚揚、李丁，〈意義的匱乏與北京市大學生對宗教的興趣態勢〉，載於金澤、李華偉主編，《宗教社會學（第 1 輯）》，社會科學文獻出版社，2013 年。

68　汲喆、何康怡、秦小奕，〈大學生研修佛學狀況掃描──對復旦大學「佛教與佛學」公共選修課的調查〉，《佛教文化》，1995 年第 6 期。

69　遲帥，〈知識青年佛教信仰的確立──對北京地區部分信眾的訪談〉，載於金澤、李華偉主編，《宗教社會學（第 2 輯）》，社會科學文獻出版社，2014 年。

70　李偉波，〈現代傳播方式下的佛教人間化及其對青年的影響〉，《北京青年政治學院學報》第 2 期。

綜上所述，本研究計畫採用定性研究方法，以北京地區青年佛教徒為對象探究其信仰與生活樣式的關係。訪談對象均處於「過渡期的成年人」階段，20 歲出頭的剛剛涉足信仰，30 多歲的已經對自己的信仰和生活有了穩定的認識和判斷力，站在成年人的門檻上。通過對這樣一個青年佛教徒群體情況的探索，不僅對國內青年與宗教研究領域與佛教相關的研究是一個有益的補充，而且鑒於青年的敏銳感知力，本研究特別有利於反映當前中國佛教復興、社會轉型中的一些關鍵問題。

四、研究方法

本研究屬於定性研究，主要採用訪談法搜集資料。社會學所要研究的並非宗教現象的本質，而是由宗教激發的行為，該行為正是以特殊的宗教經驗以及特有的宗教觀念與目標為基礎的，正是這種基於宗教意識的有意義行為才是社會學應當加以研究的，通過對宗教行為的研究來理解它對其他領域可能的影響。[71] 而定性研究特別適用於理解事件、情境、經歷及行動對研究參與者的意義，這種對意義（包括認知、情感、意向等）的關注正是社會科學解釋性研究取向的中心所在。[72] 本研究試圖探索當前青年佛教徒的信仰生活中面臨的主要問題何在，為什麼有這些問題，他們又如何應對如何解決，故採取半結構式的深度訪談（semi-structured and in-depth interview）是非常合適的。此外，由於訪談地點的特殊性，比如在信徒的住處或者聚集點，因此資料搜集時輔之以一定量的半參與式觀察。

訪談對象和抽樣。本研究的研究總體是北京地區的青年佛教徒，探究其信仰情況，因此抽樣標準定為接觸佛教至少 3 年、目前自稱有堅定信仰的佛教青年，學歷（本、碩、博）不限，所獲樣本的年齡段在 20 － 30 多歲，正好處於「過渡期的成年人」（emerging adults）階段。佛教已成為中國傳統文化的一支，在中國社會自稱佛教徒或者參加過皈依儀式都不能嚴格認定一個人是否真正具有佛教信仰並有相應的宗教實踐，而且由於青

71　Freud, Julien, 1968, "The Sociology of Religion", In *The Sociology of Max Weber*. 載於《韋伯作品集 V：中國的宗教、宗教與世界》，康樂、簡惠美譯，廣西師範大學出版社，2004 年，頁 414。

72　〔美〕約瑟夫‧A‧馬克斯威爾，《質的研究設計：一種互動的取向》，朱光明譯，重慶大學出版社，2007 年，頁 17 － 18。

年階段信仰選擇上的不穩定性，故而將抽樣標準嚴格定為「接觸佛教至少3 年」，經過 3 年的接觸、瞭解乃至實踐之後仍然保留堅定佛教信仰的青年，他們的信仰與生活狀況才會在一定程度上更具有穩定性和代表性，對他們信仰經歷的探究才更可能反映這個群體面臨的主要問題何在。樣本的獲得採用方便抽樣，運用滾雪球抽樣的技巧。首先通過 7 位熟人介紹，各獲得 1 － 3 名符合訪談條件的青年佛教徒，這 7 位熟人有研究者的朋友、朋友的朋友，或者特地托人介紹的熟人，而他們經常聯繫的都是北京地區不同的佛教群體；然後再請這些受訪者介紹他們的朋友中符合條件並也可能接受訪談的，一般說來訪談結束後他們會給予 0 － 2 個推薦名額，然後由研究者本人再去聯繫，當然偶爾也會碰到雖然是好朋友、熟人介紹的但是也不接受訪談的情況。整個抽樣過程就這樣逐漸推開，基本上還比較順利，整個過程也儘量避免了樣本同質化的問題。

資料搜集情況。本研究總共訪談了 23 名青年佛教徒，其中 12 名男性，11 名女性，年齡值域從 21 歲到 36 歲，平均年齡 27.65 歲，年齡中位數28 歲，眾數 25 歲。（詳見附錄）2010 年 4 月到 9 月先期進行了 5 個訪談，2010 年 12 月到 2011 年 1 月進行了 18 個訪談，由於宗教信仰類話題的敏感性和本研究對訪談對象的嚴格的條件限制，整個資料搜集過程花費了將近一年的時間。而且儘管在托人介紹時筆者已清楚說明了抽樣條件，但是介紹來的訪談對象仍有 5 位接觸佛教時間尚不滿三年、而皈依佛教時間也比較短的信徒，由於他們願意接受訪談、所得資料也很有代表性，再加上確實長期信徒相對不容易找，所以最終也將其作為初學者包括在樣本中，以在適當之處與長期信徒的情況進行一個對比。

深度訪談有兩個最重要的特徵，首先，訪談的問題是事先部分準備的，即半結構的，要通過訪談員進行改進，但只是改進其中的一部分，作為整體的訪談事實上是訪談員和被訪者的共同產物；其次，訪談一定要深入事實內部。[73] 本研究採用的就是半結構式的訪談提綱，所有的訪談都是以提綱為主線、在研究者與受訪者之間一對一互動進行的。訪談中研究者詢問、聆聽和記錄，而受訪者則回應詢問提供資訊。訪談地點呈現多樣化，

73　湯姆‧文格拉夫語，轉引自楊善華、孫飛宇，〈作為意義探究的深度訪談〉，載《社會學研究》，2005 年第 5 期，頁 53。

可以是研究者或者受訪者的住處、圖書館、咖啡廳、麥當勞、受訪者辦公室等，但基本上都是在訪談不會被打擾的地方。整個訪談過程由錄音筆記錄下來，之後由研究者轉成文字資料。訪談持續時間從 43 分鐘到 2 小時 20 分鐘不等，但大多數都持續有 1 小時 30 分鐘。此外，所搜集資料除訪談錄音之外，還有少量由受訪者自己提供的有關其宗教體驗、個人信仰轉變的文章、自傳等資料，以及筆者半參與式觀察的觀察日記。

　　資料分析。本研究的資料分析將分三個階段進行：準備資料、編碼、解釋並提出概念框架。首先由研究者本人將所有訪談錄音轉成文本，並反覆閱讀熟悉所有文本資料，這是準備資料階段。其次，初次編碼和二次編碼。編碼是為了發展概念框架，本研究分兩部分進行：初次和二次。初次編碼時的工作有：識別意義單元（identifying meaning units）、辨認類別（identifying categories）、為類別編碼、推敲並根據需要整頓編碼、直至達到類別飽和。二次編碼的目的是要辨認類別之間的異同以期發現一些關係，它涉及解釋資料的潛在意義，比初次編碼更抽象。在二次編碼時，意義單元將按類別排列，並進行類別比較和連接以提出一些有助於理論或概念框架發展的主題或子題，類別之間的關係主要有三種：時間關係、因果關係或者包含關係（a temporal relationship, a causal relationship, or a contained relationship）。整個第二階段的編碼過程就是一個辨認相似性和差異的過程，首先在意義單元之間，其次在類別之間。最後，解釋資料並建立概念框架。在此要發展概念類別體系並提出主題或者框架，研究者將努力尋找這些主題與資料的整體性質之間的關係，此處可以採用圖示來呈現這種關係，然後將在所有這些基礎上提出概念框架。在整個資料分析過程中，研究者將會頻繁的採用比較的方法，如意義單元之間的比較、類別之間的比較等等。此外，筆者還撰寫了操作記錄和備忘錄（journal keeping and memo writing），以提高本研究的可信度並有助於概念框架的建立。整個資料分析過程完整而嚴謹。在該分析過程中，由於類別來自於資料本身，研究者本人的先入之見或者偏見可以儘量被避免，從而確保本研究最後所得出的結論能夠經受其他研究者的檢驗。[74] 定性資料的處理國

74　此段資料分析的內容參考以下書籍和文章：Seidman, I, 2006, *Interviewing as Qualitative Research: A Guide for Researchers in Education and the Social Sciences (3rd*

際上有一些分析軟體可用，本研究採用的是可以分析中文簡體的定性資料分析軟體 Nvivo 1.3 版，用它完成了整個資料的分析過程，大大提高了工作效率，並保證了本研究的可靠性和有效性。

　　資料的效度、信度以及倫理問題。本研究的訪談提綱從「信仰」、「家庭與社會交往」和「信徒觀點」三個方面探索青年佛教徒的信仰和生活情況，實際上這三個方面是相互映射的，而題目的設計也基本涵蓋了信仰生活中的主要內容，因此本研究具備清晰的表面效度和內容效度[75]。而且，與沒有信仰的青年相比，這些青年佛教徒具有一種獨特的生活樣式準則，訪談資料顯示在很多日常事務上他們內在的態度就很不一樣，因此，本研究可以說具有一定的建構效度[76]。雖然定性研究在信度方面常常會存在一些潛在的問題，但是本研究在整個資料搜集和資料分析階段力求做到嚴謹並保持客觀性，而且整個資料分析過程均採用分析軟體完成，從而盡可能避免信度上的損失，並隨時反省筆者作為一個研究者對受訪者和所搜集的訪談資料的影響。

　　出於保護訪談對象隱私的目的，本研究所有訪談資料中的人物姓名和個人資訊都進行了匿名化處理，大部分的寺院名稱以及佛教活動名稱同樣進行了處理。研究者對原始資料還進行了保密處理，以避免任何可能的對研究對象的傷害。由於採用滾雪球抽樣，所有的訪談對象均是熟人或者已

ed.), New York: Teachers College Press.

Coleman, H. & Unrau, Y, "Phase Three: Analyzing Your Data", In Tutty, L. M., Rothery, M. & Grinnell, R. M. Jr, 1996, *Qualitative Research for Social Workers: Phases, Steps, and Tasks*, Boston: Allyn and Bacon, pp.88-119.

Coleman, H. & Unrau, Y.A, "Analyzing Qualitative Data", In Grinnell, R. M. Jr. & Unrau, Y. A. (eds.), 2005, *Social Work Research and Evaluation: Quantitative and Qualitative Approaches (7th ed.)*, Oxford, UK: Oxford University Press, pp.403-420.

Charmaz, K, 2006, *Constructing Grounded Theory: A Practical Guide through Qualitative Analysis*, London: Sage Publications. 此處要特別感謝中國人民大學吳蕾副教授有關定性資料分析方法的指點和相關資料幫助。

75　表面效度（face validity）：衡量一個指標的品質，即該指標看起來是否能對某變數進行合理測量。內容效度（content validity）：指測量在多大程度上包含了概念的含義。此定義來自〔美〕艾爾‧巴比，《社會研究方法》，華夏出版社，2005 年，頁 140 － 141。

76　建構效度（construct validity）：衡量指標品質的另一標準，即在某理論體系內，某測量與其他變數相關的程度。來源同上。

被訪的青年佛教徒介紹的，每個訪談開始前研究者都會詳細介紹研究的目的和內容並向受訪者表明他們的權益，在徵得對方同意後再進行訪談。基本上所有的訪談過程都氣氛融洽，可以在愉悅的氛圍中進行和結束訪談；訪談中受訪者有權力不回答或者簡單回答他們不願意回答的問題，而他們也可以自由地深入探討那些觸發了他們感受的問題。這樣輕鬆開放的方式保證了訪談的深入進行並獲得詳實有效的資料。因此就研究倫理而言，本研究無論從內容本身還是資料獲取和保存方式上來說都對訪談對象沒有危害，完全符合研究倫理規範的要求。

此外，雖然本書研究總體是北京地區青年佛教徒，但由於這是一份定性研究，通過滾雪球抽樣獲得樣本，故而研究結論並不試圖代表整個北京地區，而只是試圖對這個青年佛教徒群體面臨的主要問題進行一個深入探索並嘗試給予解釋。作為一份探索性研究，本書的結論仍然是有效地。

五、研究思路

當前的青年佛教徒們面臨的首要問題是什麼，為什麼在他們的信仰和生活中會產生這樣的問題，他們如何應對如何解決，他們採用了怎樣的具體的解決方法以及這種解決方法何以有效：這一直是貫穿本研究的問題意識。Sumi Loundon 從那些美國青年佛教徒的經歷中發現，身分認同問題是他們在美國要面對的首要問題，那麼這些中國的青年佛教徒面對的主要是什麼樣的問題呢？通過對訪談資料的分析，本研究發現，對他們來說首要的問題是：學佛怎麼跟現實融合起來，或者說得更清楚一點，一個人有了堅定的佛教信仰要如何在這個世間存在，信仰與現實生活如何結合？他們找到的答案主要呈現為一種獨特的生活樣式，本研究將之概括為「入世潛修」。

而這些青年佛教徒之所以會面臨這樣的問題，信仰與現實之所以難以融合，正是由於他們落實信仰時碰到的種種困惑和衝突：特別是家庭的衝突，以及更深層面的個人信仰修學上的困惑。父母對他們信佛的反對，對他們吃素的不贊同和干涉，對他們尚是單身狀態並有可能不成家的不滿，以及對他們可能因信仰而出家的嚴重恐慌，這一切都成為家庭衝突的內容。而衝突之所以產生，首先在於佛教信仰本身的出世性，以及這種出世

性帶給信徒的一些生活形式上的要求或期望，比如吃素、不殺生、戒淫乃至出家等，其次，也是更根本的，在於信徒自身對信仰即佛教提供的世界圖景的理解和處理方式，當他們對之採取不同的理解和處理方式時完全有可能緩解衝突並進而獲得父母對自身信仰的贊同和支持。可是他們如何能夠對信仰採取不同的理解和處理方式呢？比家庭衝突更深的矛盾是個人信仰修學上的諸多困惑，對戒律的困惑、出家的困惑、信仰方向的困惑等等。一旦他們能夠從這些困惑中走出來，形成所謂的對佛教的「正知見」，明白佛教信仰的實質，就能夠對信仰有一種不同於以前的理解並對自己遇到的各種衝突採取妥善的解決方式，而不至於引發劇烈的家庭矛盾，但這一過程相當不容易。

要從個人信仰修學的困惑中走出來，並解決現實中的各種衝突矛盾，信徒們就需要採用佛教提供的各種相關的自我的技術進行宗教實踐。那麼佛教的這些自我技術是如何發揮作用的，信徒如何運用相關的自我技術破除自身信仰上的偏見和盲點，從而化解現實衝突落實信仰呢？通過對宗教經驗、禪修和善知識三個領域的自我技術的考察，我們發現佛教自我技術的根本正在於消解信徒的自我，讓他們逐漸放下以前對信仰的盲目認知、對自己見解的執著並打破自身的思維死角等等，從而對信仰形成一種新的、實質性的理解。自我技術的適當採用正是化解現實中各種困惑和衝突的關鍵。

以上簡要介紹了本書的分析思路，下面說一下各章節的安排。第 2 章在描述當前北京地區青年佛教徒群體的特色之後，將給出他們對於解脫的看法，即如何將佛教的世界圖景落實到生活中，其答案可稱為「入世潛修」；同時解釋「入世潛修」這一生活樣式的內涵、表現和特色。第 3 章集中探討他們曾經歷的佛教信仰與俗世生活的各種兩難，主要從家庭矛盾和個人修學上的困惑兩方面展開，並對出家這一世出世衝突最大的現象進行集中分析。第 4 章提供化解衝突的辦法，即佛教的自我技術，並從宗教經驗、禪修、善知識三個領域探討這些自我技術是如何發揮作用的。第 5 章提出結論並討論。

作為本書主體部分的第 2、3、4 章之間的邏輯結構如下圖所示：

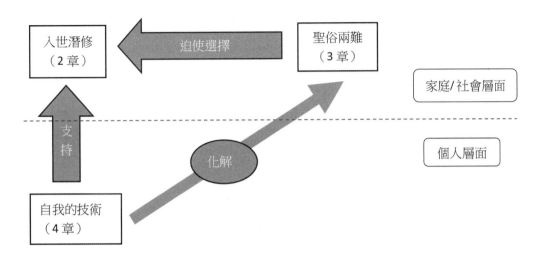

　　本研究發現，「入世潛修」這一生活樣式其實顯示了中國大陸居士佛教發展的一種必然趨勢，更是經典世俗化理論中的宗教世俗化之私人化論題的體現，而且它也是當前流行的人間佛教實踐的一種深入呈現，強調通過實修化解世出世矛盾，於俗世生活中尋求佛教的解脫。同時，「入世潛修」澄清了韋伯對大乘佛教無法發展出一種理性的、俗人的生活方法論的偏頗判斷，固然這一生活樣式不見得一定具有經濟上的效果，但卻可能是適合中國人的一種倫理狀況。

第二章　解脫須在俗世生活中獲得

第一節 佛教信仰的基本情況

訪談對象的基本情況可以從皈依、持戒、吃素、修行宗派、日常宗教實踐以及初學者的特點等幾個方面體現，以下逐一介紹。

皈依情況。從訪談資料中可以看出，被研究者大都經歷了正式或非正式的皈依儀式。一般而言，佛教的皈依可在寺廟中進行，舉行非常正式的儀式，由法師主持；也可以在見到法師的時候進行，這時可以是很隨意的場合，只舉行一個非常簡單的儀式，比如在老和尚住的賓館裡，這種非正式的儀式有的發皈依證、取法名，有的也不發皈依證、不取名，視情況而定。事實上，皈依的形式可以非常靈活。

> 文魁：皈依好幾次了。最早的一次是07年的浴佛節，五月份，在報國寺，這是最早的一次。到現在我覺得皈依好像已經成了家常便飯了，來了一個大德「咱們去皈依吧」，一幫人就忽悠著去皈依，後來我就覺得挺沒意思的。……有幾次比如在賓館，老和尚在賓館住著，一堆人去了，就很簡略的儀式，還取法名，還發皈依證。

> 問：那你事後還會跟老和尚聯繫嗎？

文魁：不會，雲蹤飄渺，我們怎麼聯繫啊！

問：那皈依的時候老和尚還會給你們講幾句是不是？

文魁：就大概講幾句吧。

　　信徒參加皈依儀式之後也未見得會跟法師以及相關的寺廟經常聯繫，對有些人來說皈依就真只是一個形式，參加完就完了，他（她）的信仰也到此為止。因此，在中國佛教中，不能依據一個人是否皈依來嚴格的判定他是否是信徒，我們只能說，一個人皈依了，那他大概是佛教徒，如果一個人沒有皈依，那他大概不是佛教徒；皈依了，是信徒的可能性就比較大。但是，如果真正信仰的話，皈依也真就只是一個儀式，甚至沒有也可以，不是那麼重要，訪談對象中不乏深信多年卻一直沒有皈依的。也正因此，有研究得出目前中國自稱佛教徒者占總人口的 18%，而參加過正式皈依儀式的只有 1.7%。[1] 不過，固然皈依的神聖性因其輕易和儀式化而打了折扣，對於真正信仰的佛教徒來說它仍然是一個非常重要和基本的儀式——那些深信多年卻一直未皈依的大多都是出於慎重——皈依可以作為信仰的一種確認，也可以反覆參加，以強化信仰。

李懷恩：為什麼我會在杭州一嵐法師辦活動的時候我會重新皈依一次，因為在參加他那個活動之前我真的帶著很多很多的困惑跟痛苦，我在反省自己好像我學佛很多年但是為什麼我現在這麼痛苦，就是遇到很多生活上的感情上的包括也對佛法修煉過程當中的，很多問題很多煩惱。在參加那個活動的過程中在聽他的開示，其實不是我提的問題，是別人提的問題，但是在他講述的過程中，我覺得怎麼他好像都在解答我的問題那樣子，……所以後來皈依，我覺得這個沒有什麼關係，皈依不是說皈依一個法、一個師父而是說它會強化你內心的信仰。

　　訪談樣本中所有人都參加過皈依儀式，有些是信佛伊始就皈依，有

1　Yang, Fenggang & Leamaster, R. J, 2010, "Buddhists in China Today". 載 2010 年第七屆宗教社會科學年會論文集《中國宗教的現狀與走向》（II），頁 1044、1055。第一章導論中有提到此資料，此資料僅供參考。

些是堅信並實踐好多年之後才皈依。從中反映出佛教皈依中存在的幾種現象，比如皈依時已堅信的，有8人；受周圍人的影響成分更多的皈依，2人；自己並不見得很堅定但是覺得有好感、已有一定瞭解而且願意繼續深入瞭解的皈依，10人；如果信的話，皈依真只是一個儀式，沒有也可以，4人（他們都是信佛好幾年但一直沒有皈依，要麼沒有合適的機會，或者沒找到合適的寺廟感覺合適的法師，再要麼就是覺得自己已經信了不需要一定有這道儀式）；皈依時重視皈依師的卡里斯瑪特質，即「依人」的現象，3人（其中漢傳佛教2人，他們學佛好多年都沒有皈依，直到遇到一個合適的法師才參加儀式；藏傳佛教1人）；有1人明確說自己皈依時還不是很清楚。以上幾種現象並不是互斥的。關於「依人」的現象，張蘭有一段形象的描述：

> 張蘭：大和尚一定是菩薩再來，智慧具足，還是很敬佩他的。他是我的顯宗皈依師，當時我學佛已經很多年很多年，一直沒有皈依什麼人，後來在雪山寺做義工，做大和尚的一些東西的記錄，就一直跟著大和尚看他對不同的信眾、不同層次的人的開示特別有善巧，非常有智慧，後來我認同大和尚我才皈依他的。

> 問：你怎麼會學佛那麼多年一直沒有皈依呢？

> 張蘭：就是覺得沒有一個法師值得讓我皈依，可能也是太我慢了，但是確實也是不容易找到覺得挺欽佩的，因為皈依師嘛，應該欽佩，自己理論也學得比較多啊。

在23人的訪談樣本中，直接皈依漢傳佛教顯宗的有20人，但其中有4人後來轉向密宗（3個藏密，1個漢密）；直接皈依密宗的有3人，其中2個藏密，1個漢密。

持戒情況。13人明確說自己沒有受戒，但其中有1人雖未參加授戒儀式卻嚴格持五戒；10人參加了五戒授戒儀式，其中1人因堅持不下來又在佛前悉數返還，偶爾持八關齋戒[2]，其他受戒者大多也是說持戒持得

2　八關齋戒，略稱「八齋戒」、「八關戒」等，在家佛教徒所受持的一種出家戒法。依

不嚴格，或者只持五戒中的幾戒，此外有 2 人還受了菩薩戒和密乘戒。

　　吃素情況。12 人吃素，其中有少數幾人不是那麼嚴格，主要是跟父母在一起的時候或者應父母要求自己偶爾也會吃一點肉；6 人不吃素；還有 5 人吃過一段時間素後又改為吃肉。這裡的描述只是訪談時訪談對象的現狀，其中實有許多波折，第三章對此會有詳盡的分析。

　　修行的宗派情況。漢傳佛教 18 人，其中淨土宗 2 人，禪宗 6 人，漢地密宗[3]2 人，不明確宗派者 7 人，佛道互參 1 人。藏傳佛教 5 人。詳情請見附錄表二。

　　日常宗教實踐非常豐富，如抄經、讀經、打坐（坐禪）、坐上觀修、唸佛號、念皈依、早晚課般的祈禱發願、拜佛、觀心、覺知、練氣（來自道家）、放生等。其中讀經和唸佛號是比較普遍和平常的。幾乎所有受訪者都有打坐經驗，而且相當一部分人將之列為日常定課，因此打坐可以說是這個樣本中最主要的宗教實踐。詳情請見第四章的分析。

　　初學者的簡單情況。樣本中有 5 位初學者，他們有一些初學者的典型特徵，首先可以從他們對佛教徒的認識中略窺一二：

> 曾蘅：有一次一個姐姐介紹我去參加一個茶道會，這個茶道會需要有人幫助，招義工，然後有機會的話還可以參加表演。我就很想學這個茶道。後來好像他們一直說可以同意我在旁邊，就是表演的時候也可以幫忙，我就一直特別期待，每週都很認真地去學習，結果到最後一天的時候沒有任何人通知我，後來發現我就只能做義工，不能參加他們那個儀式上的那樣

《俱舍論》等，為不殺生、不偷盜（「不與取」）、不淫欲（「非梵行」）、不妄語（「虛誑語」）、不飲酒（「飲諸酒」）、不塗飾打扮及觀聽歌舞、不眠坐高廣華麗之床、不食非時食（過午不食）。其中前七條為戒，後一條為齋。《大智度論》等開第六戒為不著華瓔珞、不香塗身、不著香熏衣與不自歌舞作樂、不往觀聽兩條，為八戒一齋。八齋戒不同五戒之終身受持，為在齋日一日一夜受持之法。參陳兵，《新編佛教辭典》，中國世界語出版社，1994 年，頁 146。前五條戒即是五戒。

3　此處修行宗派的認定主要根據信徒自己的陳述和判斷。漢地密宗在唐朝曾經繁盛一時，但惠果過世後逐漸在漢地失傳（牟鐘鑒、張踐，《中國宗教通史（上）》，社會科學文獻出版社，2003 年，頁 537。）民國時有東密自日本回傳漢地，事實上現實這比我們以為的要豐富，本書只是如實記錄，不做價值判定，因此將這些統稱為漢地密宗。

子。我當時還是挺失望的，既然都說了這麼久了也應該有個誠信啊，為什麼就忽然也不打個招呼當時就一切都安排好了，我就只能看著他們那樣做而自己什麼也做不成。後來我就問，那個師兄也是佛教徒，還問他為什麼要這樣子。他就好像還是讓我要懂道理，說每個人都是一個螺絲釘，不管你做了什麼只要做了一份工作就好了。雖然我覺得他大道理說得蠻好的，但是他們都沒有講誠信嘛，我當時就覺得佛教徒也不一定好。……他們應該提前跟我說一下。因為這樣子的話，確實是對我不夠尊重。

（還有一次我看到一位老師，）因為我不太曉得他是不是佛教徒，但是我看到他有一串佛珠戴在手上，但是他的行為不太端正。所以當時我也覺得不太好。……我原來覺得佛教徒應該都是很和善，然後行為修養應該都是蠻好的。但是這個老師他的行為後來讓我……尤其是我自己反思的時候我覺得很接受不了。……反正我就知道也不是所有號稱自己是佛教徒的人都是像我感覺的那麼好。

其次，他們對自己信仰的認識。剛皈依一年半的孟雯在訪談進行到一多半的時候不願意再進行下去，她是樣本中唯一一個訪談沒有做完的，因為她發現自己的信仰尚不牢固：

孟雯：是這樣子的，因為可能每個人的反應會不一樣吧。因為自己覺得學佛這麼短的時間，自己的信仰各方面也只是在剛剛樹立的一個過程中間。我現在突然明白一個觀點，就是，可能我表達不太合適，就是信仰這種東西如果真的去問去說的話，它只能說當你還沒有堅定的紮下……現在還只是一個種子，還沒有長成一棵大樹之前，那個種子如果總是去動它、去說啊之類的，還是感覺不是很好，對自我而言。

就是老是說一個什麼信啊之類的。我覺得只有讓自己真正經過一個比較長的時間，比如 10 年 8 年那麼長的時間沉澱之後你才能去真正感受它，因為現在其實經受的磨練啊什麼的都挺少的，你只是在一個單純的環境裡面覺得學佛很好，真

正到應用的時候自己不知道自己信仰到底有多堅固。

信仰是神聖又超越的，然而現實讓隋楓有很多困惑，因而對信仰有懷疑：

> 隋楓：我不能接受法師做俗人的事兒。……我覺得法師就應該每天坐在那裡修行然後頭頂放毫光那種，結果法師每天也不顯神足通、來回還是要坐車、坐飛機，跟正常人一樣，還是要吃飯要睡覺，然後我覺得很失望。皈依之後有一段時間我覺得活菩薩怎麼能這樣，活菩薩不是應該分百千億身度百千億人嘛，然後不睡，天天閉著眼睛就說我想去唰地一下就去了。……我就比較能接受他們經常做一些玄幻的夢，夢到一些我們夢不到的事，或者他們見到了一些我們見不到的東西，或者什麼什麼的。
>
> 有時候懷疑是不是真的有開悟。因為人不可能總是憑著記憶去堅定自己的信念，如果修行上沒有推動沒有好的覺受的話我就會懷疑，有時候甚至覺得這麼犧牲是不是值得。有時候會覺得自己在做犧牲，因為是選擇了兩條路嘛，你看我世俗的這麼多東西，好吃的好玩的各種體驗我都放下了我都放棄了，我走上了一條開悟的道路萬一不能悟呢，萬一沒有開悟這回事兒呢，萬一這只是我自己哄自己的一個寄託呢！怎麼辦呢，就是有困惑。

總之，原來佛教徒並不都像自己想的那樣好，原來自己的信仰還不夠堅固，原來自己的信仰也在平凡的生活中，原來開悟也有些飄渺……初學者因為接觸時間尚短，而且也由於年齡尚輕、閱歷不夠，各方面都不是那麼穩定，會有以上這些明顯的特點。

事實上，對信仰的認識跟接觸佛教的時間、年齡、個人閱歷和性格都有關係。訪談樣本顯示，接觸佛教的時間固然重要但是並不那麼絕對，年齡和閱歷的影響相對會更顯著，比如同樣是初學者的秦珊珊，以上特點在她身上就不是很明顯，她年齡更大也更成熟是一個主要的原因。當然也是因為訪談對象是一個青年群體，這也會凸顯年齡和閱歷的影響。再比如自

小就學佛的羅競和楊煜，皈依時間都在 9 年以上，但他們的困惑和對信仰的認識在該樣本中不是很有代表性，這裡年齡是一個原因，他們相對都很年輕，另外一個原因就是他們都有著相對優渥的學佛環境，因而其困惑和對信仰的認識不那麼具有代表性。

樣本中除了羅競（來自佛化家庭[4]）和楊煜（自小受親戚影響接觸佛教）這兩人是大學之前皈依的之外，其他人基本都是大學時代皈依的佛教，也就是說，這些「過渡期的成年人」（emerging adults）的信仰成型時間基本都是在大學階段，包括本科、碩士、博士階段，他們在大學裡廣泛接觸各種資源、吸收多元化的資訊，逐漸選擇信仰並讓自己的世界觀、人生觀和價值觀定型。因此，該樣本基本可以反映當前青年佛教徒群體的信仰情況。

本節介紹了通過這個青年樣本反映的佛教信仰的一些基本情況。以下將逐步介紹這個群體的特色以及他們對解脫的看法和相應的生活樣式的選擇。

第二節　青年佛教徒群體的特色

一、理性的求真的群體

貝格爾在他的去世俗化理論中提出了兩個例外，其中之一就是「出現了一種受過西式教育——尤其是西式人文社會科學教育的人們構成的國際性的亞文化，這種亞文化確實是世俗化的。這種亞文化乃是進步的、啟蒙的信仰與價值觀的主要載體。這種亞文化的成員影響巨大，因為他們控制著那些提供有關實在的『官方』定義的機構，特別是教育系統、大眾傳媒，還控制著對法律制度的更高水準的影響。在當今全世界，他們一如既往的高度相似。」[5]2008 年對北大學生的調查反映絕大多數北大學生是沒有任何宗教信仰的（77.5%），整體上世俗化特色很明顯，而且北大學生中佛教徒的比例（6.3%）遠低於全國的情況（18%），這可以說證實了貝格

4　即父母都是佛教徒。

5　Berger, Peter L, (ed.) 1999, *The Desecularization of the World, Resurgent Religion and World Politics*, Grand Rapids, Michigan: Ethics and Public Policy Center and Wm. B, Eerdmans Publishing Co, pp.9-10.

爾的例外論。[6]

　　本書研究對象當然屬於貝格爾所稱的這種全球性菁英文化，而他們也確實是「世俗化」的——因為他們承載著「進步的、啟蒙的信仰與價值觀」，這一點從他們對自己所受的教育以及宗教信仰的理解中可以清楚的體現出來，他們完全接納現代的啟蒙思想，追求真理，強調且倚重理性。因此事實上世俗化的教育並不會妨礙一部分青年的個體信仰追求，理性甚至成為他們深入信仰的工具。

　　首先，我們來看他們對自己所受教育的理解。比如關培，他充分接受現代的啟蒙思想——民主、自由、平等、個體性等等，同時亦是一位堅定的佛教徒，而且他對自己這種特點有著清楚的認知，啟蒙的觀念和佛教信仰很好地融合在一起。

　　問：你現在算是一個信心很堅定的佛教徒，算嗎？

　　關培：要說是非常非常堅定的不能這樣說，因為我們接受的教育肯定都是現代教育而不是傳統的教育，所以我的思想其實還是比較複雜的，這只是一個方面而已。不能說非常非常堅定，我想應該是這樣的，實事求是的講是這樣的。

　　　　其實我跟普通人非常非常一樣，非常非常普通，但我內心我知道我很特別我堅信這一點。這一點是現代教育的影響，就是認為每一個人都是很有個性的，都是一個特別的人。實際上這也符合自然規律，每個手的手紋都是獨特的。

　　其次，他們是一群追求真理的人，這也是這些青年佛教徒跟一般信佛群體最明顯的區別。佛教「道出了人生的事實」[7]，他們想瞭解「到底世界的真實是什麼，人的本質是什麼」，他們想探索生命的真相、宇宙的奧祕，這是訪談對象對佛教信仰的一個普遍看法，尤以關培、秦珊珊、李懷恩、齊馨等人表述得甚為明確。

6　孫尚揚、韓琪，〈北大學生對基督宗教的態度：初步調查與分析〉，《輔仁宗教研究》，2009 年秋，頁 79 － 80。
7　引號中為受訪者原話。下文有些地方還會這樣子直接引用。

關培：我頭腦中剛剛跳出來一個詞：真，求真。真善美嘛，別人學
　　　佛可能更多的是向善，但我是求真的，這還是基於我對佛的
　　　理解。他（佛）實際上應該是一個掌握了自然規律的人。就
　　　是對生命、對宇宙的奧祕——所謂的奧祕就是它的規律——
　　　很好奇很好奇，實際上我還真是一個自然科學工作者。我對
　　　這個很好奇所以我就想瞭解它，我願意付出自己的時間精力
　　　甚至汗水去瞭解它，瞭解這個東西。

秦珊珊：首先我是追求真理的嘛，就是信仰這個東西我不僅覺得它
　　　是美的好的我就接受，還需要它是真的，倘若這個東西不
　　　是真的話再好再美我也很難接受，⋯⋯因為假的東西再好
　　　再美信了也心裡不安。但佛教就是無論從邏輯上還是你自
　　　己實修[8]體驗、神祕體驗上面都可以最終、終極證明的，所
　　　以我能接受它。

李懷恩：佛教，我覺得它更契合我是因為我可能是一個比較對真相
　　　感興趣的人，我會思索生命的真相到底是什麼，⋯⋯通過
　　　佛教我覺得在很大程度上我會認識到生命的真相，而很多
　　　的困惑在一定程度上會消解是因為我明白了生命到底是怎
　　　麼回事。佛陀其實就是這樣一個人，就是一個奉獻自我的
　　　人，而且他所傳的是法，他所做的事情、來到這個世間做
　　　一種自我的犧牲就是為了告訴我們生命的真相是什麼，我
　　　當時就覺得是這樣子的，然後我覺得這也是我想要尋找的
　　　東西。

齊馨：（成為佛教徒）意味著瞭解生命的真相，去踐行生命的本來
　　　意義。所以這是人生唯一有價值的事情，這是正道吧，除此
　　　之外怎麼辦呢！⋯⋯而且其實佛法本身也並不是說的生命以
　　　外的任何東西，它沒有講生命以外的任何東西，就講的生命

8　「實修」並不是一個專有名詞，各大佛教詞典中均未收錄該詞條，僅《英漢－漢英－
　英英佛學辭典》（中華佛典寶庫編）提供了該詞條的英文翻譯：true practice. 經請教
　專業人士，嘗試給出如下定義：資深佛教徒用這個指採用念佛、禪坐、止觀等具體的
　法門獲得某種證量的修行方式，屬於深入的宗教實踐體驗。這一定義與所搜集訪談資
　料相吻合，故而本書暫時借鑑這一定義。

本身。

對他們來說，求真的過程始終有理性思維相伴隨。侯諾然就是一個這樣的典型，他最開始不喜歡帶有迷信色彩的東西，比如跪拜、磕頭和供香等，後來通過親身實踐以及理性的思維對這些儀式形成了一種新的理解，從而說服自己接受了它們。理性、不盲目接受的客觀態度和勇於實踐的精神讓他重拾已經被現代人遺失了的宗教儀式的神聖意義。

> 侯諾然：因為我不喜歡比如說跪啊、供香、跪拜、磕頭啊，我全部不做，因為我覺得這個對我來說好像還是迷信的東西。但我師兄很厲害，有一次他說要出去一段時間，他天天在我面前供香，我就在旁邊看，我覺得他做得挺清靜的，我很喜歡看他幾樣東西，一個是他供香一個是他拖地，他蹾地的時候啊就是你會感覺很寧靜的感覺，蹾得很有規律，看他蹾地是一種享受，他供香也是這樣，就是很慢很慢地供，我就在旁邊看，看久了就熟了，很簡單，就是念四宏願、然後皈依佛皈依法皈依僧，供完放上去就行了，結果他每天都換水，我天天都看。然後有一天他說他要離開北京一段時間，（他說）你能不能代我供一下，我說這沒問題我來供。就天天供，結果供著供著我覺得挺好的，挺有感覺。後來我又看到南懷瑾先生就說為什麼大丈夫說跪就跪，為什麼畏畏縮縮又怕別人看見呢！我覺得這句話有道理！就是你覺得那個東西值得你跪就應該跪，那為什麼要跪，南懷瑾先生說是因我禮汝，「汝」就是你的意思，就是佛跟弟子說因為我——就是借著佛這個形象——來禮敬自己本身，通過跪拜。我一聽，哎呀很有道理！然後從那個時候就跪，我就試著跪、學著怎麼跪還請人教我，後來慢慢慢慢跪，我覺得他講得有道理的，如果你就覺得這個東西是很好的，為什麼不敢公開呢！我就專門找有人的地方跪，就去寺廟裡面看到很多人，（我）也不管我就跪，就感覺這種感覺，就是你覺得這個是很好的東西沒有必要覺得不敢公之於人，就跪，跪完了也沒有什麼大不了的，覺得心情很好。

　　除侯諾然之外，李懷恩亦是一個典型。通過理性她才真正理解「學佛到底是怎麼回事」，而不是跟隨周圍的人盲目的崇拜偶像、吃素、跑寺廟，從令人迷茫的傳統形式走出來轉而進入現代的理性認識之中，她才真正從內心接受並選擇這樣一種信仰。

　　李懷恩：為什麼我會有一個很大的轉折，從我非常不相信到……我是很快一下子就轉過來了，就是因為我讀《普賢菩薩行願品》。那天晚上突然臨睡前拿起來讀，就這樣一直讀下去，因為那個經文非常的漂亮，開始的時候是被它的語言吸引了，當時一直讀下去，我印象最深刻的是一直讀到「常隨佛學」這一品的時候，哦我忽然間明白了佛陀到底是怎麼樣的一回事，學佛到底是要做什麼，然後人生的意義到底是什麼，就那一瞬間對我心靈的觸動是非常非常強烈的。我想這一本經書應該是一個很大的契機，讓我徹底改變了對佛教的看法，就是從那一個時刻開始我決定我要學佛。……因為我之前一直不知道學佛到底怎麼回事。因為我朋友當時就說你要吃素啊，你要怎麼樣怎麼樣啊，然後又帶我到寺院裡去拜啊，就是很傳統那些東西我覺得我沒有辦法接受，到底學佛是怎麼回事，佛法是什麼，我不明白。……我就覺得神神佛佛，很迷信啊，又拜啊，又偶像啊，我覺得我沒有辦法接受。直到那部經我才明白佛陀是這樣一個人，當然我是把他定義為一個人，因為是從我們現在的角度講，哦他是這樣一個人，他所做的是這樣一件事，然後學佛到底是學什麼，我才明白，「常隨佛學」嘛，它是用的這樣一個詞來界定的那一小段，學佛就是學佛這樣子的一種做法。……這是他自己，因為他自己出家修道這麼多年他對人生的一種領悟，對生命的一種領悟，在他領悟之後他出來所做的這件事情就是想要讓大家都明白他明白的道理。

　　受親戚影響從小就信佛的楊煜更是尤其強調自己信仰的特色之一就是理性：「對一個東西不是搬過來就盲從，而是要經過一番很系統的抉擇，

而修[9]的東西不是馬上拿過來就修，要認知清楚到底是好的還是壞的會出現什麼情況然後再搬過來修……」理性分明成為他深入信仰的一個重要的階段性工具。

> 楊煜：因為理性是一個需要堅持的東西，絕對不是佛教說不可思議不可分別就不需要理性了，這是一個階段的問題嘛，你到一定階段之後你就把它給捨棄了，但是在這個之前你是需要這個過程的，不然你覺得不清楚你不能修行，你修行也是走入魔道了。

樣本中只有來自佛化家庭自小學佛的羅競特別強調「信仰」——虔誠的信仰，因為他信的是淨土宗，強調把握此生好好念佛以往生[10]西方極樂世界，所以「信」對他來說非常重要。他也是唯一一個對問卷上的好些問題都要愣一愣、想一想才能做出回答的人。

> 羅競：有些東西你問我我自己都覺得……
>
> 問：好像從來沒有想過？
>
> 羅競：對，我覺得是很自然的東西，所以你問我都要愣一愣……
>
> 問：還要想一想，思考一下？
>
> 羅競：對……
>
> 問：對你來說成為佛教徒意味著什麼？
>
> 羅競：這個問題？
>
> 問：不明白什麼意思？
>
> 羅競：這個有點類似於學者問的那些問題，我覺得我自己不算一個

9　此處「修」的意思即可類似於上文的「實修」，只是此處為動詞，即進行相關的信仰實踐。

10　往生，佛教術語，指命終後去生於某處，一般特指生於佛菩薩的淨土，尤多指生於西方阿彌陀佛極樂淨土。參陳兵，《新編佛教辭典》，頁237。

學者，就是個真正的佛教徒，你問這個我就有點茫然。……
因為我從小就信，那會兒就是信，後來只是說我在不斷接觸
中更加印證那種想法。……我覺得，可能你學佛有兩種原
因，有一種人從學術上進入信仰，有一種人先信仰了再進入
學術。我想我當時是一下子產生宗教感情了然後對它一下子
就信服了，然後才慢慢看書瞭解具體的理論。

　　綜上所述，這群青年佛教徒是一個知識菁英群體，他們受的是現代的
世俗化的教育，但這並未妨礙他們以一種追求真理的動力以及理性的思維
來探索傳統的佛教信仰，他們酷似「自然科學工作者」，以一種理性、客
觀、真誠的態度來探索宇宙人生的奧祕。儘管也有如羅競那般只強調信仰
的，但那只是極少數，而且他的情況中還有家庭環境因素的影響，因為其
父母均是淨土宗而他是自小信佛。因此，可以說青年佛教徒群體的主流部
分是倚重理性並追求真理的。而這一特色正與他們所受的現代的啟蒙的教
育背景相呼應，後者正是 Christian Smith 所說的在邁向成年人的過渡階段
中支配並形塑著這些青年人的宗教靈性狀態的文化結構或者力量，而這一
教育文化的結構或力量是不可忽視的。

二、周圍人看他們

　　對這樣一群理性的求真的人，周圍人會怎麼看他們呢？齊馨的經歷比
較典型的反映了周圍人對他們的一個基本看法──「有點超現實」、「理
想化」，或者覺得他們「有追求」、「脫俗」。不過周圍人普遍都認為他
們人很好，而且也願意找他們幫忙或者向他們吐露心聲。

　　齊馨：那天有個朋友給我說，齊馨我怎麼感覺你有點超現實！然後
　　　　　她也沒再繼續說，我也沒再繼續問，我就笑了笑。當然從她
　　　　　的角度來看我，會覺得我有點好像既不喜歡看言情小說也不
　　　　　喜歡看電視早不早的就睡覺了像個老太太一樣，感覺這人有
　　　　　點莫名其妙有點看不懂。但是，這是這個朋友這麼說了，因
　　　　　為她說你平時讀什麼小說我說不讀小說，你平時看什麼電視
　　　　　我說不想看電視，然後她會覺得你真的是跟別人不太一樣。
　　　　　但是接觸得好的朋友也會回饋，比如說他們心情比較難過的

時候或者比較苦悶的時候也會打電話給我問一問什麼的。一般的話結交不深不是天天一塊兒生活天天能碰見的，他不瞭解你會覺得你這人比較 nice 或者脾氣比較好或者怎麼樣子的。

可是，學佛初期的他們也會在周圍人眼裡顯得比較「怪」，因為吃素啊、勸人信佛啊等等形式上可能的極端表現。比如陸融融對自己以前行為的描述，她剛接觸佛法時就有點不屑於跟周圍人交往，覺得自己的信仰最好，而他們沒救，因此在周圍人眼中她也顯得「比較特別」、「比較有追求」。

> 陸融融：我剛開始學佛的時候，那時候我剛開始接觸，就感覺要讓所有人都跟我一樣，就會跟別人說，後來不會這樣，但當時會這樣。我也不知道其他人怎麼想，但那個時候就可能有點比較跟人對立的心態，覺得他們比較沒救什麼的，然後也不屑於跟其他人，如果他們不信的話，不過我身邊的朋友們很好我覺得他們都很開明，因為我經常就不參加大家的聚會啊，反正他們可能覺得我比較特別啊比較有追求啊或者這樣。

信仰的選擇、價值觀的改變會對人的生活方式和行為產生影響，這本是再自然不過的。但初學佛的隋楓卻碰到了一個很極端的情況，因為她身上發生的「巨大」變化似乎讓周圍的人很不理解，她不再熱衷於談錢談帥哥，對塵世的很多東西似乎不再那麼迷戀，這種變化讓身邊的人們困惑，懷疑她有問題或者遭受了重大的心理創傷；再加上社會上普遍的對「佛門」、「消極避世」的印象，她只能暫時選擇「和光同塵」，避免因為自己表現得「太脫俗」而讓周圍人加深對佛教信仰的誤解。

> 隋楓：自己感覺自己的生活光亮了，但是有時候反而覺得，怎麼說呢，反正朋友們覺得特別害怕，覺得我不是以前的我了。……他們只是害怕我這種變化，就是怎麼會變得這麼大好像對塵世間的很多東西都不喜歡了，就覺得我受了很多打擊，知道嗎？就你是不是失戀了呢？是不是賠錢了呢？是不是生活太困難了呢？你到底受了什麼打擊要這樣消極

避世呢！但是我覺得我自己特別精進，是生死場上精進勇猛
的戰士！但是他們都覺得我是受了重大的心理創傷，導致我
生活狀態的這種走向佛門。呵呵……我就是現在對錢和帥哥
看得比較淡的時候，但是以前跟我討論帥哥的女同學，現在
跟我討論的時候，我要突然間不討論了她會覺得我有問題，
然後我依然討論。……因為我裝俗嘛，所以他們認為我還是
個俗人，他們甚至認為我學佛是為了一些俗世的利益和追
求。……我媽就覺得信佛就會消極啊，你看我以前追求的東
西現在不追求了，為什麼啊？怎麼怎麼的。可能會讓人有偏
見這樣好像不太好，所以我還是在裝俗，有時候裝得也挺開
心的。之前那個我太脫俗了是吧，我又不是人天師，然後我
還那麼脫俗，人家就會覺得我很變態。

　　隋楓是因為周圍人的不理解而不得已「裝俗」。事實上，不少長期
信徒都經歷過這樣一個不被理解的階段，尤其是信佛後一些吃素、避諱殺
生等形式上的做法會帶來與周圍人的差異，對此陳曉華深有體會。

　　陳曉華：（我學佛後周圍人對我）各種各樣的看法都有。更多的他
　　　　　　們還是可以以一個比較包容的態度，特別是現代社會比較
　　　　　　開放，而且很多人他們能夠理解的或者他們能夠接觸的他
　　　　　　們都自己試著去接觸這都挺好。但也有不能理解的。……
　　　　　　再加上你又是信佛，因為信佛有一些形式上的要求，比如
　　　　　　你吃素啊，你怎麼樣避諱殺生啊，這些在他們眼裡本身也
　　　　　　是信仰中更不能接受的一些東西。

　　對於周圍人可能的不理解，很多佛教徒逐漸不再對外公開自己的信
仰，甚至連一些基本的形式也不再堅持，比如吃素，這在樣本中是一個非
常明顯的趨勢，在此僅以秦珊珊、周源和侯諾然的情況為例。

　　秦珊珊：朋友們應該覺得就是這個年代有信仰的人還是比較特別的，
　　　　　　但是因為可能我跟他們之前關係都比較親密，他們可能拿
　　　　　　我當另類吧，……反正應該挺多佛教徒不是特別樂於公開
　　　　　　自己的信仰，我也應該只是一些關係比較親近的人才這樣
　　　　　　子（讓他們知道我的信仰）。

周源：就不要弄得很特別就好，像我很少像一般佛教徒那樣比較特別。今天也就是跟你在談所以會跟你說得比較清楚，一般都不太讓人知道，說我是個學佛人，覺得沒必要，因為一般人會覺得你挺怪怪的。所以我一般都不讓他們知道，所以我平常的行為跟他們沒什麼不一樣的。（周源亦不吃素。——訪者注。）

侯諾然：朋友們都不知道我學佛，因為我沒必要講，有些人覺得我（對佛教）有好感，但到底我是什麼門派怎麼修行他們不知道，因為我平時從來不講佛法。

　　整體而言，周圍的人覺得這些青年佛教徒有些「超現實」、「理想化」、「脫俗」，但是普遍認為他們人都很好；學佛初期他們的表現可能會讓人覺得「怪」、「特別」，甚至可能因信仰前後變化過於巨大而很難被周圍人理解和接受。從這些看法中我們可以發現這個群體的整體特色還是比較鮮明的，比如生活方式、行為上的一些差異，他們跟周圍人還是很不一樣，但慢慢地隨著學佛深入他們就會轉向安靜乃至不顯，也有的學佛人一開始就不顯，根本不為人所知。

　　除了對這些學佛人的訪談之外，筆者還特地比較隨意的問了問其他人對身邊的佛教徒的看法。A 的同租室友就是個長期信徒：

A：他就是晚上打坐，其他的……沒覺得他跟別人有什麼太大區別，整天嘻嘻哈哈的沒個正形兒。他很少跟你說話，但是你如果跟他說什麼他就跟你嘻嘻哈哈，沒個正經，我想起老頑童，他大概算個小頑童。對了，他吃素。不過他也不穿佛教徒穿的衣服……

　　這位長期信徒除了打坐和吃素這兩點表明他的佛教徒身分之外，他身上已經沒什麼太明顯的信徒特色，以至於 A 很少注意到他室友的宗教信徒身分。當然 A 所謂的「佛教徒穿的衣服」指的是他在寺廟裡看到的和尚的僧袍，這也顯示他對佛教瞭解有限，尚不知道佛教裡面在家居士和出家僧眾的區別。

　　在得知本研究之後，B 主動跟筆者談到她的一位信佛的朋友：

B：她心很靜，說起話來永遠都不慌不忙。我記得有一次她要回家，
　　但火車票出了點事，如果是我一定會很匆忙很慌亂，但我發現
　　她走路仍然是那麼和緩……有時候她也有憂愁，你也可以看到
　　她也有我們都有的那些煩惱，但是她很淡定，內心很寧靜。以
　　前我都不知道她有信仰，後來也是跟一個老鄉聊起來才知道原
　　來她是個居士。有一次有個小事我還找她幫忙，感覺挺熱心的。

　　總之，正因為很多長期佛教徒的信仰變得一點兒也不張揚，周圍的人
們有時候不太容易發現他們原來信佛，儘管會注意到他們跟別人不一樣的
生活方式，比如吃素、打坐，甚至感覺到他們跟別人不一樣的氣質──「心
很靜」、「很淡定」，但是他們低調的生活已經不會讓人覺得他們跟別人
有什麼明顯差異了。因此，略顯得怪異和突兀的階段也只可能出現在信佛
初期。

三、他們看自己

　　他們是如何看待自己的呢？當訪談時問到「你會覺得自己特別嗎」，
只有 7 個人說不特別。基本上他們大部分人還是覺得自己特別的，綜合一
下他們的回答：首先，在本質上每個人都是不一樣的，其次自己求真的信
仰、精神的追求不一樣，再次自己的生活方式跟一般人確實有不一樣。事
實上如果仔細查看那些回答「不特別」的人的整體訪談內容，能發現他們
也是承認這個信仰給自己帶來的跟其他人的差異，而之所以回答「不特
別」可能是為了強調每個人本性上的一致，即都是「眾生之一」，也可能
是試圖儘量消弭信仰帶給自己的這種差異。

　　齊馨坦然承認這種因信仰帶來的生活方式上的差異，自己覺得開心和
關注的事情都跟周圍人不一樣了：

齊馨：自己平時沒有感覺，但是真正你要跟大家一起待著的時候你
　　　會發現確實是有不一樣。……特別是老同學聚會，跟以前的
　　　圈子那就更不一樣了，完全不一樣了。當然我也不願意沉
　　　默，我不願意弄得自己好孤傲的樣子，但是確實他們覺得很
　　　開心的事情我也不覺得怎麼開心，他們很關心的事情我也不
　　　怎麼關心。就是這樣子。

　　此外，他們又如何看待自己所在的這個群體呢？或者說他們如何看待自己選擇的這條信仰之路？以下列舉幾個典型的看法。呂薇認為整體上來說學佛的人好交往，當然偶爾也有比較怪異難相處的。這與周圍人對他們學佛初期的看法不謀而合。盧一帆則認為其實大部分學佛的人都不知道佛教到底是怎麼一回事，都不清楚如何才能從一個普通人最後變成一個佛，也就是說真正對這條信仰之路很清楚的人極少。李懷恩非常客觀的看待這個群體，她坦言學佛是個很不容易的過程，不論是他們還是那些被人頂禮膜拜的大法師，都有著平常人的優點和缺點。齊馨則看到雖然身邊的學佛人都會碰到障礙或者有見解不正確的時候，但都在努力在一點點進步。

> 呂薇：哦，好像整體水準要比沒有學佛的那種做人啊處事啊要更得體，心態更平和，交往起來障礙更少吧。當然這也因人而異。我交往的這批都還比較好交往。我也接觸過一些學佛學得非常執著、一講話就只有他是對的只有他講的是佛，那種人也有，但我接觸的這批都是非常好的。

> 盧一帆：就是不管信佛不信佛的，絕大部分人不太知道佛教是怎麼一回事，我覺得，我的理解。有人覺得理論不用學很多，有人覺得理論學太多了是負擔，不應該學理論，這樣的人是很多的。真正的把實踐和理論結合起來了，並且認為佛教是可以一步一步實現的，每一階段都是有確定的事情可以做的，做到某一定階段是有相應的結果的，然後有一個很清晰的脈絡的，如何從一個普通人最後變成一個佛，這條線很明晰，這樣的人是非常非常少的。

> 李懷恩：很複雜，我覺得學佛不是一個很容易的事情，以前看得比較簡單，然後你越接觸越學下去就會發現學佛不是那麼簡單的一件事情，它真的是一個修養、一個修煉的過程，是一個過程，我們都是走在路上的人而已，而且身上都有著、多多少少都有著人的優點和人的缺點，我們都有，包括那些被人頂禮膜拜的大法師，他們也都是平常人，就是他們身上也都有平常人的那種特點。

齊馨：我覺得不錯，大家都蠻精進的，雖然可能現在有些不圓滿的
　　　地方但是都在進步都在努力。都會跟以前的狀態有所不一
　　　樣。當然任何事情都不可能一帆風順了，會遇到自己障礙的
　　　地方或者是有一些知見不太正確的地方，慢慢磨唄。

　　總之，雖然也有學得比較怪異的，但是整體來說他們認為佛教徒好
交往；可是這條路並不容易，學佛的人都不一定知道這條路要如何走；這
確實就是個修煉的過程，就是那些大法師們亦不例外，大家都在慢慢往前
磨。

四、信仰帶來的改變

　　至此我們通過這個群體本身對信仰的理解、周圍人對他們的看法以及
他們對自己的看法簡單勾畫了他們的輪廓。那麼，造成他們這些或明或暗
的外顯差異的內在動力到底是什麼呢？也就是說這個信仰到底對他們有著
怎樣真實的影響。對一個堅定的信徒來說，信仰帶給自己的變化是非常多
也非常重要的，主要有性格的改變、人生觀的改變、人生困惑的減少乃至
消失，心態趨於平和，對生命更豁達也更能夠承擔，等等；具體內容還有
很多，這裡暫時只選取一個初期信徒和兩個長期信徒做代表，後文對此還
會不斷有涉及。

　　秦珊珊特別生動地描述了自己內心性格的改變帶來的生活中言行的變
化，憂愁煩惱少了，開始變得樂觀開放並接納外面的世界。

秦珊珊：就是你自己的那種改變真的是像佛教說的不是向外求來的、
　　　加給你的一個什麼東西，而真的是你自己內心一些不好的
　　　東西去掉了，然後你就變了一個人，比如心態徹底地打開，
　　　我覺得以前按我的性格你說要訪談這種對我來說是比較內
　　　心隱祕的東西我是絕對不會來的，以前我內心特別封閉，
　　　這可能跟小時候的經歷有關係，就是外在的東西對我來說
　　　都是傷害，我肯定什麼東西都包裹得緊緊地，可能不會對
　　　不太熟的人，就是熟的人我可能都會避諱跟他們說一些事
　　　兒。

就是之前的那些憂鬱啊、多愁善感啊、悲觀啊，之前是林黛玉，現在也不是薛寶釵吧，現在應該是史湘雲，呵呵。但心態完全打開了！有一件事兒印象挺深刻的，就是自己第一次意識到自己已經改變了。有次讀書會的時候大家爭論一個問題，我當時就不加思索也沒仔細考慮好那個問題我就說，結果說到最後我自己就邏輯錯亂就講不下去了，當時其他人還跟著將了我一軍說，那之後怎麼辦呢，就徹底說不下去了嘛！然後就很尷尬。如果按我以前的性格肯定覺得特別尷尬特別不好意思，回來肯定也大哭或者難受，然後會對那個人升起嗔恨心。但是我當時很奇怪，就完全沒有這種感覺，我說啊對呀，這樣就說不下去了，然後就哈哈一笑，結果在座的都笑起來了，整個尷尬的氣氛就完全沒有了，大家都笑一下就過去了。後來回想我覺得很詫異，這是我嘛！我怎麼會這樣！按以前的話我不是應該很難過很不高興！怎麼會一笑就過去了，大家都一笑也就過去了！就是改變挺大的，怎麼突然我的心就變成這樣子了！現在見到陌生人我也會主動跟人家聊天打招呼，就整個心態打開了，你開始接納外面的東西了，之前完全是不接納的，基本上是處於防備的狀態的來對應外面的人和事。以前那種防備的狀態下你老是擔心自己情感受傷害，但現在開始你擔心自己身邊的人，生怕他們受傷害，這個時候你再受什麼傷害都無所謂，真的無所謂。就是真的是這樣子。

　　曹偶則主要是人生觀上的變化，相應的行為上亦有變化，為人處世也更收斂，遇到困難時會祈求也會主動尋求同道師友的幫助，同時內心對自己的認識越來越深，心裡掙扎和矛盾少了很多，也不會像以前起那麼大的情緒。他覺得自己現在「活得有個人樣兒了！」[11]

11　這種「活得有個人樣兒了」的感慨不只他一人有，隋楓亦在談到自己信仰前後的變化時說：「反正變化很大，而且就覺得正式接觸正法之前都不是人過的日子，就是無明，特別不知道自己往哪兒來往哪兒去，沒有目標沒有光亮，反正現在跟以前相比覺得以前的生活過得很憋屈。自己的感覺。」

曹偈：主要是人生觀肯定變了。因為以前沒有接觸過任何宗教，基本上沒有，到現在成為一個佛教徒，對於世間的道理肯定會有一個佛教的理解，所以這我覺得是最大的變化，就是看待事物的角度變了，以前覺得很多事都是偶然的啊，現在可能會從因果這些角度考慮。當然時間也很短，畢竟接觸佛教才四年，以前也有 20 年左右就是以前那些知識架構的建立，所以有改變，但也不一定說多麼徹底吧，主要還是觀念上感覺有些變化。當然行為上也會，比如以前不吃素現在吃素，以前可能偶爾殺生啊什麼的，現在不殺。為人處世跟以前也會收斂，因為受佛家的影響自然會比以前要變化一些。可能以前從自己出發比較多，現在起碼從觀念上認識到很多事情應該從別人角度出發考慮。

學佛前遇到困難一般就是想辦法自己解決。學佛之後就會多一條，——肯定主要還是靠自己解決，但除此之外的話還會有信仰上的比如祈求、祈禱，還有身邊一起學佛的朋友、師長這方面的幫助，自己有時候會主動去尋求。

以前的生活中雖然自己在不停地想辦法充實自己改變自己，但是這種努力總是感覺很徒勞，現在想想。而信仰佛教之後呢，尤其在師長的帶領下學習佛教的話會感覺內心對自己的認識會越來越深，然後也能夠自己有這個心力去慢慢地認識自己改變自己，讓自己的生活慢慢向著一個更良好的方向去推動，就感覺這方面要比以前有力度也有效果。從現實意義來說呢，會說這個人性格的變化了，變得更好一些了，從我內在來說呢，我比以前的心理掙扎、矛盾少了很多。比如患得患失的情緒可能沒有那麼嚴重了，學佛之後自然就不會有以前那麼大的情緒。

就是說以前的話，整個人整體的氣質很像現在一個普通名詞「90 後」所代表的含義，（「90 後」就是自私的代名詞啊！）但是信仰佛教以後對自己更認真了對別人也更負責了，活得有個人樣兒了！呵呵！

　　侯諾然則解決了自己對生死的苦惱，內心踏實，找到了自己人生的意義。

> 侯諾然：有變化，有變化，以前不是為生死問題很苦惱嗎，現在基本上沒這方面的問題了，而且內心很踏實了，就是知道不管你做得好不好吧，至少道理懂得了。還有就是人生意義有了，就是知道什麼才是真正有意義的東西，這個對我來說是個很大的轉變。

五、日常交往

　　當問到他們的日常交往時，發現雖然他們承認彼此間關係深的、能夠掏心的還是學佛的人，但整體來說他們身邊還是不學佛的多，也就是說他們並沒有整個浸淫在佛教徒的圈子裡。一般來說，初期的學佛者會表現得稍微明顯一些，時間久了就不再主動說自己的信仰也不會試圖影響身邊的人，甚至有些跟不學佛的也能打成一片，關係融洽。

> 文魁：其他人可能就是有人知道我比較好這一口兒，知道我沒事兒喜歡研究這個，但他們也不覺得我是信徒，他們還經常嘲諷我，說看你喝酒吃肉！（文魁不吃素。——訪者注。）

　　總之，以上五個小節的資料顯示，這是個知識精英群體，他們是求真的，理性在他們的信仰中扮演著非常重要的角色；在周圍人看來他們學佛初期似乎顯得有些陌生有些「怪」，為了避免這種不理解乃至不必要的麻煩長期信徒日漸消弭自己與周圍人的各種差異而大有隱沒在人群中的趨勢；但他們的內在確實跟周圍的人有很大的不同，不論是信仰上還是生活方式上，而且他們對自己的信仰以及自己所在的這個群體也有非常客觀的看法；固然信仰帶給了他們非常大的改變，但他們也並沒完全浸淫在佛教徒的圈子裡。通過以上淺淺勾勒，這個群體的樣貌逐步清晰。

六、略帶反叛的宗教認同

　　此外，談到這個群體的特色還有三點不得不提：第一，相比基督教來說——這個前提條件尤其重要——這個群體並不那麼強烈，甚至有些反叛

的宗教認同；第二，他們跟中國傳統文化的親和性，這兩點特色都是由中國佛教本身的特點帶來的；第三，他們對其他宗教審慎而寬容的態度，這亦是知識菁英的理性特色使然。下面三小節將逐一呈現這些特點。

這個群體並不強烈甚至有些反叛的宗教認同在全部訪談中都可以感受到，這裡僅就一個具有代表性的問題來分析。雖然他們自願接受訪談就已經可以確認其身分，但是訪談一開始筆者還是會問「你是佛教徒嗎」，當然最終回答都是肯定的，但是他們回答的方式卻有非常鮮明的特色，這個特色當然跟他們飽受教育的理性思維的背景有關係，但是卻並不止於此。

首先，他們的宗教特色不強，並不把佛教簡單地當成一種宗教，比如王鋒和侯諾然的回答就很典型。

問：是佛教徒嗎？

王鋒：是，呵呵……

問：笑什麼？

王鋒：很多定義，可以說是吧。

問：是佛教徒嗎？

侯諾然：應該算是吧。

問：為什麼說「應該算是」？

侯諾然：首先，我不會把佛教當宗教，其次我並不認為我是一般意
　　　　義上的宗教徒，就是說憑信仰的那種這麼簡單，第三個就
　　　　是佛教徒有自己的定義，有兩種：一種是是否三皈依、另
　　　　一種是看你是否信四法印[12]，那麼我沒有在任何寺廟皈依

12　四法印：出自《菩薩地持經》卷八，即一切行無常、一切行苦、一切法無我、涅槃
　　寂靜。一般說「諸行無常、有漏皆苦、諸法無我、涅槃寂靜。」法印即佛法的標誌，
　　作為鑒定是否真正佛法的標準。也有說三法印，即去掉「有漏皆苦」。見陳兵，《新
　　編佛教辭典》，頁 104 － 105。

過，但是皈依過老師，所以也可以算是佛教徒，在這個意義上是佛教徒。但是我不會像一般人把佛教當作一個宗教，我個人是不這麼看的。它本質上也不應該是一個宗教，它應該是一套技術或者一套生命科學。

他們非常清楚學界對「佛教徒」的各種各樣的定義。這裡暫不討論佛教到底是不是宗教，因為這不是本研究的目的，我們姑且借助既定的佛教是一個宗教的認知體系來看他們的行為特點。確實，他們沒有那麼強烈的宗教特色，相反認為佛教本質上是一套技術或者生命科學。

其次，他們基本沒有排他性，而且並不嚴格限定自己佛教徒的身分。

問：你是佛教徒嗎？

陸融融：算是吧。什麼是佛教徒啊？受過皈依的就叫佛教徒嗎？那應該是吧，但是我覺得好像我也不是很限定自己是佛教徒這個身分，因為我覺得我對其他宗教也沒有排斥，然後，因為有時候定義自己說是一個佛教徒感覺就很狹隘，但是如果你問我是不是我覺得我肯定是。

薛毅更是乾脆破除了「佛教徒」這個身分的神聖性，學佛只是一個手段而非目的，正因此，作為佛教徒一定要向著怎麼成為一個不是佛教徒的方向努力。

薛毅：其實做不做佛教徒不是最主要的，因為我總是相信人應該有一個更光明的目標和歸宿，那學佛其實就是一個手段，你學什麼其實都一樣，就是看你怎麼能回歸到那個真善美上面。我覺得作為佛教徒來講，一定要努力向著怎麼成為一個不是佛教徒的方向努力。因為佛教不是讓你成為佛教徒，它是讓你最後能夠解脫能夠成佛，佛跟佛教徒不是一回事啊。

再次，宗教認同的反叛性。文魁覺得自己是個「偽信徒」，因為他既不喜歡拜佛也不喜歡參加一些具有宗教特色的形式上的活動，比如放生等，一個宗教徒做的那些事兒除了剛皈依時他做過一陣子之外，現在他都不怎麼做了，外表上看確實不像一個「佛教徒」。對於跪拜和儀式的不喜

歡前文侯諾然也有提到過，主要還是因為他們的理性思維和求真的動力使然。

> 文魁：我覺得我是個偽信徒，從宗教上來看我覺得自己確實做得很不夠格，但是如果從一個學習者來看的話，從這個角度我覺得我還應該算是比較親近佛的理論，至少每天都會看相關的書。

> 問：你說從宗教的角度來說是指哪些？儀式嗎？

> 文魁：對，主要是宗教儀式，我是不喜歡拜佛的。（放生時）他們一下子買好多，我覺得那都是造孽，他們放了我估計過一段時間打魚的人就直接去那兒撈去了。我真的覺得這不是什麼好事兒。我覺得我現在已經確實是個偽佛教徒了。

此外，對「你是佛教徒嗎」這個問題還有一類回答，即認為自己達不到佛教徒的標準，不敢跟人家說自己是信徒，龍韜就屬於這種情況，可是他坦言自己獨處時分明能夠感受到三寶的力量：

> 龍韜：我一直都不敢說自己學佛。因為佛教徒這個是很高尚的東西，如果你真正瞭解佛教內涵的話。真正一個佛教徒的話，應該是坐在那裡哪怕我今天看到國王、皇帝，看到國家領導人了，我們倆之間能夠坐而論道，看到大學者了，我們也能坐而論道，然後我碰到乞丐、下九流的我也能夠跟他打成一片，上能和宰相坐而論道，下能跟乞丐，就是那種。至少出家人是這種感覺。不卑而不亢嘛，面對達官貴人我不卑，面對平頭老百姓我不亢的那種，應該是那種氣質的。而且不僅是這個了，佛教徒最重要的是你要守戒嘛，你的行為規範的話是比較……而我是個比較容易放逸的人，如果我說我是個佛教徒或者什麼，我根本就做不到那些。我喜歡睡懶覺，喜歡吃肉，不像是那種很嚴謹的，佛教徒一般是比較嚴謹的。

> 問：那現在你覺得承認自己是佛教徒倒是無所謂了？

> 龍韜：就是信佛，因為有時候感覺真的是有三寶的力量在那兒。就

是你覺得，這種東西只有你自己才知道，特別獨處的時候。

總而言之，不論哪種原因，他們似乎都不是那麼容易簡單地承認自己就是佛教徒。只有淨土宗的羅競，他是少數幾個非常乾脆的回答這個問題的人：「是！」因為淨土宗是僅憑信仰並依靠阿彌陀佛的願力以獲得往生西方極樂世界，僅憑信仰的這種大概會讓人有一種表明或者承認身分的傾向。[13] 類似地，基督教因信稱義，《聖經》裡說：

> 你們是世上的光。城造在山上，是不能隱藏的。人點燈，不放在斗底下，是放在燈檯上，就照亮一家的人。你們的光也當這樣照在人前，叫他們看見你們的好行為，便將榮耀歸給你們在天上的父。（《馬太福音》5：14 － 16）

因此，基督徒也會有一種在人前表明或者承認身分的傾向。相形之下，這些佛教徒的宗教認同就真沒那麼強烈了，本小節的訪談資料顯示，他們甚至傾向於破除這個形式上的身分，再加上前文所述那些長期信徒趨於隱沒在人群中的特點，佛教徒這個身分似乎就更不重要了。

當然，「跟基督教相比」這個前提條件之所以尤其重要，是因為這裡必須有一個反思，即近現代的宗教研究實際上是以基督宗教、唯一神信仰為藍本的，因此，也無怪乎當我們用「宗教」這個框架來審視非西方文明中誕生的佛教信仰時，這些信徒顯得似乎有些淡漠甚至反叛了。可是他們認真地區分佛教徒的各種定義、區分佛教和宗教，由此可見他們還是認可一般的知識背景並與之保持一個合理的距離。

韋伯在他的《宗教社會學》中指出，基督宗教是一種倫理型預言，先知主要是宣揚神及其意志的工具，在傳道時就彷彿他已受到神的委託，並要求人們把服從他當做倫理上的義務，人們只需要遵照執行就可以了。而佛教則是一種模範型預言，佛陀以身作則、指示其他人宗教救贖之道，他在傳道時完全不提神聖的使命或倫理義務之服從，而只是訴諸那些渴求救贖之人的自身利益，向他們推薦自己所走過的路。[14] 因此，對這些青年佛

13　訪談時也有訪談對象提到覺得淨土宗跟基督教有些像，有些佛教徒可能介乎兩者之間甚至轉信。

14　韋伯，《韋伯作品集 VIII：宗教社會學》，康樂、簡惠美譯，廣西師範大學出版社，

教徒來說，宗教身分等形式上的東西都不是那麼重要，佛教是「一套生命科學」，他們也不排斥其他宗教，只不過自己選擇了這樣一條以成佛為終極目標的道路。韋伯的論斷是非常精闢的，在後文我們將更清楚地看到佛教信仰這一特質對信徒的信仰和生活方式的真實影響。

七、與中國傳統文化的親和性

佛教自漢朝時傳入中國，便日漸融入中國文化乃至成為中國文明不可割捨的一部分。許理和用金字塔的比喻形象地描述中國歷史上的三大制度性宗教儒釋道和民間宗教的關係：制度性宗教就好比三個山峰，在頂端這三者是分開的，有各自的教義、神職人員和組織架構，但是越到底部，三座大山愈發相連，融入到一個對大眾信仰來說沒什麼差異的民間宗教中。[15]山峰頂端的菁英文化總是屬於少數人的，而且依附於相應的組織建制，其生存相對比較脆弱，但是大山底部的民間傳統雖然模糊卻有著強大的生命力，因而在一定程度上承載著文明的延續。然而二十世紀的動盪混亂以及現代性的喧囂，使得人們日漸淡忘了這一圖景，只剩下一個囫圇一片的「傳統文化」供國人回味。

前文提到的這個群體跟中國傳統文化的親和性正是指的這樣一種聯繫。首先，樣本中幾乎一半的人是因為對傳統文化的探索而進入佛教的，比如姜寧、齊馨和呂薇。

> 姜寧：接觸佛法也是從傳統文化開始的，先瞭解了儒家的東西，後來認識了學佛的朋友，然後去過寺廟，參加他們的法會，覺得寺廟特別好。因為我一直就對傳統文化，儒家道家的東西就比較感興趣。

> 齊馨：上大學以後又對這方面比較感興趣，因為它（佛法）也屬於傳統文化的一支，所以你要瞭解中國傳統文化的儒釋道當然也就一併都進來了，所以比如說讀南懷瑾先生的書啊，你就

2005 年，頁 71。

15　Zurcher, Erik, 1980, "Buddhism Influence on Early Taoism: A Survey of Scriptural Evidence", *T'oung Pao* 66(1-3):8-147. 此處轉引自 Shahar, Meir & Weller, Robert P, 1996, *Unruly Gods : Divinity and Society in China*, University of Hawaii Press, p.2.

> 會瞭解到原來佛教是怎麼怎麼樣。大學的時候當時學武術，
> 也瞭解一些傳統文化的東西，我們的老師他自己可能對佛教
> 也有一些信仰，平時也會讚歎一下。然後通過自己看書。

　　儒家、《論語》、君子的品格、武術、國學、南懷瑾、孔子學院、《了凡四訓》……這些都是吸引他們親近佛教的或間接或直接的管道。根據樣本的整體資訊，這群人接觸佛教的主要方式，首先是受師友、親友影響，其次是自己看書，再次是參加寺廟裡、社會上的一些佛教活動，例如寺廟針對青年人辦的各種夏令營之類，以及一些大型佛教團體的慈善活動。從姜寧、齊馨的經歷中可以清楚地看出受師友影響以及看書這兩種方式。而且，隨著近年來的國學熱，一些跟傳統文化相關的社團紛紛成立，一些人就通過這些社團結交師友、溝通資訊，進而接觸到佛教。

　　呂薇則是通過參加寺廟裡的活動轉向佛教的，本來她對佛教興趣也不大，她更喜歡莊子、儒家，但在一個對佛教有好感的朋友的鼓動下她報名參加了清源寺的夏令營，夏令營中禪僧的風範改變了她對佛教的看法。

> 呂薇：我覺得非常有意思，跟我想像的佛教非常不一樣。主要是因
> 為那個時候有清一法師，我覺得這個人太神奇了，沒有見過
> 這樣的法師。他那個人說話啊、嬉笑怒罵這種有禪僧的味
> 道，真的是禪僧的味道，有點像濟公的感覺，搖著把扇子，
> 他本身文化水準也比較高嘛，跟我們聊都非常投緣。我私下
> 裡跟法師沒有特別的交往，但就是聽他講座或帶禪修啊這些
> 特別欣賞他。當時我剛瞭解、從儒家剛轉過來，我想看看到
> 底是怎麼回事，沒想著要皈依的。就是作為一個外來人感受
> 一下佛教到底是怎麼回事。我對佛教認識的轉捩點是在清源
> 寺。

　　從訪談樣本中總結的學佛原因如下：佩服佛教的理論的有 8 人，因宗教經驗而學佛的 7 人，由於對生命的追問而學佛的 10 人，感受到師友的溫暖、受周圍環境的影響而學佛的 2 人 [16]。由此可見，青年時代對生命的

16　這幾項之間不是互斥的，也就是說一個人可能既佩服佛教的理論又有宗教經驗的原因。

求索是這個菁英群體學佛的首要原因；而且，外在環境固然重要，但它只能提供一個平臺、一種助因，對信仰的選擇來說個體的內因仍然是更根本的。

　　從樣本資料來看，他們獨立參加寺廟裡、社會上的佛教活動的情況並不多，更多的是師友之間、社團裡的各種相關資訊的傳遞帶來的接觸，乃至個人憑興趣的深入佛教，所以在接觸佛教的方式中師友影響是主要的。另外，網路也逐漸開始成為另一個發布相關資訊的平臺[17]。

　　其次，佛教本身作為一種建制宗教的存在，一定意義上也是在保存一種久遠的傳統。當這些飽受現代教育的知識菁英緬懷我們的「傳統文化」之時，佛教的這一功能會凸顯出來。秦珊珊在還不瞭解佛教的時候純粹是因為「玩兒」誤打誤撞去了湖北黃梅的四祖寺，那時才知道原來中國還有佛教、還有以前的叢林。

> 秦珊珊：那年我們幾個朋友一起去湖北黃梅四祖寺，那個四祖寺應該還挺清淨的，有真正的修行人在裡面。我那是第一次知道中國還有人在修行，就是真的有出家人在修行。之前我小時候見到的寺廟都是在裡面賣香、收香火錢的那種假和尚，就不是有人在修行的那種。我去那個寺廟才知道真的有人在裡面修行，然後才知道原來中國還有佛教呢，還有像以前那種叢林啊什麼的。我去那裡玩兒，然後住了兩天吧，感覺特別好特別清淨。

筆者未能訪到的一個信徒 C 這樣子描寫江西的寶峰禪寺：

> 寺院的斗拱飛簷、晨鐘夕照，在這樣的靜默中也自有禪意清明，俯仰之間，澄明透徹。……這個世界如是古樸。課堂、齋堂、禪堂、祖堂。每處大堂牆上都貼有對聯、手書、密密麻麻行楷寫一牆，「照顧話頭」、「念佛是誰」……關於捐功德者名姓，關於佛事法事的邀約提示。僧人啟唇，亦如珠落玉盤，春風沐浴，古老中國的文字紛紛落下，在塵囂遠去的地方，驚喜地發現那些傳統的溫柔師教和

17　一位受訪者有一個網上共修群體，他們通過網路溝通資訊，相互幫助，詳見後文第四章註腳。

春秋大義竟然保存完好。不覺口齒噙香，感喟歡喜。

現代社會的浮躁、焦慮凸顯了傳統意象中的這種清淨與唯美，在一定意義上傳承這些的佛教自然吸引了這個菁英群體探究的目光。尉遲酣亦提到中國佛教徒跟中國傳統文化的親和性[18]，當然他研究的是民國時期的佛教。筆者在一個寺廟做田野調查時曾碰到一個學英語的大學生 D，他並不是佛教徒但是對佛教很有好感所以在寺廟做義工。問他是否打算皈依，他說：「隨緣吧，沒有那麼多打算或不打算」；再跟他隨意聊，發現雖然他不是信徒，但他也認同這種親和性。這些資料都一再證明這個源自印度的宗教在本質上的中國化，當然這也符合許理和先生的「三座大山」底部相連的理論。不過，中國佛教跟傳統文化的親和性也帶來了模糊自身宗教超越性特色的影響。

問：你還瞭解過其他的宗教嗎？比如說基督教。

D：一點點。我有跟朋友去過教堂，我不是基督教徒，但是我覺得應該可以去沒有問題。感覺的話，可能是沒有這種傳統文化中埋下的種子，感覺契合性不強。感覺那種唱詩班的東西、精靈的、串起來的那一點點緣起的，就是在國外電影裡面，但是跟佛教是不能比的，佛教在我的生命中精神生活中很厚重，比基督教要厚重得多，我覺得是這樣的。

八、對其他宗教審慎而寬容的態度

作為一個知識菁英群體，其中一些人選擇信仰時也接觸過其他的宗教並有過一定的比較，尤其是基督教，他們對佛教和基督教各自的特色有很深刻的看法。簡單地說，他們認為佛教重視事實真相，而基督教強調虔誠信仰；佛教認為解脫靠智慧，而基督教則是因信稱義；佛教講述無常，顯得冷峻而犀利，而基督教則是唯一神信仰，期待上帝的赦免；佛教顯得很高遠，而基督教似乎更近人情：這是兩條完全不同的信仰之路。李向平在浙閩地區有關佛耶對話社會形式的研究顯示，在現實生活中佛教徒與基督

18　〔美〕霍姆斯・維慈，《中國佛教的復興》，王雷泉、包勝勇、林倩等譯，上海古籍出版社，2006 年，頁 215。

徒的交往是宗教間交往的主要方面。[19] 因此，這些青年佛教徒從理智以及經驗上對佛教自身以及基督教的看法就具有很重要的意義。在此僅以四位典型進行說明。

齊馨曾受師友影響接觸過基督教，但最終沒能信起來。這裡我們也可看出在信仰的選擇上，至少在這些青年佛教徒的信仰選擇上確實內因更根本，當然這也跟佛教這種模範型預言的特色有關。

> 齊馨：其實我上大學的時候一直參加一個基督教的團契有差不多一年多吧，當時也是我非常欣賞的一個朋友，他是基督徒，然後一直要拉我去他們這個。可我總覺得好像很難跟他們……信仰上帝我總信不起來，我也知道挺好的，我也參加他們的活動比方說唱讚美詩啊，我也覺得挺感動的，非常純善的一種感覺，我也挺讚歎的，然後也試著多去瞭解一些東西。但是覺得好像跟自己的那種……我也嘗試去信一些，但不是從內心深處發起來的真正的願望想去信所以就……

李懷恩學佛前也接觸過基督教，但她認為佛教更能夠讓自己認識生命的真相。信仰沒什麼不好，它讓人不會漫無目的、人生充實快樂也不會太放逸，但是只有信仰對自己來說還不夠，因為她更想瞭解生命本身，而佛教最大的意義正在這裡，因為它對終極的追求是智慧而不是信仰，只有「在你不瞭解不理解不知道的情況下才存在信，在你瞭解了那就不存在信與不信的問題，」這也正是佛陀以身示範的真意。以下是她對信仰、佛教和基督教的精闢論斷：

> 李懷恩：我想不管是佛教、基督教還是伊斯蘭教、什麼宗教，可能宗教信仰都會有這樣一種共通性，就是說它會提供給你一種活著的信念，一種支點。但是佛教不太一樣，不太一樣。佛教，我覺得它更契合我是因為我可能是一個比較對真相感興趣的人，我會思索生命的真相到底是什麼，我覺得基督教能夠給人一種信仰但是它不能告訴我真相是什麼，但

19　李向平，〈當代中國佛教與基督教對話的社會形式——浙閩地區佛耶交涉的個案研究〉，載《佛教與基督教對話》，吳言生、賴品超、王曉朝主編，中華書局，2005年，頁177。

是通過佛教我覺得在很大程度上我會認識到生命的真相，而很多的困惑在一定程度上會消解是因為我明白了生命到底是怎麼回事。

我覺得它（佛教）是我生命很重要的一種指引。我有時候搞不清楚該不該用信仰這個詞，其實也不應該排斥信仰。有時候我會想基督教徒，我會做一個對比，我覺得他們那個基督教徒，我說的是虔誠的基督教徒，我不去探討他們的理論，他們上帝的信仰到底……我不去從理性上分析它怎麼樣怎麼樣，但是一個真正的基督教徒他的人生是很有意義的，而且人家的的確確是做得……就是說他身體力行，這個宗教對他生活的指導意義是非常大的。我覺得我也希望我自己能夠把佛教當作一種信仰，我的「當作信仰」的意思是說它真的能夠對我的生活起到一種指導的作用，那這樣子自己在人生中就不會太過放逸。

但是還有一個更大的意義就是我覺得我借由佛教、佛法、佛經還有佛法的一些修行方式去瞭解生命的意義，這個應該是更大的一個意義。因為我們會接觸很多其他的文化、學說、哲學，到最後我還是發現佛教最能幫助我去瞭解生命，所以我想它的最大的意義是在這裡，因為佛教對終極的追求是智慧而不是信仰。信仰是說在你不瞭解不理解不知道的情況下才存在信，在你瞭解了那就不存在信與不信的問題。我記得我當時看佛經《佛陀的啟示》還是什麼，我忘記了，那裡面有記載說佛陀在告訴別人，他拿出一個什麼果子放在他的手掌，當時他合起來叫別人猜他手裡面有沒有一個果子；然後他就說，我說我現在手裡有一個果子你們相不相信，有些人說信有些人不信，他說的確是如此，當他把手攤開的時候大家就看到他的手上有一個果子，哦原來真的有一個果子。佛陀說，當你把手合起來實際上你根本不知道這裡面有沒有一個果子，你只能猜，這時候才存在信與不信，但是當你把手打開你確確實實看到是一個果子，這時根本不存在信與不信。

所以我追求的是這個東西，就是我要看清楚它，而不是說合起來叫我去信與不信，就是如果把信仰定義為這樣一種狀態的話，那這個不是我追求的，我追求的是要把它打開，要看清楚。但是如果作為一種對生活的指導的話，那我也願意它（佛教）是我的一種信仰。

對此侯諾然亦有共鳴，佛法建立在事實的基礎上，而非假設和信仰，因此不能簡單地把佛教做道德的理解，它所有的基礎都是事實而且我們完全可以實證到，所以他認為佛教不是宗教，因為「宗教要我們信一些我們現在沒有辦法抉擇的東西」，而佛教是經驗的而且全部能夠實證到，這正是它跟基督教最大的差別。以下是他從另一個角度探討的信仰、佛教和基督教：

侯諾然：如果從意義的層面講的話，你會發現學習佛法會建立一個完整的自他兩利的東西，而且它建立的那個人生意義的基礎是很結實的，它不是想當然，也不是構建一個很美好的理想讓你去追求它這樣你就獲得意義，這種東西很可能是虛假的。它是建立在很結實的對實相、對事實理解的基礎上然後構建出來的一套取捨的方法，而不是說我把我的取捨建立在一套想像中，比如我先假想上帝存在，然後如果上帝存在我的生活就怎麼，這樣覺得很好然後每天祈禱就內心很安寧。那你要祈禱這個決定是一種取捨，你的取捨是建立在你一廂情願的相信有這樣一個上帝的基礎上，而不是建立在一個實相的基礎上。

佛法不一樣，佛法明確指出因果跟六道輪迴不是佛法，因果跟六道輪迴只是佛法承認的一個事實，佛法是在這個因果基礎上去抉擇取捨，如何取捨才是佛法，所以佛法不能把它做道德的理解，就是說要行善啊讓你行善這一說，沒有道理的，為什麼要行善，因為事實如此，你可以不行善，完全不相信因果，只不過你要接受果報而已。

所以這就是為什麼我認為它不是宗教的一個原因，就是它的取捨是建立在事實基礎上的，比如說四法印，四法印沒

有任何超越經驗的東西，當然「涅槃寂靜」比較難理解，但是前面三個「諸行無常、諸法無我、有漏皆苦」，按它的分析去分析，全是我們現象經驗可以看到的，沒有任何需要訴諸遠大的信仰，但這就是形成我們所有取捨的基礎，所以這樣我就覺得它不是什麼宗教，宗教要求我們信一些我們現在沒有辦法抉擇的東西，佛法所有的基礎——當然往上走越來越高又不一樣——就是事實，而且你再往上走它也許諾你完全可以實證出來，不像基督教的天國地獄那個理論上就包含了你不能體證到的，天國地獄理論上你是不能體證到的。但佛法說的是，「十方三世我盡見，一切無有如佛者。」這是《華嚴經》講的，它是經驗到了十方三世然後得出一個全稱判斷，十方三世所有的生命狀態裡面沒有比佛就是我們每個人的佛性更高的。它是一個經驗判斷不是超驗判斷，不是超驗判斷！只不過經驗越來越多，好比我走完了全世界然後說這個地方才是最好的；它不是說我設想這個東西，——完全兩碼事，所以佛教是一個經驗的宗教，如果你說它是宗教，它是實證的，但基督教絕對不是，基督教講一神，為什麼有這麼多惡的存在？奧祕。思考到最後就是奧祕，為什麼上帝允許？奧祕。就這樣。

　　文魁也提出了自己對佛教與基督教的看法，同時根據自身以往的經歷他坦承佛教的「弱勢」，即佛教的反思性所帶來的困惑以及它應對實際生活的相對「無力」，這也是前文所說的作為模範型預言的佛教帶給信徒的信仰與生活的一種影響，因為它對信徒自身的要求似乎更高。

　　　文魁：我覺得佛教有幾點最吸引我的。它是最冷峻的宗教。比如基督教吧，它一面表現得很仁慈一面表現得很嚴厲，它是這樣一個宗教。佛教就很不一樣，它是個很冷峻的宗教，不是說它很嚴厲，而是說它對待世俗生活的態度和基督教完全不一樣，它對待宇宙的態度也跟它們完全不一樣，沒有哪個宗教敢於說沒有什麼東西是恆久不變的。佛教能把無常的道理告訴你，它很犀利，但又不帶感情的色彩，就在講述這些，當

　　然它是有悲憫的情懷的，但這種悲憫的情懷實際上是一種智慧，而不是一種情緒，佛教的慈悲和智慧是一體的。但基督教就顯然不是這樣的。

　　佛教我覺得它是個反思性的宗教，如果你進來了之後，你就會被迫不斷反思，困惑是常態，清醒是變態、異態，你清楚的時候少，但你迷惑的時候應該很多。而且問題是這樣的，就有時候你的選擇，就比如說我保研好呢還是直接去工作好，假如放在以前我肯定是很糾結，現在好了，現在至少覺得這個無所謂的事情。很多涉及選擇的時候你會發現佛教好像不是一個特別有力的，——至少我過去認為它不是一個特別有力的工具，它不是特別能夠幫你解決實際生活中的問題。甚至有時候，有些信基督教的人他遇到痛苦遇到抉擇的時候他就去祈禱，這個很管用的，平復情緒很管用的！然後佛教又不是，所以說它是一個很冷峻的宗教。

　　綜上所述，這些青年佛教徒的知識背景以及日常生活中與師友的交往讓他們必然接觸到其他的宗教，特別是作為西方文明代表的基督教，比較、分析、判斷是自身的佛教信仰建立的一個並不絕對卻很重要的基礎。他們認為佛教建立在事實的基礎上，它揭示了生命的真相，破除了單純信仰帶來的盲目，儘管他們也承認基督徒在信仰的落實方面做得非常好，但他們要尋求的是真相，這也是他們知識菁英的理性特色使然；而且，相對而言佛教冷峻又犀利，在解決實際生活中的問題方面它似乎不如基督教更管用，不是僅憑信仰的這種「信仰」會迫使人不斷的自我反思，因而往往充滿困惑，這也正是佛教自身顯得過於高遠的地方。

　　整體而言，他們對待基督教乃至其他宗教的態度還是客觀、寬容而審慎的，沒有明顯的宗教排他性，而且他們都有一種試圖溝通其他宗教的明顯傾向，這顯示了這些青年佛教徒進行宗教對話的良好心態。因此通過信徒的這種比較，佛教自身的獨特性、在現實生活中的優劣勢也彰顯出來。正是在客觀瞭解這些的基礎上，這些青年佛教徒的信仰逐步深入。

　　至此，本節從該群體對自己信仰的理解、周圍人對他們的看法、他們對自己的看法、信仰帶給他們的真實影響、日常交往情況、並不強烈的宗

教認同、與中國傳統文化的親和性以及他們對其他宗教的接觸和比較等八個方面描述了這個青年佛教徒群體的特色。下一節將呈現他們根據自己的信仰而選擇的生活樣式，這一樣式正是當前流行的人間佛教實踐的一種深入體現。

第三節 入世潛修

一、佛教的世界圖景

　　任何一個宗教都有其世界圖景，即人們希望從哪裡被拯救出來、希望被解救到何處去，以及要如何才能被拯救[20]，第一章導論部分已經介紹過韋伯的這一概念。不同的宗教世界圖景不同，它在世間的呈現樣態和信徒的生活樣式均不一樣。佛教由釋迦牟尼創立於古印度，當時正值印度傳統宗教婆羅門教信仰及其神權統治地位動搖衰落時期，作為當時出現的反傳統信仰的沙門思潮中影響較大的一家，佛教的基本宗旨是解脫人生的生老病死等苦惱，達到永恆安樂的涅槃境界；它「以任何現象皆依一定條件而生的『緣起法則』觀察一切，尤其是在禪思中觀察自心，認為造成生死苦惱之因唯在眾生自心所起的煩惱、無明，最根本的無明是『我執』；解脫之道，在於通過戒定慧等修行『自淨其心』，破除我執，永斷煩惱、無明」：此即佛教的四諦[21]、十二因緣[22]之法，為佛教各乘各宗教義的根本，[23]也

20　韋伯，〈比較宗教學導論──世界諸宗教之經濟倫理〉，載《韋伯作品集V：中國的宗教 宗教與世界》，康樂、簡惠美譯，廣西師範大學出版社，2004年，頁477。

21　四諦，亦稱四聖諦，即苦諦、集諦、滅諦、道諦四條真理。苦諦是對人生乃至三界（欲界、色界、無色界）矛盾與缺陷的揭示，認為人生乃至三界有八苦、三苦等眾苦，終歸以無常、無我為苦，此苦諦實不虛，故名為諦；集諦亦名苦集諦，即眾生所起煩惱、惑業，為造成諸苦的原因；滅諦亦名苦盡諦，謂滅盡諸苦之因（煩惱、惑業），即證得永無諸苦的涅槃、解脫，滅，有出離、遠離、無為、不死等義。《增一阿含經》卷十七云：「欲愛永盡無餘，不復更造，是謂苦盡諦。」道諦，謂斷滅諸苦而達涅槃的修行之道，即八正道等。四諦要領被概括為「知苦，斷集，證滅，修道」。此處定義參考陳兵，《新編佛教辭典》，頁35。
　　此處補充八正道定義，亦譯八聖道，四諦中道諦主要內容，即通向涅槃解脫的八種正確途徑：（1）正見，對佛法四諦等的正確見解；（2）正思惟，對佛法四諦等義理如說思惟；（3）正語，依佛法而正其口業，不說妄言、惡言、綺語等；（4）正業，依佛法而端正身業，不作殺盜邪淫等惡事；（5）正命，按佛法規定而正當謀生，不從事戒律不許可的屠宰、賣淫等職業；（6）正精進，精勤修學善法、道法；（7）正念，

是佛教世界圖景的核心。後來印度佛教發展到大乘時期，則不同於早期的只是提倡個人修行和解脫而以普渡眾生為宗旨，即要運載無量眾生到達彼岸涅槃境界；早期認為只能修成阿羅漢果，強調出家修習、過絕對禁欲的生活，只重視人生哲學而忽視宇宙論，堅持「人空法有」的見解，而大乘則追求佛果，認為三界十方有無數佛，並且重視在家修習，強調人法兩空的宇宙論。[24] 傳入中國的主要是大乘佛教。

　　以上簡要介紹了佛教的世界圖景。對於中國佛教信徒來說，追求解脫在現實層面有兩條路，一條出家為僧，一條則在家做居士，這兩條路會形成兩種截然不同的生活方式，出家是出世的路，在家則一般是入世的，而佛教界歷來的看法都是出家為僧是尋求佛教的解脫相對更便捷的道路，因為出家可以「專職修行」[25]。那麼在當前的中國社會，這些青年佛教徒們如何看待佛教的解脫呢？對他們來說，佛教理論上的世界圖景要如何在實

憶持正法而不忘失，摒除邪念雜念；（8）正定，依法修習禪定。謂依此八道修行，可度過生死苦海而達涅槃彼岸，故喻為「八船」、「八筏」。來源同前，頁141。

22　十二因緣，亦稱十二緣起，從無明、行、識、名色、六處、觸、受、愛、取、有、生、老死等「十二有支」（眾生生死流傳過程的十二個支分或十二個環節）的因果關係，說明生死流轉之因及出離生死之道，分流轉與還滅二門。流轉門，亦名順生死觀，是順著十二有支的次第觀眾生生死流轉之因果：（1）無明緣行，無明謂愚癡不知真實，以之為因而生行，行，指身口意三業的活動；（2）行緣識，由行而生識，識謂眼識耳識鼻識舌識身識意識等六識；（3）識緣名色，由識而生名色（五蘊）；（4）名色緣六處，由名色而生眼等六處；（5）六處緣觸，由六處對境發起活動而生六觸；（6）觸緣受，由觸而生受（對境而生的領納、感受）；（7）受緣愛，由領納苦樂等受而生愛（貪愛）；（8）愛緣取，由貪愛熾盛而生取，取，謂執著追求，具體指欲、見、戒禁、我語「四取」；（9）取緣有，由執取而生有，有謂欲有、色有、無色有三有，即三界的生命活動；（10）有緣生，由有而有生，生，謂受生於三界六道；（11）生緣老死，由生而必有老和死。以上十二因緣有剎那、相續、分位、遠續、三世等不同解釋。剎那十二緣起，謂一念之中便具有十二緣起。三世十二因緣，是把十二有支劃分為過去、現在、未來三世，說明三世因果關係。還滅門，亦稱逆生死觀，謂依「此滅故彼滅」的法則，觀逆生死流、滅生死之因以出離生死之道。此則為無明滅則行滅，行滅則識滅，識滅則名色滅，名色滅則六處滅，六處滅則觸滅，觸滅則受滅，受滅則愛滅，愛滅則取滅，取滅則有滅，有滅則生滅，生滅則老死滅。由此得出的結論是：只有滅掉無明，不起煩惱，則生滅永滅，出離生死，臻於涅槃。參陳兵，《新編佛教辭典》，頁42－43。

23　此處這個佛教的世界圖景簡介參考陳兵，《新編佛教辭典》，頁1。

24　牟鐘鑒、張踐，《中國宗教通史（上）》，頁297。

25　訪談姜寧時她這樣評價出家，她是樣本中唯一一個辭去工作去寺廟做長期義工的信徒。

際的層面操作化呢？本節將圍繞這兩個問題展開，探討這些青年佛教徒的主流依據自己的信仰而選擇的生活樣式。

二、解脫須在俗世生活中獲得

所有的訪談對象都涉及到了如何尋求佛教的解脫的問題，雖然筆者慎重地將「是否考慮出家」之類的問題列在了提綱的結尾處，但事實上他們對解脫的看法貫穿整個的訪談過程。18 位長期信徒中，有 13 人的自述明確表示尋求解脫不能離開世間的生活，剩下的 5 人中 1 人已出家[26]，1 人可能出家，1 人辭掉畢業時的工作去了寺廟做全職義工[27]，1 人因為是淨土宗尋求的解脫就是往生西方極樂世界，對世間生活不是那麼在意，不過他肯定不出家，還有 1 人雖然接觸佛教時間不短但尚未對此形成明確看法，但他也不出家。而 5 位短期信徒中有 4 人認為自己不會離開世間，剩下 1 人覺得如果父母同意會考慮出家。由此可見，明確認為尋求佛教的解脫不能離開俗世生活者，長期信徒有 13 人，初學者有 4 人，一共 17 人，因此 73.9％的樣本都在此類；剩下的 6 人中，有 5 人是出世的方向——已出家的 1 人、可能出家的 2 人、在寺廟做全職義工的 1 人以及那位淨土宗的信徒（但他不會出家），最後還剩 1 人雖然對解脫尚無明確看法但他也不會出家；因此，23 人的訪談樣本中，已出家的和可能出家的一共 4 人，肯定不出家者 19 人。以下將以長期信徒的主流部分（13 人）為代表詳細呈現他們對佛教解脫的看法以及生活樣式的選擇。

首先，這部分信徒因為自身跟寺廟和僧人的接觸經歷而對出家眾有一個客觀理性的態度，並不盲目崇拜，對出家之路他們也有自己的獨立思考，這一特徵非常明顯。關培因為一個偶然的機會曾經跟佛教寺廟有過非常親密的接觸，這段經歷打破了他對寺院、僧人的神祕感和虔誠，相反使他能夠從現實的層面真正認識這一切，他認為他們不一定就是佛真正的代言人；而且他認為他所見到的情況只是目前中國佛教一個普遍趨勢的反映。事實上第一章導論中歐陽端的研究即反映了這一情況，目前大陸在僧才方面有一個斷層，傑出僧人相對缺乏，寺院使命、訓練方式以及領導力

26　訪談時他尚未大學畢業，一年後出家。
27　訪談時她剛剛參加工作不久，一年後去了寺廟做全職義工。

問題仍然存在。關培認為自己所接觸的仁壽寺「是一個代表」，「是一個縮影」，「真正的修行不在於去不去寺院、穿不穿袈裟，不在於形式」。

> 關培：因為我在寺院待過一段時間，待了半年呢，對於宗教的理解可能有我自己的看法。08 年 5 月份到 11 月份我一直待在仁壽寺，整天待在那兒，我住在那裡面。所以我對於寺院的理解是不一樣的，不像一般人對於寺院的理解他可能覺得很虔誠，看到一個人穿了袈裟之後就很尊敬或者怎麼怎麼樣的。我覺得你修行不一定要穿袈裟的，穿袈裟的人也不一定就值得你尊重的，是這樣的。打跑了這種寺院的神祕感，或者穿著袈裟身分的人的神祕感，更多的從實際的狀態或者說更真實的瞭解了這個寺院、這個寺院的人。……實際上說實話那裡面人的思想其實更複雜，而且那種表現其實更突出。
>
> 就是說非常理性的認識了寺院和寺院裡的人，寺院裡的這些法師也好、和尚也好。我會意識到寺院、和尚或者法師跟佛是兩碼事，是不一樣的。他應該跟佛是有很大的區別的。就是一般人會理解寺院就是佛修行的地方，和尚、法師就是佛的代言人，但我不這麼認為。我認為他們不一定就是佛真正的代言人，我剛才不是說了嗎，修行不一定在寺院不一定穿袈裟，穿袈裟修行的他不一定就在進行佛的修行。

問：那是因為你去的是仁壽寺[28]吧？有這個特殊性嗎？

> 關培：因為你採訪的是我個人，我只能告訴你我個人的感覺。我可能也沒有去過其他寺院，去八大處我也去過其他的，還有一些寺院，但是差不多吧，都差不多吧。我不是說仁壽寺跟其他寺院比它是一個特別，而是說仁壽寺是一個代表，並不是因為它比其他寺院更特別，它是一個代表而已，它是一個縮影，就像大海裡的一滴水而已。並不是因為別人是小水滴它是一個大水滴，它就是大海裡的一滴水而已。穿袈裟和在寺院的不一定都在進行真正的修行。真正的修行不在於去不去

28　仁壽寺是南方一座很著名的大寺。

> 寺院、穿不穿袈裟，不在於形式，還是那句話：不拘一格，
> 在於你的心。

正是在寺院的這段經歷讓關培開始反思，在審視世界觀的同時亦不停地探問自己的信仰之路，因而對出家的方向也逐漸形成了自己的看法。

> 關培：在寺院的這段經歷可能更加促使我去想世界觀、人生觀的問
> 題，或者將來這個路往哪裡走的問題，更加考慮自己怎麼走
> 將來的路，通過接觸社會接觸宗教就引發自己的反思啊，看
> 要走哪兒走哪條路。或者對於世界怎麼看待啊這方面對我有
> 影響。目前我的思考沒有明確的答案，但起碼我知道有一些
> 路是走不通或者不適合走的，就像剛剛說有人要出家那種，
> 我是不會走那條路的。

目前中國佛教寺廟的現狀讓他們選擇留在世間，探尋出路。周源根據自己的經歷也提出了類似的看法，不能對僧眾盲目的崇拜，留在世間固然有很多困難但是在家人也有他們修行的方法。

> 周源：現在我們存在的一個現象就是對出家人太過於這個……只相
> 信出家人，因為他看表象不看本質，今天是一個剛剛出家的
> 出家人，他可能修行並不是很好乃至他的德行也沒有達到很
> 高的程度，就把他看得像佛一樣，對他有一種盲目的崇拜。
> 我覺得這個可能有一些問題，至少從中國現在佛教的狀況來
> 講的話。他會覺得在家人沒有辦法修行，那當然在家人修行
> 起來確實比出家人有一些困難，但是也有修行的方法，只是
> 你沒有找到那個修行的方法而已。

其次，固然這個群體選擇留在世間尋求佛教的解脫，但是佛法的世界圖景至少要解脫生死、永斷煩惱，表面上看真的跟出世的狀態、出家的道路會比較相應，因為世間的生活會產生各種各樣的煩惱和障礙，留在世間要如何求得解脫呢？文魁對此有具體的闡述，他經歷了一個身心轉變的過程。

> 文魁：確實過去我一直有這個疑問。我當時確實認為魚與熊掌是不
> 可兼得的，你要麼用這種方式自我建構，要麼拋棄這種方式

換一種方式自我建構,當時確實是這麼想的。但現在覺得,就這兩個月以來變化很大,確實覺得生活和它確實是一致的。可能在許多宗教儀式上確實差別很大,但在最高的道理上是一致的,是完全一致的。

尤其是最近不僅是實修[29]嘛。最近也在忙保研申請的事情,這裡面有很多問題,比如學院利益分配的問題,等等。我現在就很安然,我就自己做該做的事情,我現在就用心準備畢業論文,盡自己把它做好。就覺得現在是能看得出這個因緣吧。很淡定,呵呵。所以心裡比較舒服現在是。不會糾結。確實有時候,你能體會到你的心結打開了的那個感覺,你確實感覺到隨著實修心量打開了,可能慢慢的生理上也會有變化。

　　「魚與熊掌不可兼得」,信仰是一套斷煩惱求解脫的邏輯,非常好,可似乎俗世生活是另一套完全不同的邏輯,文魁甚至一度認為「你要麼用這種方式自我建構,要麼拋棄這種方式換一種方式自我建構。」他也曾經為做選擇很糾結,比如保研好呢還是去工作好,也曾經認為佛教在涉及選擇的時候「不是一個特別有力的工具,它不是特別能夠幫你解決實際生活中的問題。」但是他這兩個月以來「確實感覺到隨著實修心量打開了」,所以現在處理事情就比較「安然」,終於體會到了佛法與生活確實是一致的,出世的智慧完全可以應用到凡俗的生活當中。他坦承學佛過程中主要就是「出世和入世的矛盾」,並明確認為自己要將這兩者結合起來。

　　　文魁:別的大矛盾沒有,就主要是出世和入世的矛盾。今年獎學金頒獎的時候,我們那個獎學金的理事長什麼的一個人,是南懷瑾的弟子,來給我們主持,那個人真的修行很厲害,60多歲了,看起來跟40歲一樣,他哪怕頭髮再焗油但皮膚不可能像40歲的人一樣,對吧。思維非常清晰,妙語連珠,⋯⋯我就覺得我希望將來我也能成為那樣,我覺得他就是(出世和入世)結合的比較好的。他是在家人。感覺他就是用出

29　文魁說他近大半年以來每日持名念佛,同時這兩個月以來還配合一個運用呼吸鍛煉身體的方法。

世的態度做入世的事。就是我現在這種，不一定我現在就是
他那樣，但至少我現在是以一個很淡然的態度做入世的事。
而且現在在我看來確實是沒什麼衝突的，這個話好多人都說
過，拿出世的態度做入世的事情。不少人都是這麼幹的，我
覺得這個是可行的，就我現在感覺來說也是可以做到的，應
該是可以做到的。

對這種出世和入世的矛盾乃至自己的轉變李懷恩有更為形象的描述。
對文魁來說，出世和入世的矛盾主要體現在佛法應對實際生活時的「無
力」上，他不知道如何在生活中落實；而對李懷恩，這種矛盾則體現在她
學佛以逃避真實的生活，俗世生活被她不自覺地排斥。

> 李懷恩：特別是這幾年，這幾年是指說我開始覺得我應該要從一個
> 很學究的學佛者變成一個很生活型的學佛者的時候的一個
> 改變。我開始學佛的時候我還是很鑽研的，就像鑽研學問
> 一樣鑽研佛法，我看書然後去追問然後去鑽那些理論然後
> 打坐然後自己求證到底是怎麼一回事，完全是很學究型的
> 那樣一個選擇，到後來我發現我真正回到生活中還是很多
> 煩惱，還是想去逃避很多問題不想去面對去承擔。但是我
> 會有一個反省，就是覺得我已經是一個佛教徒，我到底這
> 幾年的學佛對我生命真真正正的改變到底有沒有，我會有
> 這樣一個反省，然後我就發現自己應該回到生活中去，是
> 這樣一個改變以後我自己決心去回到生活當中的時候才慢
> 慢帶來的一些變化。
>
> 現在我還不能說我有什麼樣的……但是一點一點的變化
> 吧，比如你每天起來到晚上睡覺時你自己的心境你是能夠
> 體會到的，然後你遇到事情的時候能不能放得下，還有你
> 自己用一個什麼樣的心態去應對，也是能夠體會到的。我
> 覺得現在的我比以前豁達、放得下，也願意去承擔，不像
> 以前的我覺得工作是一種壓力生活是一種負擔，現在不會
> 那樣想，現在會覺得這些都是一個很好的東西，很好的緣
> 分，也是一個機會讓我去學習、去發揮我自己、去體現我

自己。就是整個的想法會跟以前很不一樣。

（但是）過去的那個並不能否定，我覺得這是一個必定要經歷的過程，可能很多學佛人都會有這樣一個過程。就開始的時候什麼都不想理了，好像想把整個世界都拋棄然後我就鑽到這樣一個世界當中去鑽研這個佛法到底是什麼，就一直一直追問，特別是打坐，你會到一定的階段你真的想整個世界都不理了，然後每天就是很享受禪悅的那種感覺，每天就是想打坐想讀經，就只想那樣子。然後其它就覺得什麼都不重要了，我又不想打扮，以前我很愛打扮，平常那些女孩子喜歡的東西自從學佛就什麼都不要了，就很長一個階段都是這個樣子。這幾年自己又轉過來，其實那時候應該說是一個很必要的階段但是有點走極端了，現在就慢慢好像把自己糾偏過來。反而這樣子一來自己感覺更輕鬆了。前一個階段可能是有點排斥（俗世生活）的感覺，就覺得這些東西都不要了，我已經找到另外一個世界了，好像是這樣一種感覺。後來發現不是這麼回事，兩個世界是沒有矛盾的，它本身就是一個世界。

李懷恩曾經一頭鑽進信仰的世界，也以為自己「已經找到另外一個世界了」，但是生活中依舊存在的煩惱將她拉了回來，重新將信仰落實到現實生活裡並一點一滴的改變自己的生命。那段不自覺逃避的過程是有點走極端了，現在糾偏過來她反而覺得更輕鬆，可能很多學佛人都會有這樣一個稍顯極端的過程，但是最終還是會回來，因為「兩個世界是沒有矛盾的，它本身就是一個世界」。她進一步澄清自己的這種改變：

李懷恩：我覺得當你這樣一個心境出來之後，其實很多的生活的面貌都會隨之改變，這個東西很難細講。我覺得是一個心境的變化，因為一念之間的一種改變，其實隨之而來整個生活的狀態可能都會改變。包括我回去我再重新面對我的父母我的家人的時候，我的感受特別不一樣。以前我是特別不想回去面對他們，因為我覺得我父母的關係又不好，我姐姐跟他們的關係又不好，我姐姐跟她丈夫的關係又不

> 好，我覺得回去我很壓抑，我不知道該怎麼去面對他們，也不知道該怎麼去改變，我覺得自己很難承擔這麼多東西，要我回到這樣一個家覺得壓力特別大。但是現在回去我的感受真的完全不一樣，我會覺得這個家是很溫暖的，我會看到很多很正面的東西，覺得跟父母的相處、跟姐姐的相處還有跟姐姐的小孩子的相處是非常溫馨的。我會很主動地去做很多事情讓大家變得很和諧很快樂，這些事情反而我自己很自然地去做了而且也會做得很快樂，雖然有時候自己要付出很多，但是我並不覺得這是一種負擔了。就是這樣一個改變。

　　心境的改變、生命的改變帶來的是她對生活更加積極主動去承擔，對家庭的煩惱更直接的去面對，而不是像以前覺得俗世生活是一種負累，在這裡出世與入世真正融合了。當被問到是否考慮過出家時，她這樣回答：

> 李懷恩：以前甚至還有過出家的念頭，現在沒有。現在沒有那種衝動了，我覺得出家跟不出家對我來講反而不是很重要，最重要的就是，還是那個，我覺得在家和出家都可以做，繼續去追問生命，繼續去做我想做的事情。（而且）我覺得我比出家人更自由。因為我真的接觸過她們（比丘尼），我發現如果我是那樣一種生活的話我會不會變得更加封閉，我覺得是有這個可能的，反而我現在可以讓我去接觸、更無拘無束的去接觸一個更廣大的世界。出家，如果從個人的修行來講它是一個階段，但是最好你必須還得打破，打破它。所以現在沒有這種想法。

　　李懷恩走過了那個覺得信仰跟生活是兩個世界、甚至只想逃避到信仰的世界里的極端而封閉的階段，亦不再執著於出家的形式，甚至開始妥善利用更為廣闊的俗世生活來繼續追問出世的真理、追問生命本身。對於信徒生活中經歷的出世和入世的矛盾衝突，這裡只是大略提及尚未具體展開，下一章將會集中關注。

　　因此，我們以文魁和李懷恩為典型簡要探討了這個群體經歷的出世與入世的矛盾以及他們對這一矛盾的態度：信仰與生活「確實是一致的」，

「在最高的道理上是一致的，是完全一致的。」（文魁）；「兩個世界是沒有矛盾的，它本來就是一個世界。」（李懷恩）總之，留在世間就要努力融合出世與入世，這是他們經歷了各種信仰與俗世生活的衝突矛盾之後一致的選擇。而且，訪談樣本中唯一一個辭掉工作去寺廟做長期義工的姜寧在訪談時主動談到學佛這條信仰之路跟社會主流的差異，但最後她說：「我知道如果真的學得好的話（信仰與俗世生活）是可以通的。」而她坦白自己目前信仰的力量還不夠，所以還沒法將這兩者打通。

再次，當他們選擇留在世間尋求佛教的解脫，將信仰與俗世生活努力融合起來時，他們具體要如何做呢？陳曉華在回顧自己經歷的出世與入世的矛盾時說了很精闢的一句話：

> 陳曉華：現在我也是一路走了很多彎路，跌了很多跟頭，這樣回過頭來想，其實如果最開始的時候你明白是這麼樣一個道理，就是你明白中間的一個道理！佛教從一開始就強調它不是一個信仰，就是你真正知道中間的道理是什麼之後，你照樣可以協調好這種關係（信仰跟俗世生活的關係），你在社會上做一個很現實的人，但事實上從最深層的角度你是個佛教徒。

「你在社會上做一個很現實的人，但事實上從最深層的角度你是個佛教徒。」以佛教信仰為內在的指導，將自己現實的日子過好。因為佛教信仰完全可以內化到不需要任何外在形式的佐證，從而避免任何因信仰帶來的衝突或因對信仰的不理解而帶來的麻煩；信仰純粹是個人之事，它能否落實以及它是否被用作逃避世間的藉口全憑個人的意志和反思。

至此我們可以真實地看到，這群青年信徒並不僅僅是在理論上抽象地認為「解脫須在俗世生活中獲得」，貌似一個信徒對這個實實在在的世間的一種無奈地承認——格爾茨也說「沒有人，甚至沒有聖徒，永遠生活在宗教象徵符號構成的世界中，大多數人只是時而涉入其中」[30]——而是真正在世俗的層面踐行對佛教的解脫的追尋，通過各自的實修、反省等等技

30　〔美〕柯利弗德·格爾茨，〈作為文化體系的宗教〉，載《文化的解釋》，上海人民出版社，1999 年，頁 136。

術性的方式來擴大心量、改變心態從而真正落實信仰，融合出世與入世。對這些具體的宗教技術第四章會予以討論。這裡我們可以看一下侯諾然的方式，他為陳曉華的這句話做了一個清晰而深入的闡釋：

> 侯諾然：其實基本上都是這樣子的。我現在跟一般外面的人從來不談教理，我只是通過跟他們的接觸來看我內心，調伏自己內心，爭取能做到這點。比如有時我去吃飯，我要說我吃素，怎麼說我吃素，我以什麼心態來講我吃素的，就跟外面完全沒有關係，他怎麼反應我不管，他反應之後我又怎麼反應，我關心的是我內心怎麼反應。比如說我要評職稱、發文章、寫文章很煩的嘛很多事情，為什麼會煩的呢，這是不對的，說明這件事情對你來說形成了一件干擾你執著了，所以這些完全就是通過外境來對境練心。其實我花了很多冤枉才意識到這一點，所以如何把佛法運用到生活中去，就是當我們觀察一切事情都是自顯現的時候你就是在把佛法在運用。
>
> 你意識到很純粹的一點就是一切其實是內心的自顯現，這是很重要的，所以要改變外面的世界其實就是改變內心，然後這樣改變了，你周圍的整個顯現也會跟著改變，這樣的話就是自己完全為自己的行為負責，這是佛教給你最大的一個，就是你想成佛也是你、你想下地獄也是你，你想做什麼都是你自己去。

「完全就是通過外境來對境練心」，「當我們觀察一切事情都是自顯現的時候你就是在把佛法在運用」，「要改變外面的世界其實就是改變內心」，因此在侯諾然這裡世間的生活整個成了一個歷練自我的技術，自然在社會上他就能表現為一個很現實的人，而從最深層的角度他是個佛教徒，他在修心、修行進而尋求佛教的解脫。

這樣的生活樣式簡直類似於一種入世苦行，當然佛陀不主張苦行，他提倡中道，我們不妨稱之為「**入世潛修**」，「潛」是潛在、深層、不張揚乃至不顯露的意思，這也正是陳曉華、侯諾然言中之義，更是這群長期信徒的主流部分決定留在世間尋求佛教的解脫之時呈現出來的生活樣式。前

一節描述了青年佛教徒群體的特色，學佛初期他們偶爾會顯得比較「怪」，但是長期信徒就逐漸趨於隱匿，而且他們的宗教認同也不強烈，這些正是「入世潛修」這一生活樣式的具體體現。

訪談資料顯示，「入世潛修」的真實含義其實有兩層，一是指信徒留在世間通過運用佛教提供的各種技術以化解出世和入世的矛盾衝突進而尋求佛教的解脫——本書各章正是按照這樣的邏輯架構的；另一是指信徒留在世間，表面上看他的生活跟其他人的沒什麼差別，而實質上整個生活直接成為了他用來鍛造自我以獲得解脫的方法，侯諾然的方式正是這樣子的。第二層含義更深更廣，也不局限在具體的出世與入世的矛盾衝突上，但它還是以第一層含義為基礎的；而第一層含義的實現其實會自動的導向第二層，這在第四章對化解衝突的技術的分析中會有體現。因此，從這個含義中我們可以知道，「入世潛修」的根本目的其實還是尋求解脫，是出世的；而俗世生活則成為他們尋求解脫的手段。

韋伯刻畫世界諸宗教生活樣式的理想型，相對於新教的入世苦行（inner-worldly asceticism），佛教被他定義為「神祕主義的逃世沉思」（world-fleeing mystical contemplation），他認為其宣揚者是「沉潛冥思、拒斥現世、離棄家園、流轉四方的托（缽）僧」，他們且只有他們才是「成色十足的」教團成員，是宗教意識的主體，而其他信徒都是宗教價值較低的俗人，充其量只是宗教意識的客體。[31] 當然韋伯此處的刻畫更近於印度的原始佛教，他並未來過中國，儘管他做過有關中國宗教的研究。而通過對大乘佛教的考察，同樣對比新教的情況，韋伯認為在大乘中根本不可能產生一種理性的、俗人的生活方法論，這種理性的現世內的生活態度「也不會建立在大乘這種高調哲學的、唯心論的、救世論的基礎上。」[32] 韋伯的宗教社會學均以新教倫理為出發點和歸結點，其問題意識一直是資本主義精神氣質的文化起源，因而他對佛教尤其是大乘佛教的判斷從他的出發點來說或許是正確的，但是這種對比論斷也會讓我們忽視存在於完全異質

31　韋伯，〈比較宗教學導論——世界諸宗教之經濟倫理〉，載《韋伯作品集 V：中國的宗教 宗教與世界》，康樂、簡惠美譯，廣西師範大學出版社，2004 年，頁 464。

32　韋伯，《印度的宗教 印度教與佛教》，康樂、簡惠美譯，廣西師範大學出版社，2005 年，頁 359、356 － 357。

的東方文化中的大乘佛教自身的多樣性。

首先，中國佛教的理想擔綱者自然不是「流轉四方的托（缽）僧」，自從佛教傳入中國托缽乞食這一行為就逐漸為寺院共居所取代了；其次，相比印度原始佛教的情況，中國的居士並不能簡單稱為「宗教價值較低的俗人」、「宗教意識之客體」，這也是大乘佛教重視在家修行帶來的一個特點；再次，在中國大乘佛教中真的「產生一種理性的、俗人的生活方法論的任何端倪都沒有」嗎？大乘的「這種高調哲學的、唯心論的、救世論的基礎」真的無法生出「一種理性的、現世內的生活態度」嗎？筆者訪談的這些「入世潛修」的學佛人在出世與入世的融合上都或多或少地在使用一些適合自身的技術或者方法，或者可不可以說世出世[33]的融合本身就是一種理性且適合俗人的方法論呢！「自己完全為自己的行為負責，……就是你想成佛也是你、你想下地獄也是你，你想做什麼都是你自己去」，——這些學佛人當然是理性而「嚴謹」[34]的。

在中國如果只看僧人，或許韋伯對大乘佛教的看法還有一定的正確性，但我們忽視居士顯然是不對的；或許中國佛教早期的歷史中還有如其所言的情況，但從隋唐、兩宋時期居士佛教的繁榮乃至全盛[35]起，我們就不可以再忽視存在於世間的這一股佛教界的力量了。歷史上中國佛教居士中有沒有產生一種理性的、俗人的生活方法論、有沒有形成一種世間的生活樣式這裡暫不予考證，但當前的佛教居士，至少訪談樣本中這些青年佛教徒確實在這樣實踐。雖然我們不能說他們的實踐一定會有某種經濟方面的效果，但也不能因為韋伯的影響便只關注經濟層面而忽視一種可能是適合中國人的倫理狀況。

33　世出世是世間和出世間的並稱，這兩者是相對的。世間指有生滅變遷的境界。《成唯識論述記》卷一云：「言世間者，可毀壞故，有對治故，隱真理故，名之為世；墮世中故名為世間。」謂墮入可毀壞而無不生滅性的生存層次為世間，包括眾生及其所生存的環境。出世間指超出三界、六道生死輪迴之界。大乘佛法宣揚世間與出世間的不二，世間法本來不生不滅，只因眾生妄執而不顯，即世間的存在而離煩惱、我執二執等世間心，名出世間。參考陳兵，《新編佛教辭典》「世間」、「出世間」詞條，頁76。

34　前文龍韜這樣描述過佛教徒。

35　這一發展分期參考潘桂明，《中國居士佛教史（上）、（下）》，中國社會科學出版社，2000年，頁2－3。

　　至此，樣本中長期信徒主流部分的特色還是很鮮明的，世出世的融合是為了尋求佛教的解脫，不只是個人的解脫，而是更高更根本的解脫——這一點在後文第四章會有涉及，此處暫略。他們入世正是為了更高層次的超越世間：利用世間來修煉自己，將整個俗世生活變成一個針對自我的技術，改造自心，從而獲得最根本的精神自由。也許我們在他們的生活中看不到什麼神聖的東西，信仰已經內化到心的層面，外在的宗教符號或特徵已難尋見，但他們並不因這種內斂而普通，他們恰恰在用平凡的日常生活成就一種神聖。

　　因此，結合本小節開頭對長期信徒主體部分之外的人的情況的簡單介紹，我們可以發現這群青年佛教徒尋求佛教的解脫的出路在形式上大致分為兩類：要麼出家，要麼留在世間；留在世間的又可分為兩類：要麼如淨土宗一般純粹寄託在另外一個世界，或者去寺廟做全職義工從而基本上待在一個相對出世的小環境裡，要麼就如這些長期信徒的主體部分那樣堅定地在世間行出來，將出世的理想與俗世的生活相結合。世出世的融合不是那麼容易的，有一些人就在這種矛盾、衝突、掙扎的過程中放棄了，放棄了信仰或者選擇另一個跟世間更好融合的信仰，比如基督教，筆者沒有專門訪談這樣的人，但是在訪談過程中聽到一些這樣的事，而且有些最終做到世出世融合的人其實也曾經「放棄」過。而客觀地講也並不是每一個人都可以捨離世間可以出家，這裡指的不是內心而是外在條件，所以其實更多的人也是被逼迫著一定要在世間走出一條這樣的路。這也是本研究的樣本反映的現實趨勢。下一章會具體探討世出世的各種矛盾衝突，我們會更清楚的看到他們面對矛盾的各種選擇，更深入的理解他們內心曾經的這種「被逼迫」。故此，訪談時陳曉華說：「所以你剛才問我出家的問題，我說其實生活中可能承擔的更多。」對他們來說，「入世潛修」是更大的挑戰。

三、人間佛教的深入實踐

　　早在唐朝時禪宗六祖惠能便在《壇經》中說：「佛法在世間，不離世間覺，離世覓菩提，恰如求兔角。」[36] 有人認為中國宗教倫理的轉向正始

36　《六祖大師法寶壇經》（宗寶本），《大正藏》，第 48 冊，351b。

自惠能創立的南禪的這種入世轉向運動，肯定世間活動的價值，而且主張與宗教相結合。[37]歷史上的居士們是如何在世間實踐信仰的在此無法詳述，這裡我們暫時只看當前的情況。民國時宣導「人間佛教」的太虛法師亦說：「從事正當職業無礙於學佛。佛法並非隱遁清閒的享受，而教人不做事的，應對於國家、社會知恩報恩，故每人要做正當職業。——而學佛不但不妨礙正當職業，而且得著精神上的安慰，——在乎人做不了的事，若學佛就能做了。——若能如此學佛，方稱為真正學佛。」[38]前文李懷恩自我反省之後將信仰落實於生活的經歷正給太虛法師這句話提供了一個極好的例證，她開始積極主動的承擔自己的家庭和生命。可以說，這些青年佛教徒選擇「入世潛修」，正為太虛法師推崇的「人間佛教」實踐提供了一個深入的當代呈現。他們繼承了人間佛教的入世思想，並在實踐中呈現出自己的特點。

　　由於本研究的問題意識一直是這群青年佛教徒面臨的首要問題是什麼，為什麼會有這樣的問題，以及他們如何應對如何解決，因此訪談時並未專門就「人間佛教」向他們進行有關詢問。但是當他們談到自己面對的各種困惑衝突、試圖將信仰與現實生活融合之時，不可避免涉及到了「人間佛教」的領域。整體而言，他們對人間佛教持一個贊同的態度，並表示當自身條件合適之時會積極支持，但同時他們也強調自身實踐的一些特點。

　　首先，他們認為，佛教徒當然要行善、要道德比較好，可是行善、道德並不能完全等於佛教；佛教最終的目的是要了脫生死，這一點可以說是其世界圖景的核心所在。也正是在這一點上，他們強調了自身實踐的特色。長期信徒基本上都有這樣的看法，前文侯諾然在佛耶比較時就已表明態度：「佛法不能把它做道德的理解，就是說要行善啊讓你行善這一說，沒有道理的，為什麼要行善，因為事實如此，你可以不行善，完全不相信因果，只不過你要接受果報而已。」周源認為，佛教事實上比行善和道德

37　龔雋，〈從現代性看「人間佛教」——以問題為中心的論綱〉，載《佛教傳統與當代文化》，中華書局，2006 年，頁 46。

38　龔雋，〈從現代性看「人間佛教」——以問題為中心的論綱〉，載《佛教傳統與當代文化》，頁 47。

的層次更高，它講的是宇宙的真實、世界的真相，如果只做行善和道德的理解，其實就把佛教的層次降低了，這有喪失佛教根本的危險；而學佛「最重要的是先把自己的修行修好」，「自淨其意」，即「要有辦法能夠自己解決自己的煩惱」。

周源：我覺得至少就是說佛教它不等於行善，特別像一些佛教組織，好像行善就是佛教。至少佛當時講了三法印：諸行無常、諸法無我、涅槃寂靜，它最終的目標還是要了脫生死。你要認識宇宙的真實是什麼，在佛教可能它是空，自性你要明心見性，那這個是佛教根本的宗旨，如果說你最後把行善等同於佛教，那就錯了。行善還有很多種不同的行善的方式，有些人行完善了之後還天天掛念這個事情，有些人行善可能有些獨特的目的，有些人行善可能為了表彰自己特別善良，有種種不同的方式，所以說行善不等同於佛教，但現在有些把行善等同於佛教。還有把道德修養等同於佛教，有人道德修養很高，為人確實也很好，但這不等同於佛教，不等於他就是一個佛教徒。當然佛教徒最基本的你要做到道德修養很好，「諸惡莫做、眾善奉行」嘛，那後面的「自淨其意」就說得比較少，什麼叫「自淨其意」？你要不斷地克制、消除你的貪嗔癡慢疑，實際上在世間有不少人因為他內心潛藏的佛教裡講的惡的種子沒有辦法克制掉，當他面對世間一個非常激烈的環境的時候他可能自己的道德就會崩潰了，受不住世間的誘惑，只有通過學佛的方式才能最後達到真正的善──不思善不思惡。佛教我覺得最根本的，它不是一個……它當然有道德的成分在裡面，但我覺得它高於道德，最根本的是你要對世間的真實有一個瞭解，然後你知道緣起法，所以你不要執著於有貪，道德就在於有貪嗔癡慢疑嘛，你對人會有嗔恨，那你瞭解到世間的真實之後才能完全克制自己的問題。

看到好多佛教徒，他本身就認為佛教就等於行善了，你要說了脫生死他認為沒有那麼回事，問他淨土有沒有，他覺得沒有，人間就是淨土；我覺得人間就不是淨土，從來就沒有成為過淨土。因為人本身，你既然成為人，那佛教的定義的話，

> 人本身就是一個貪嗔癡慢疑的業障，不然你今天不會成為
> 人，既然是人間，它就一定是在人間生活的所有人基本上都
> 有貪嗔癡慢疑的問題，就不是一個淨土。

　　從太虛法師發端的「人間佛教」是當今佛教界的主流思潮，正如該名稱所顯示的，其基本導向是入世的，它的出現正是為了因應民國時佛教在急速的社會變遷中遇到的生存危機。太虛法師提出「人生佛教」的口號嘗試復興佛教，推動佛教向現實人生、社會福利、慈善事業、科學知識等轉向，以發揮其更大的社會作用和影響。繼他之後這一思潮在歷史的發展中逐漸形成了基本方向一致但卻各有側重的思想和實踐，比如追隨印順法師的臺灣各大宗教團體的慈善、教育實踐，以及大陸一些佛教寺廟積極舉辦的慈善活動、各種夏令營等等。[39] 這裡不打算深入探討人間佛教思潮中各種思想和實踐的細微差別和張力，只是要強調它們基本上形成了一個注重入世、慈善和發揮佛教社會影響力的現實傾向。而周源他們則試圖用自己的信仰實踐來強調佛教中更為超越更為根本的層面[40]；佛教中所認為的真正的「善」並不是一般人以為的行善的「善」，而是「不思善不思惡」，是徹底超越二元對立，唯此才能真正解決自身的煩惱進而解決生死問題。

　　其次，他們入世但並不混同世間，而是有一個超越的層次。這一點在前文侯諾然講到自己如何將佛法運用到生活中——即「對境練心」、「觀察一切事情都是自顯現」——的時候已有體現，也就是「入世潛修」中「潛修」的層面。這裡再以齊馨為例，她認為留在世間一定要有出離心，即對自己的欲望要有反省、能夠不執著，對自己的貪嗔癡慢疑五毒煩惱要能夠掌控和化解；這一「即世間而離世間」的超越層次正是他們與俗世凡夫的區別。這也是他們認為自己所行對「人間佛教」實踐的深化之處。

> 齊馨：因為有很多先賢已經開始一直在力圖做這種轉換，即從佛法
> 　　　與生活的脫離到兩相結合，比如淨慧老法師生活禪，聖嚴法
> 　　　師也一直在講。像近代以來，太虛法師他們一直在做這種比

39　鄧子美、陳衛華、毛勤勇，《當代人間佛教思潮》，甘肅人民出版社，2009 年，頁77 － 109。

40　周源認為，行善方面其實佛教比基督教做得更好，比如臺灣一些佛教團體的慈善活動。但他要強調的正是佛教超越行善的層面。

較深入生活的世俗化的教導，他主要從這種教導上來指導人。我們現在也會去體會這一點。但是，佛法一定要有出離心，否則你就真的是混同世法了，完全是沒有層次的一種，乃至對於自己的五欲六塵完全沒有一種反省能力的在裡面當一個大好人而已，那就是沒有什麼意義了。所以佛法一個很大的，菩薩行你一個重要的基礎就是要有出離心，就是你自己對五欲六塵要產生很強的厭離和不去黏著，你要自己能把握住，自己沒有貪沒有嗔沒有癡沒有慢沒有疑。佛法修行在世間也是通過各種事情去除去你的貪，不是說我還貪得不行。好像在任何宗教裡面也都是要有出離心的層次，所以它有一種超越的層次在裡面。否則你就真的沒有什麼超越心，就跟以前那種凡夫的層次沒有什麼區別了。

齊馨認為，唯有從自身的「分別執著」等內心局限中超越出來，即擁有出離心才可能化解貪嗔癡慢疑的煩惱，從而更好的融入世間，「自在無礙的」應對各種各樣的情形。這是他們留在世間同時又要落實信仰時的必然選擇，因為只有改變自己才能真正化解出世的信仰與俗世生活的矛盾衝突。

太虛法師當年固然是為了因應時代挑戰而提出人間佛教思想，強調佛教回歸現實人生、參與社會的面向，但其目的也並不是只停留在世間法，反而正是要通過世間法而出世間；「今倡人生佛教，旨在從現實人生為基礎，改善之，淨化之，以實踐人乘行果，而圓界佛法真理，——直達法界圓明之極果」[41]，由此可見人間佛教思想從其源頭來說就絕不僅僅只有入世這一個層面。但是由於現代社會的複雜性，這一思想在實踐的層面卻很難完整的操作化，再加上它在自身的發展過程中亦應對不同的時空環境而有各種不同的側重和強調，因此當前的「人間佛教」往往容易呈現為周源、齊馨他們看到的只強調入世的、行善的形象，對虔誠的信徒來說它至少沒有辦法有效的解決現實生命的煩惱。可以說，「人間佛教」這一思想沒有充分考慮到出世的信仰與俗世實踐之間可能的緊張，它自身在實踐中也沒

41　龔雋，〈從現代性看「人間佛教」——以問題為中心的論綱〉，載《佛教傳統與當代文化》，頁42。

能圓滿的體現其超越的層面，因此它暫時無法提供這些知識菁英解決世出世衝突的辦法，自然不能完全滿足他們的實際需要。[42]

　　總之，這些青年佛教徒認為行善、道德都不等於佛教，而且他們認為自己所行相對一般的人間佛教實踐的特點正在於這種「即世間而離世間」的超越性，正是通過這種超越性，留在世間的信徒的煩惱才能化解，世出世才可能真正融合，解脫才有希望。而這也正是他們認為自身實踐對人間佛教的深化之處。

　　尉遲酣早在上個世紀 60 年代就對太虛法師佛教改革的趨勢——即後來逐漸流行的「人間佛教」——表示了自己的隱憂，他認為太虛事實上誤解了當時的形勢，因為西方在科學、知識和社會福利方面已經非常充足，長遠來看令西方人更感興趣的正是改革者們正在拋棄的東西，即中國獨特的修道方式（China's unique forms of religious practice）；這種將佛教改為世俗的趨勢如果持續下去將並不意味著宗教活力的增長，反而可能導致一個活生生宗教的消亡。

　　人間佛教在實踐層面可能會有降低佛教的層次並喪失佛教根本的危險——這些知識菁英從自身的經歷中得出的看法與尉遲酣半個多世紀前的隱憂簡直不謀而合。侯諾然說，佛教本質上也不應該是一個宗教，它應該是一套技術或者一套生命科學，他所指的正是尉遲酣所說的「中國獨特的修道方式」，正是這些獨特的修道方式或者說宗教技術帶給佛教超越世間的力量。對此薛毅有一個更形象的比喻，他說佛法好比那杯子裡的水，而一切的宗教形式、文化等等都只是外面的杯子，我們要喝的是水而不是杯子。周源亦說，不能用一個一般人的範疇和概念去理解佛教，一定要有一個實踐你才能瞭解佛經到底在講什麼東西，否則以一種研究的態度或者在外面看的方式你永遠都搞不清楚它在講什麼。[43]

42　龔雋，〈從現代性看「人間佛教」——以問題為中心的論綱〉，載《佛教傳統與當代文化》，頁 58－59。

43　周源對於佛教實踐的技術或方法有一個評價，這與侯諾然的「一套生命科學」的論斷是一致的：
　　我覺得佛教一個好處，就是你可以通過你的修行，可以感覺到你沒有辦法用認得的這種概念和意識去感知到的東西。我們一切的哲學、思想，以至於科學都是需要建立在人的概念的基礎上去認識一些事物，那人怎麼瞭解到他不能瞭解的一個世界呢，

故此，一個宗教的核心和根本正在於其超越性的層面，在於它實現自身世界圖景中的救贖許諾的能力，而不論這個救贖許諾在科學的或者世俗的眼光看來是多麼的不可思議。一旦沒有了超越性的層面或者完全與世間價值觀打成一片，這個宗教就會很危險。儘管歐陽端的研究顯示，當前中國佛教中亦有少數僧人採取傳統修行方式進行宗教實踐[44]，但是這些知識菁英仍然普遍有些憂慮，比如薛毅。

> 薛毅：我對這個時代的佛教最焦慮的就是這一點，你不能說現在佛教正在興盛，你不能這麼說。因為現在雖然佛教整天搞得很繁榮，廟越來越多，和尚越來越多，可是這個東西真的有那麼重要嗎！廟和和尚只是一個象徵，咱們不能說僧人的素質沒有提高，可是真正比起民間的需要來講有素質的僧人特別特別少。但是，如果這個時代你真的只是弄一個假繁榮，再過五十年一百年佛教就變成一個旅遊的東西一個文化的東西，它所有真正的東西都沒有了，那時候我們還能說佛教存在嗎，那時候佛教就不存在了！

綜上所述，本節從佛教的世界圖景、青年佛教徒群體對解脫的看法和生活樣式的選擇以及這一信仰選擇對人間佛教的深化之處這樣三個方面詳細呈現了「入世潛修」這一生活樣式的簡單成因、內涵、表現和特色。這些知識菁英的生活樣式——入世潛修——直接體現了中國漢地居士佛教的一種必然的發展趨勢，它不是傳統的出家之路，它屬於人間佛教的範疇，可以說是對當前流行的人間佛教的一種深入實踐。它是佛教信仰在現代社會存在發展的一種重要形式，也是受過高等教育的佛教青年信徒因應時代形勢和自身需要的一種必然選擇。

在美國，佛教的發展早已呈現出一種新型的居士佛教趨勢。由於平等是美國社會的核心價值，因此美國佛教突破了亞洲傳統中清晰可見的僧俗等級觀念，其重心更表現為一種居士化的佛教實踐，僧尼作用相對淡化，

那佛教有它的一個方法。當然這要說就是修行的方法，可以瞭解到你不能瞭解到的一個世界。就是當你經過一種修行，你的內心非常的靜的時候，你確實能夠感覺到一些你平常感覺不到的東西，它確實是存在，確實是客觀的存在。

44　Birnbaum, Raoul, "Buddhist China at the Century's Turn", *The China Quarterly*, No.174 (Jun, 2003), p.445.

從而模糊了僧俗界限。因此，在美國佛教中居士、俗人的力量占據主導地位。中國的社會文化自然不同於美國，即便是臺灣佛光山在美國的道場，各道場均由眾多在家信徒組成國際佛光會來護持，但領導權仍然在少數的出家眾，僧寶地位依舊，然而居士作用亦有很大發展，因此傳統與現代之間可以說獲得了一種很好的連續性。[45]

　　那麼，中國漢地當然不會如美國社會一般突破僧俗等級秩序，——訪談中這些青年信徒雖然客觀承認當前大陸佛教界的堪憂現狀但是對僧寶仍然不失尊敬，亦不太可能如臺灣佛教那般集中的發展居士的力量，但通過這些知識菁英「入世潛修」的生活樣式我們仍然可以看到居士佛教不可逆轉的發展勢頭，以及中國漢地不容忽視的特殊的社會文化環境。美國萬佛城主持恆實法師 2009 年冬曾在北京大學舉行演講，在主持人談到世界範圍內的佛教傳播、僧寶地位受到挑戰等現象之時，恆實法師不無幽默地插話說：「或者有四寶，佛、法、僧、居士寶。」恆實法師是美國白人，卻是地地道道的中國漢傳佛教的傳承，但他亦清晰地肯定居士的力量和發展情況。

　　事實上，居士佛教是近代以來才被學者們明確提出的概念，以相對僧伽佛教而言。廣義上的「居士」即居家信佛者，狹義的「居士」則指受過三皈五戒者。一般來說，居士就是指佛教在家信眾。[46] 任繼愈先生認為，佛教勢力在正常情況下由三個層次構成：第一，位於中心層的僧伽佛教，他們是職業僧侶，擁有寺院經濟、經典解釋權，人數不多卻起著核心、領導作用；第二，居士佛教，他們不出家，過著世俗人的生活，生兒育女，擁有資產，生活富裕且有較高的文化教養，通曉教義，這個階層沒有組織形式；第三，普通佛教信眾，這一層次人數最多，且品類不齊，上有帝王、貴族，下及平民百姓，他們或貢獻財物或貢獻勞力，他們是佛教賴以存在的支柱。居士佛教正好處在中間，承上啟下，它對佛教起著「羽翼」作用；這三部分佛教信仰者互相依輔、共同繁榮、協調發展，從而形成穩

45　李四龍，〈美國佛教的傳播經驗〉，載《世界宗教文化》，2009 年第 2 期，頁 16－17。
46　譚偉，〈中國居士佛教略論〉，載《社會科學戰線》，2002 年第 5 期，頁 61。

定的佛教文化共同體。[47]中國歷史上居士佛教有兩次大的發展，第一次是在南北朝時期，即許理和所稱的「士大夫佛教」（gentry Buddhism）[48]，這一時期為後來隋唐佛教的繁榮做了鋪墊；第二次就是辛亥革命前後，居士佛教再次成為佛教發展的重鎮，特別在佛教義理上，其聲望反而超過僧伽佛教。[49]

對於民國時期居士佛教的第二次發展，汲喆認為它標誌著具有真正獨立於僧伽佛教的自主性的中國現代居士佛教的誕生，因為「以楊文會、歐陽漸為代表的在家佛教徒將現代教育的知識取向、學校制度和價值觀念引入佛教，重新定義了佛教傳承的內容、形式和主體，改變了中國佛教中神聖、知識與權力的結合方式。他們不僅有意識的為居士爭取全權的宗教地位，而且形成了機制獨立、師承有序的信念團體。」[50]後來提出「人生佛教」口號的太虛法師就曾在楊文會開辦的祇洹精舍學習。儘管這一次發展由於時代原因而被迫中斷，但是這一未完成的居士佛教卻留下了一個值得人們深思的問題，即「在宗教的意義上，智識德性能否成為首要的道德德性？『信而後證』的學術與『悲智雙運』的教育能否成為宗教實現俗世生活倫理理性化的一種有效形式？」[51]

本研究不僅反映出中國大陸佛教恢復後居士佛教必然的發展趨勢，而且這些青年知識菁英選擇的生活樣式——入世潛修——亦在一定程度上回應了上個世紀居士佛教遺留下來的這一問題：對宗教來說，智識德性、「信而後證」的學術以及「悲智雙運」的教育固然非常重要，但它們都還不足以在當前這個複雜的現代社會情境下幫助信徒實現俗世生活的倫理理性化。居士佛教的第二次發展借助現代教育的價值觀念來弘揚佛學，而本研究這些知識菁英的選擇則深入到了佛教作為一個宗教的核心和根本，他們試圖傳承並恢復「中國獨特的修道方式」。這也可以說是居士佛教因應不同時代的需要而表現出來的不同發展形態。

47　任繼愈，〈序言〉，見潘桂明，《中國居士佛教史（上）》，頁 2。

48　〔荷蘭〕許理和，《佛教征服中國——佛教在中國中古早期的傳播與適應》，李四龍、裴勇等譯，江蘇人民出版社，2005 年，頁 4－5。

49　任繼愈，〈序言〉，見潘桂明，《中國居士佛教史（上）》，頁 2－3。

50　汲喆，〈居士佛教與現代教育〉，載《北京大學教育評論》，2009 年 7 月，頁 41。

51　汲喆，〈居士佛教與現代教育〉，頁 63。

　　此外，經典世俗化理論認為宗教的世俗化體現為三個主要論題：宗教衰落、分化以及私人化（religious decline, differentiation & privatization）[52]。民國時社會動盪、反宗教之聲此起彼伏，如果將太虛法師宣導的「人間佛教」作為佛教界應對宗教衰落、日益為社會體制排斥而不得不分化退縮到社會邊緣的一種抗爭，那麼「入世潛修」即可看作是宗教私人化在漢地佛教中的具體體現，居士、俗人的力量增長，信徒的個體性和靈性得到更多的關注和發展，這是符合經典的宗教世俗化理論的。

　　因此，「入世潛修」這一生活樣式反映了中國大陸漢地居士佛教的一種發展趨勢，它不僅符合世界範圍內居士佛教的發展形勢，亦是宗教世俗化潮流的一種體現。這些知識菁英並非要做世間的隱士，他們是否會在社會上發揮出佛教的作用以及怎樣發揮作用，時間會給出答案。

本章小結

　　本章介紹了通過這個青年樣本反映的佛教信仰的基本情況，青年佛教徒群體的特色——理性、求真和長期信徒趨於消隱的特質，並不強烈的宗教認同、與傳統文化的親和性以及他們對其他宗教的接觸和比較——以及「入世潛修」這一生活樣式的簡單成因、表現、內涵和特色。當這群知識菁英選擇留在世間，而不是傳統的出家之路，「入世潛修」就成為他們在現代社會順應中國文化傳統的生活樣式選擇。下一章將具體展開呈現他們為何「入世潛修」，即他們在信仰中經歷的各種世出世的矛盾衝突，從中我們會發現固然佛教界的現狀是這一生活樣式一個很重要的成因，但更深層的因由或許仍在於漢地儒家文化重視家庭的大背景。而入世潛修的根本正在於通過實修（即實踐佛教提供的各種宗教技術）消解自我，從而化解世出世的矛盾衝突；我們將在第四章詳細探討佛教提供的各種自我的技術是如何發揮作用、化解衝突的。

52　Casanova, José, 1994, *Public Religions in the Modern World*, The University of Chicago Press, p.7.

第三章　佛教信仰與俗世生活的兩難

　　韋伯在其宗教社會學中指出，救贖宗教愈是循著「信念倫理」的途徑體系化與內化，與現世的關係就愈緊張。[1] 簡單地說，救贖宗教一開始總是傾向於賦予其規範或者習慣一種神聖不可侵犯的特性，比如基督教強調神的誡命就是神聖不可改變的；信徒愈是虔誠，便愈會嚴格遵從這些規範或者習慣。佛教也是個尋求解脫的宗教，自然也有一些獨特的規範和習慣，比如漢傳佛教中因為不殺生這條戒律往往提倡信徒吃素，當這些青年知識菁英信佛伊始嚴格執行這個傳統習慣的時候，他們在現實生活中可能會碰到不小的衝突。除去這些具體的規範和習慣跟現實生活的矛盾之外，還有佛教信仰本身的出世性帶給他們生活的影響，比如不成家的傾向，以及對出家修行的嚮往等等，這些都會與傳統的世間生活形成不小的張力。世出世的兩難赫然擺在他們面前，迫使他們一定要尋找解決的辦法。

　　上一章我們根據樣本的資訊介紹了青年佛教徒群體的特色以及他們對解脫的看法和生活樣式的選擇，這一章我們將分兩個方面深入探討他們在信仰過程中經歷的各種世出世的矛盾或者說聖俗兩難：首先是信仰與家庭的衝突，即聖俗兩難的家庭表現，其次是個人修學上的困惑與衝突，即聖俗兩難的個體困境。

1　韋伯，《韋伯作品集 VIII：宗教社會學》，康樂、簡惠美譯，廣西師範大學出版社，頁 252。

第一節 聖俗兩難的家庭表現

一、與父母的家庭

父母的信仰狀況。23 人的訪談樣本，有 18 人（78%）其父母均無正式的宗教信仰。其中，有的父母有拜祖先、求財神之類的民間信仰；有的父母某一方練氣功、相信有神；有的父母均是共產黨員無神論者；還有的父母一方崇尚道家思想並反對佛教的「迷信」[2]。有 3 人（13%）其父母本沒有宗教信仰，但在子女影響下母親開始信佛[3]。有 2 人（9%）其父母都有宗教信仰，一個本就是佛化家庭，父母均信奉佛教；另一個父母最初都沒有宗教信仰，但在子女影響下接受了佛法。因此，除了來自佛化家庭的 1 人，其他受訪者均來自沒有什麼正規宗教信仰的家庭。

雖然多數人的父母都沒有什麼宗教信仰，但是他們有一些共通的信念：要遵從中國傳統的道德觀念，要行善做個好人，要家庭好、子女好、工作好，要健健康康、孩子們沒事兒，總之要把日子過好，能多掙點錢就多掙點錢。對他們來說，有一個完整的家庭非常非常重要，可以說是其全部人生意義所在。

本小節將集中展現這些青年佛教徒因信仰與父母發生的矛盾。衝突點主要在吃素、有可能不成家以及出家。父母的態度並非一成不變，而子女的應對方式也是豐富多樣，以下將按照父母的態度分類進行詳細說明。

整體而言，23 人的訪談樣本中，信佛後與父母關係非常融洽的以及父母贊成信佛的只有 3 人，占 13%，除去父母不知情的 2 人（9%），剩下的 78% 都或多或少因為信仰跟父母有過摩擦和矛盾。

首先，訪談對象中有 2 人其信仰一直不為父母所知，這也是儘量避免矛盾的一種方式：

> 問：他們知道你的信仰嗎？

2　這裡只是點出父母信仰狀況中的幾種現象，它們在當前中國社會還是很有代表性的。

3　從樣本資訊來看，似乎母親比父親更容易被同化，女性比男性更容易溝通、理解並接受宗教信仰，當然也不絕對。這裡只是提供一個線索，有興趣者可進一步考察關於性別、家庭與宗教信仰的研究。

呂薇：應該沒有明確地知道吧。

問：可能感覺你比較喜好這個一點？

呂薇：對，但是反正沒有很明確的。有一段時間我吃素吃得多一點我媽媽就有意見說瘦了要多吃肉就應該多吃肉，那我就吃唄。

問：你的信仰跟你目前的家庭，先說你父母的家庭，是個什麼樣的關係？

呂薇：沒什麼特別的關係，這是我自己發展起來的。

其次，受訪者信仰與其父母非常融洽的只有來自佛化家庭的羅競1人[4]；而父母知道子女的信仰並且很贊成很支持的只有2人：

問：你父母知道你信佛嗎？

周源：知道。

問：那他們是個什麼樣的態度？

周源：他們很贊成。就給他們看一些，比如我爸爸就給他《西藏生死書》看，他本身自己原來也看一些書，然後他自己看了還有些相信。一般的父母為啥反對，就是擔心自己的子女會出家、不結婚，比方說我不出家也會結婚他們就不會有什麼想法了。（周源正準備結婚。——訪者注。）

問：那你的信仰目前跟你父母的家庭是什麼樣的關係？

侯諾然：沒什麼關係，他們知道我學這個。

4　雖然羅競的信仰跟父母非常融洽，但他們這個家庭跟整個家族之間卻因為信仰有著很大的衝突，親戚們的不理解、明嘲暗諷，親戚辦紅白喜事父母也是送彩禮但從來不去人，因為他們作為食素者不涉足世間人的殺場。羅競坦言自己的父母頂住了巨大的壓力，非常不容易，不僅有來自親戚們的壓力還有父母單位的壓力，儘管其父母在單位都沒有公開信仰。

問：他們也支持？

侯諾然：對。因為我學佛的時候也跟他們講我肯定不會出家的，但他們也不會太擔心這一點。要是我真出家他們也只能支持，因為從小到大他們都對我比較民主。（侯諾然跟女朋友感情很好。——訪者注。）

　　父母對子女學佛最大的擔憂就是有可能出家或者不結婚，當子女保證不會出家並且也會結婚時，家的完整得到了維持，因為這一擔憂的化解他們反而可能會贊成並支持子女的信仰。侯諾然之所以能夠做到同化父母雙方，就有這個原因。

　　第三，父母知道子女的信仰，其態度介於不理解、不支持到不反對、不干涉之間者有 11 人（48％），同化母親的那 3 人也在這一類，這是比較寬容的一類：

問：那他們現在知道你學佛嗎？

孟雯：知道。

問：他們是什麼樣的態度？

孟雯：像我哥哥和嫂子，我回家吃素嘛，他們也能接受我有宗教信仰，也給我做素菜。像我爸爸就是不反對，像我媽媽是沒有表示特別明確支持的態度，我爸爸就是覺得我覺得什麼是對的就怎樣走，就是你覺得那東西是對你好的那你就去堅持它，沒有關係。

　　孟雯尚是個初學佛者。事實上對這一類的多數人來說，父母在知道他們學佛之後其態度能夠走到還算比較包容的這一步往往要經歷一個很不容易的過程，王鋒最開始就因為急切地想開悟想出家而跟父母發生了一些不愉快：

問：你的信仰，就是你信佛嘛，跟你父母之間現在是個什麼樣的關係？他們知道你信佛嗎？

王鋒：他們知道。我們家的一個問題就是我媽可能管得多一些，其實我剛接觸佛教她就知道，知道了就開始有問題了。就是跟父母關係有一些矛盾。……肯定不想你出家嘛，其他的倒沒什麼。現在當然就好了，她也（開始）往那條緣分上、那個共同的地方去。

此外，學佛後還有因出家之外的原因引起的矛盾。齊馨初學佛的時候出於幫助親人的善意花掉了父母給的錢，還有吃素、不找對象這些現象也讓父母很難接受，結果就起了衝突。但隨著時間的流逝，父母人到暮年也會碰到難以釋懷難以排遣的問題，因而其態度也可能隨著子女行為的改變而逐漸緩和。

齊馨：因為最開始的時候自己做得……剛好碰到一個事情，我的一個小侄女兒掉到水裡頭淹死了。當時看她父母——我的姐姐和姐夫他們也非常的難受，簡直是痛不欲生，因為女孩兒非常乖巧，他們也很難釋懷，養這麼大一個女兒結果就淹死了，而且活生生眼睜睜看著她掉到水裡面當時找不到人下去救她就一點點淹死了，所以我姐姐受了很大刺激。當時我就是聽說可以去寺廟超薦什麼的，一問，是三千還是三千五，當時我說那我就不跟他們說就拿我自己的——我爸媽給我打到卡裡面的錢做超薦。……就是可能因為學佛啊往這裡頭投的錢比如說去哪兒參加一個法會花了很多錢，還有就是在路上看見別人缺錢有時候也會給。就是那個時候手上沒輕沒重的就給得多。然後我爸媽回去一查我的卡就發現怎麼少了這麼多錢，然後就興師問罪了。

問：等於超薦的事情你沒有告訴你姐姐也沒有告訴你父母是吧？

齊馨：對。他們也不相信吧。我就想那就先做了，拿我自己的錢做。當然我爸就很怒了，就問我說這些錢都去哪兒了！那我沒辦法只好著實稟報了。稟報之後就更怒了，說你這幾天都在幹什麼，我看你這次回來就不對，又吃素吧又是這個吧又是那個！然後……所以就在家裡頭鬧得，後來我就不敢再拿這個事情去刺激他們的神經了，一聽到我這個學佛一會兒吃素一

會兒又不找對象了吧這個弄得他們很暈菜，就是唯恐我再入迷途，所以我一直都不敢再刺激他們了。

但是目前，最近我是發現他們自己走到現在，人生當中遇到很多他們很難解決的問題，比如說自己思想上很多難以排遣的地方啊，自己到了人生的暮年生命的意義生命的目標生命的價值、生活怎麼去安頓，都開始感到一種飄渺和虛無，包括對人對事種種方面。所以現在可能會寄回家裡一些光碟，但是可能比如從科學的角度來講的一些東西。我爸上次給我發條短信說，看完你拿回來的光碟很受教益，原來佛法並不是我們所想像的迷信，然後怎麼怎麼講了很多。那我會覺得那這就是一點點不一樣了、改變了。

也有信佛伊始家人就反對地，但逐漸地他們開始包容乃至理解。比如楊煜，他甚至同化了自己的母親，正是母親民主的教育方式讓他可以做自己想做的事情，也才讓後來的同化有了可能。

楊煜：一開始大家都是反對的，我們是個沒什麼宗教信仰的家庭，出來這麼一個異類怪類也是不可思議的。但後來逐步的由反對變成這個……但是有一個特點是至少我媽媽，我媽是一個高中老師，而且她也是受過高等教育出來的，眼界非常開闊。她對我從小的教育就是我要幹什麼就幹什麼，她沒有對我任何的說你一定要幹什麼什麼之類的。所以我哪怕做非常出格的事情她都是默許，或者至少不反對，而且她對我說你喜歡的事情你就把它做好就是。我學佛啊還有別的一些她都支持。時間長了之後我別的那些家人也都無所謂了，倒是現在反而覺得家裡有那麼個人還不錯，就是有時候可以唸個什麼東西啊有時候有些問題還來問問我啊。我跟我媽之間沒有任何問題，包括她現在也是個佛教徒。

曹倜也用自己日漸「懂事」的言行同化了母親，儘管父親仍然不理解但他也不干預，只要自己還「過正常人的生活」，「不要讓他完全不理解」就沒問題。

曹倜：我母親對我信佛來說，因為她現在也信仰佛教了，所以她基本上認為信佛對我起的是好的作用，會讓她減少一些她本來對我的擔心。就是母親對孩子正常的擔心很多啊，但她現在可能覺得我比以前更懂事了，更知道承擔起人生的責任她自然憂慮會少一些，也會覺得對我未來的前途更放心一些。我父親可能因為他本身不信仰佛教，所以他始終對我的信仰抱著不理解，但基本上也不干預，就是說你還是把你該做的事情做好，你也長大了，但這個信仰上我肯定也不能說贊同，但也不干涉。就是說你過正常人的生活。不要讓他完全不理解這就可以了。

　　第四，父母知道子女的信仰，其態度一直是反對的有 7 人（30%）。其中 3 人是初學者。父母往往因為社會上普遍的對佛教的種種「偏見」而容易對子女的信仰一開始就持反對態度。比如隋楓，她曾一度迷戀玄幻、求神問卜，那時父母毫不在意，可自從她「正信」佛教，父母就開始反對，因為擔心她可能脫離社會上一般「正常人」的軌道，不「過正常人的生活」。

隋楓：嚴肅反對。以前我信迷信的時候他們還不反對，正式修行了、就是我從迷信轉入正信了他們反而開始驚恐，他們怕我出家。還怕我（吃素）身體不好，怕我不找男朋友。各種怕。而且有的（信佛）人給社會上人的感覺是不問世事，我媽知道我信佛之後特別害怕，因為她認識一個信佛的人妻離子散家破人亡，因為他太淡定了嘛所以老婆就和他離婚了。其實也不是什麼壞事兒啊，但是我媽就覺得信佛就會消極啊，你看我以前追求的東西現在不追求了，為什麼啊？怎麼怎麼的。（我）要去打禪七我媽也哭，她說媽呀，去寺院，你不是要去那兒出家吧？我說哎呀人家不收尼眾，先暫時放心吧。她說哪兒收啊？有地方收嗎？我說有。完了，她睡不著覺了，眼睛就日漸消瘦。「這吃素身體能行嗎？」唉，我媽！

　　經常會有人說我媽有佛緣，有一次去雍和宮還是哪兒，然後走到了一個什麼玉蘭花的地方，導遊進來說如果沒有人帶領

就走進來的人是特別有佛緣的。我媽聽了很開心就覺得自己
可有佛緣了，但是她怎麼信都行就是不讓我修。

　　初學者在父母那裡碰到的除了這類反對外，還有來自另一種思想的反
對。曾薇的父親崇尚道家，還特意讓自己很信任的一個打太極拳的師父教
自己女兒雙盤以調理頸椎。本來對受訪者的信仰來說這是比其他家庭更好
更有利的溝通條件，但其父卻認為佛教「迷信」，禁忌太多不「自然」，
擔心女兒神神叨叨被斂財的寺廟給騙了。這位父親事實上是看到了佛教界
堪憂的現狀而替女兒擔心。

> 曾薇：我爸不太理解，他說神經病之類的，覺得很不好。我爸爸喜
> 歡太極拳，他喜歡道家。哎呀，他就覺得佛教太迷信，他覺
> 得是一種迷信。他不太理解，其實我會通過一點一滴的事情
> 告訴他不是這樣子的。那個太極拳的師父也害怕我迷信，但
> 我跟他相處得很好。所以我爸說，不要有太多的禁忌，一開
> 始原始佛教的時候沒有這麼多三皈五戒的，因為他害怕我不
> 吃肉身體不結實了。因為他是從醫學、中國傳統的中醫和武
> 學這方面來講的，他就是說人體其實有時候在自己想吃的時
> 候還是可以吃的，你真正到一定程度自然而然就不想吃葷的
> 不想吃肉了，這個時候就別吃。因為他是道家，崇尚自然。
> 他說的也挺有道理的。因為他也害怕迷信呀，搞得神神叨叨
> 的。然後有的時候就說，現在的寺廟都是斂財的。

　　剩下的 4 名長期信徒，父母對其信仰一直都是反對態度。有 2 人就是
因為曾經試圖出家或不成家的過激行為給父母留下了深刻印象。從父母的
反對態度可以看出，子女行為會帶給他們很深的影響，特別是那些試圖出
家或者不成家的過激行為，所以哪怕子女的決定乃至言行已經改變，這一
印象也不那麼容易消除。而如果子女秉持一種態度一定不緩和自己的決定
和言行，那麼矛盾將不可化解，另 2 人就是這種情況。

　　比如陳曉華，儘管她現在也希望有自己的家庭，但她學佛初期的行為
給父母造成的影響太深以至於他們基本上拒絕溝通或者理解。

> 陳曉華：這個原因不完全在於他們（父母），也在於我自己。信仰

是一個過程，當初你接觸信仰的時候一下子覺得自己的世界裡來了一個很好的事情，你就想向所有人推廣，但不是所有人都能夠理解的，這就會出現一些衝突，所以其實很多事情還是取決於你自己做到了哪一步。當然你現在可以說我現在可以用不同的方式去感化他們，但問題是你原來造成的印象已經在那裡了，所以這個是很難彌補的。

他是看到了你的變化，看到你不停地在向好的方向走，那站在這個角度上的話他可能覺得是可以理解的，但當他對你有一個期望值、有一個更高的期望值，而且他覺得你還沒有達到這個期望值的時候，他就會把所有事情的原因又歸結到這裡來。所以個人信仰跟家庭之間也是一個很難處理的問題。

問：你是說你現在的狀況跟你父母對你的期望還是有一些差距？

陳曉華：應該還是有一些距離的。

問：他們覺得你達不到他們的期望就是因為你有了這個信仰？

陳曉華：對，你有了這個信仰，這個信仰把你拉到了別的地方，你更多的精力放在了這個信仰上。這個沒有辦法，因為他們作為農民也有他們理解的局限，這個可能也是因為從小跟父母關係不是特別好。當然現在也有這樣一個願望，就是如果他們能夠早一點接觸佛法或者說能夠接受的話，——目前能夠做到的只是替他們迴向一下，不見得他們信但最少他們能夠理解。

再比如文魁，他的父母對其信仰基本上也是這樣一個反對態度。其實他們很喜歡燒香拜佛，卻不希望兒子表現出這種「形式上」的信仰，不要跟學佛的人交往，不允許神神叨叨，以及「絕對不許出家」。

文魁：就比如說我父母吧，哎呀我父親是個很有意思的人。我父母呢，他們一方面很迷信，什麼燒香拜佛啊，少不了他們。我很反感的事情他們偏偏很喜歡去做。他們知道我信佛，他們

現在是這樣的，因為我反覆跟他們解釋過，而且他們也知道我進廟不喜歡拜，他們去燒香，我是不願意的，我一般就是到處走走看看，自己心裡清靜一下。他們清楚我這個狀況，他們不希望我有形式上的信仰，不希望我做一個怪人。我反覆跟他們講佛法和生活──雖然我之前是覺得很難調整──但我一直跟他們講佛法是不違反生活的，我不會出家的，你們放心之類的。他們要求的是，第一不要、少和學佛的人接觸，省得把你自己搞得神神叨叨的，第二不允許你自己神神叨叨，不允許你拜佛什麼的。──他們用的「不允許」，但我做了他們也管不了，他們也知道他們現在對我基本沒什麼約束力了。第三呢就是底線，絕對不許出家。

　　奶奶的突然去世給了文魁一個很大的打擊。他當時便想出家，想去尋求生命的真正解脫。但他試圖出家的想法卻讓父母害怕，他們極力阻攔、進行各種思想教育並安排相親。他曾經亮出的這個炸彈造成的印象太深，以至於父母雖然喜歡燒香拜佛，但到現在──即便他已經保證不會出家──對他的信仰依然是一個不理解不接納的反對態度。

文魁：我奶奶剛去世那段時間，打擊還是挺大的，那段時間很想出家。覺得生死無常真的是倏忽而至，人命在己間，就是呼吸間嘛，那時候一剎那覺得真的應該自己去尋求真正生命的解脫，而不是蠅營狗苟或者隨波逐流。真正確立了要把尋找（生死的）答案作為我一生當中要做的事情而不是一年兩年的一個興趣，基本上就在那一段時間。當時挺糾結的，和父母發生了一些不愉快，他們為什麼現在這麼……我覺得也是我刺激的，我曾經亮出了一個炸彈他們肯定也挺恐懼的。（文魁的奶奶腦溢血，離世非常突然。──訪者注。）

問：你當時跟他們說了你的想法嗎？

文魁：說了呀。當時我爸直接來把我弄回家去，各種思想教育，然後安排相親。

　　剩下的 2 人，一個是姜寧[5]，她也為跟父母的矛盾而苦惱。因為她尚未成家，跟父母的關係也不融洽，她也坦白承認自己沒有成家跟信仰是有關係的。

問：他們知道你信佛嗎？

姜寧：知道啊。……他們比較擔心。可能他們把我信佛跟我不成家聯繫到一起了，所以他們會很擔心。

問：事實上這兩者有關係嗎？

姜寧：應該是有關係的。

問：你覺得你不成家也是因為信佛的原因？

姜寧：會有這個因素，因為我覺得信佛之後我要走的這條路跟成不成家關係不是那麼大，或者說成家不會給我走的這條路帶來幫助，所以就不想成家。而且成家會有一些挺麻煩的事情，看到別人成家都過得沒有那麼好我就……

問：都過得怎麼不好了？

姜寧：哎呀，車啊房子啊，特別忙碌，整天為生活奔波，我覺得他們是在為生活而活。

問：可是你現在也很忙？

姜寧：對，也很忙，一方面也是為了生活，但另一方面還不只是為了生活。還有在生活之外的精神層面，我在這方面花的時間也比較多。

5　姜寧和下文的謝寬這兩份訪談在筆者詢問跟家庭的關係部分時他們都顯得面有難色，語調變慢，聲音放低，謝寬那份訪談中這一點很明顯，因為在訪談的其他部分他都侃侃而談顯得非常灑脫自信。而姜寧的這份訪談中，筆者的問話顯得比較多，因為她說話似乎總沒有說完，總是若有所思，不像其他受訪者會主動把事情講述完整，因此筆者只好盡可能追問清楚。

問：如果他們對你很擔心的話他們會反對你學佛嗎？

姜寧：我理解的他們就是反對的態度。

問：那也就是說你自己信仰的事情就不怎麼跟他們講？

姜寧：嗯，比較少跟他們講。

問：可是他們反對他們會有什麼行動嗎？

姜寧：沒有什麼，他們就會電話裡說我一下。

問：你會聽他們的嗎？

姜寧：我知道他們，我理解他們，但我不能接受他們的建議。

因為信佛之後她選擇的這條路跟成不成家關係不是那麼大，或者說成家不會給她要走的這條路帶來幫助，所以她就不想成家。筆者便請她解釋她覺得自己信佛之後要走的是一條怎樣的路：

姜寧：修行的路吧，就是說不斷去使自己的內心的境界也好或者說人生的境界自我淨化、自我提升的一條路。它（佛法）已經指出了這樣一條路，然後我覺得很好，我核心也是希望走這樣一條路而不只是像一般的生活的那種路。就是一般像結婚啊生孩子啊……就是一般人在家庭事業上追求的這樣一條路，不是這樣一條路。

問：你跟父母因為這個事情發生過矛盾嗎？

姜寧：有啊，吵過。

問：為什麼事情吵？

姜寧：因為父母不理解我信佛這個事情。就去年春節，因為這個吵過一次。我爸覺得我是被騙了，他覺得我太單純了碰到一群人被他們給忽悠了。然後我就跟他講不是這樣子的，他不理解我就給他解釋。雖然道理好像都說過去了，但是我爸還是

不同意我這種。我爸對一些問題的看法，對於佛教的一些誤解我給他解釋了一下。

問：講完後有什麼效果嗎？

姜寧：沒啥效果。

問：那之後你們關係怎麼樣？

姜寧：到現在這個點上應該還是有點疙瘩，就這個問題上。

問：你媽媽什麼態度？

姜寧：我媽跟我爸一樣。我覺得我媽比較好的是她能體會我的想法，她知道我的選擇，她不希望我那樣子，但她會非常委婉她不會直接跟我講，她不會阻攔我的。

問：這樣子的話你跟你父母之間這個事情就一直是一個疙瘩？

姜寧：到現在還是。隨著我年齡的增大、隨著他們擔心我成家的劇烈程度，這個還在變大。

問：那你覺得你會因為父母的態度而改變你所選擇的路嗎？改變你對佛法的信仰和認識嗎？

姜寧：信仰和認識應該不會改變。

問：具體做法上你可能會妥協？

姜寧：嗯，也不是會妥協，就是考慮到他們的感受，從他們的角度去出發。當然做的話肯定還是我能不能按照他們的做了，但是語氣上、道理上讓他們更全面的認識這個事情，其實他們，比如不成家這個事情他們也並不是完全就把我不成家跟學佛掛上鉤。這個並不是直接導致的，在外面不成家這種現象非常普遍。

問：就你個人的情況來說，信仰這個因素有一定的影響，但並不是

　　　　因為你的信仰直接導致你不成家？

　姜寧：對。

　問：你是打算不成家嗎？

　姜寧：我現在還沒有完全打算。

　問：你跟父母之間就這樣子吵過一次，還有其他矛盾嗎？跟你信仰
　　　相關的？

　姜寧：主要就是這個。矛盾最大的就是跟父母之間的矛盾了。

　問：你覺得有可能解決嗎這個矛盾？

　姜寧：有可能，還沒有積極的努力，但我想著應該是朝這個方向努
　　　力。

　問：就讓他們接受你的信仰？

　姜寧：嗯，他們也能接受。

　　因為成家不見得能給自己選擇的這條自我淨化自我提升的路帶來幫助，姜寧便不怎麼考慮家庭、事業追求方面的事情。父母也因此很不理解她的這種信仰狀態，覺得她可能太單純被人騙了。她最開始皈依佛法其實跟失戀有關，後來她也一直沒有再談過朋友。在筆者訪談她之時，她正朝解決跟父母之間的這個矛盾努力；而大約一年後，她已經辭掉畢業時的工作去了一處寺廟做全職義工。[6]

　　另一個是謝寬。他很痛苦，因為父母一直以來對其信仰極有意見：

　謝寬：他們對我學佛很有意見。我現在不是吃純素，因為他們要我
　　　補充營養嘛。我即使覺得素食是真正有益健康的，我有時候
　　　還是會覺得父母讓我吃一點那我吃一點，就是這樣一種心我

6　在得知她辭掉工作去寺廟做全職義工之後，筆者聯繫她詢問她跟父母的關係，才知道父母對她辭工去寺廟做全職義工之事尚不知情。姜寧雖未打算出家，但一直認為出家是一條很好的路，可以「專職修行」。

覺得我也會去吃一點，比如讓我吃羊肉，我有空可能會去吃一碗羊肉麵什麼的。就是這樣子。（他說話聲音越來越低。——訪者注。）

（父母）還是比較有意見。這得看我怎麼去修行和轉變了。法師說過，最大的盡孝是把自己的路走好，這一生生命能夠有成長成就，同時也能夠幫父母內心能夠去提升，或者他們往生淨土，這是最大的盡孝。就是很多人認為盡孝就是要做父母給自己安排的人生的方向那樣去走那樣去做，但是父母對這個時代瞭解有多少，對我們生命的瞭解有多少，如果按照那樣走的話我們也許會很痛苦，所以關鍵是如何去選擇一個對自己對眾生最有幫助的一條道路，然後這樣走下去走好讓父母安心。

問：你現在怎麼應對父母對你的意見呢？

謝寬：我首先要體會父母對我的這種關愛、恩德，我首先自己心裡要體會到，事情上可以不順著他們但我心裡一定要體會得到。心裡體會到的時候在一些小事上我儘量帶著一顆感恩的心多做一點，多讓他們在小事、在細節上能夠高興一點，人生的大方向還是我自己選擇。（他在說到父母時聲音都比較低沉，很難過的樣子。——訪者注。）

　　大約一年後、筆者寫此論文時，謝寬已經出家了[7]。事實上訪談時問到信仰規劃，他說在家出家都有可能，他希望將來能夠弘揚佛法。可想而知，對姜寧和謝寬這兩人來說，信仰與親情之間的矛盾事實上沒能解決，或者也可以說他們以一種避開衝突的方式暫時放棄了跟父母矛盾的解決。

　　至此根據父母的態度我們將這些受訪者的情況逐類呈現了出來。從中可以清楚的看出，信佛會導致家庭衝突、父母反對的一個最大因素就是有可能出家，而不成家則是具備出家潛力的一種狀態。對於父母贊同信佛的那一類，子女先期保證不出家，甚至在行為上落實這一保證比如結婚，正

7　據筆者所知，他出家未能徵得父母的同意，父母是不知情的。

是父母能從根本上接受子女信仰的必要前提。對於父母態度比較寬容的那一類，子女保證不出家、過正常人的生活亦是必要的「底線」，唯此衝突才可能轉化，再加上子女信佛後言行改進、對父母更多關愛和體諒，亦有助於雙方關係向好。而父母反對的那一類，固然對初期信徒來說父母的反對有過分緊張、擔憂、害怕子女誤入歧途的成分存在，但擔心子女可能出家、可能不過正常的生活仍然是一個主因；那些長期信徒之所以與父母的矛盾難以化解正是因為曾經的衝突帶給了父母傷害：出家的衝突、可能受信仰影響不成家的衝突等等，並且自己的現狀仍不令他們滿意。儘管陳曉華與文魁均已認定解脫須在俗世生活中獲得，但世出世的融合並不是那麼容易就能實現的，一切都需要時間；而樣本中與父母矛盾最大的兩人姜寧和謝寬則直接選擇了一條相對不在世間的路而放棄了矛盾的解決。

　　由此可見，親情與信仰、世間與出世間並非不能融合，但能夠融合到哪一步則取決於學佛人自己能做到哪一步。固然家庭的民主氛圍很重要，寬容善解的環境很重要，但衝突的實質正在於學佛人自己的言行和選擇。表面上看這是出世的信仰與俗世價值觀的兩難，深層上還是信徒對自己信仰的不同理解和選擇帶來的跟父母溝通上或大或小的困難。雖然不論是他們還是他們的父母，其信仰或者信念都非常堅固，但是從不同信念的衝突中產生的溝通困難並非不可以解決。而一旦父母最開始因擔憂而排斥、因偏見而誤解時，子女言行如果稍微偏激一點、極端一點、狂熱一點，矛盾就會激化乃至擴大，這時溝通就更難。或許衝突的解決，正應當反其道而行之，盡可能使父母的態度從反對走向寬容乃至最終支持和贊同，並非沒有希望：一切都取決於信徒自己的選擇。衝突的內容雖有各種表現，如吃素、出家或不成家，但這些形式上的做法也並非不可協調。對此下文還將進一步討論。

二、與自己的「小家」

　　除跟父母的家庭之外，信仰跟自己的「小家」也需要融合。因為這是一個青年樣本，其中成家的尚不多，訪談之時有 4 人已婚，1 人即將結婚。對這涉足婚姻的 5 人來說，信仰基本上是夫妻雙方的一個黏合劑或者共同目標。比如呂薇，她的丈夫沒有皈依佛教，但是對這個信仰很感興趣，而

且他接觸佛教的時間比呂薇還早，所以他們之間沒有信仰方面的衝突，相反這還是一個黏合劑。一般來說，他們選擇的結婚對象均是能夠理解包容其信仰或者就是有共同信仰的人。比如即將成家的周源。

周源：馬上要成家了。準備結婚。

問：那你女朋友她也信佛嗎？

周源：對，她也信佛。

問：你是因為有信仰所以也找的一個信佛的人呢，還是說她沒有信仰但是你影響了她？

周源：呵呵，兩個人都有信仰。

問：那等於你們有共同的信仰？

周源：對。

問：在你們兩個人的關係當中，信仰是一個什麼樣的位置？

周源：信仰是我們兩個人一個共同的目標。

問：一般的人結婚可能覺得婚姻、成立家庭這是一個目標，對你們兩個人來說結婚是為了成立家庭，還是說信仰的方面更大一些？

周源：這是一個方面，我覺得兩個方面都有。佛教經常講因緣因緣，其實兩個人在一起確實有些因緣，要說信仰確實是有信仰的成分，那其實兩個人也可能比較有因緣才會在一起。

由於婚姻可以自己選擇，因此「小家」的衝突可以儘量避免，融合起來似乎更容易。但能夠走到這一步其實也並非那麼容易，比如龍韜就在談戀愛的選擇上經歷了艱難的「考驗」。龍韜跟前女友兩家是世交，但最終他冒著可能嚴重影響兩家關係的風險選擇了分手，原因是信仰帶來的彼此生活觀念的不一樣。如今他有了新的女朋友，跟他一樣的信仰。

父親說：「你倆結婚吧，不就是過日子嘛，……你想過哪個日子！」龍韜亦坦白自己也不是一個純理想的人，也有很現實的一面，可是自己體會過那種很美好的東西了，就真的沒法違背和丟棄──「哎喲那時候我還在佛菩薩面前流過眼淚的，就是被佛菩薩的精神感動了流眼淚，那個眼淚現在感覺就像刻在你心裡面一樣的，特別在那個時候要你把當時流眼淚的那種感覺丟棄掉你丟不掉。」他不願意生命僅僅局限在日常那些煩煩惱惱上。

> 龍韜：像我之前不是談戀愛了嗎？後來又跟她吹了，畢竟我們倆還是不是很合適的感覺。那時候因為跟她接觸，她經常上開心網，我也跟著一起上開心網，還有校友網、人人網啊，經常上那個東西，開始也是覺得大家經常在上面講一些笑話什麼的，久了以後覺得在那兒很無聊的，在那兒都是一些初中同學、高中同學，發現他們一天到晚關心的問題要麼就是怎麼找男友找女友啊，什麼自己男朋友寵不寵自己啊，分手啊，要麼就談什麼地方有好吃的，飲食，要麼就是談一些怪力亂神的東西，迷信啊奇聞雜事，唯一能表現他們愛心的就是小貓小狗，什麼小貓照片很萌啊就這些東西。你覺得很無聊，他們有很多煩惱的東西，他們沒有接觸到一個比較高尚的東西對他們的靈魂有一個指引，所以就在這種煩煩惱惱中生活。那時候就覺得很感恩，覺得自己雖然學佛不是一定很好，但總是一種很感恩的心態，覺得自己雖然達不到佛陀的要求，但是你覺得自己的靈魂有一個指引在那個地方，你曾經知道啊有個這麼好的東西，就覺得非常感恩這個事情。所以我常常現在對三寶有個很感恩的心在。

> 問：你最開始不是說到你跟你女朋友分開了，主要原因還是覺得她不是佛教徒，雙方興趣不一樣是嗎？

> 龍韜：對。她是那種比較會過日子的女孩，她可能也對這個比較好感，但是不可能把它當作……反正從目前來講不能說信佛，當然她也不排斥。

其實這次談戀愛的時候，因為我很矛盾的。這女孩很多人都說她很優秀，工作又好能力又強，她是很會過日子的人。但是我跟她在一起總覺得你選擇人生的伴侶的話，實際上你要開始認真考慮你這輩子要幹嘛了，你到底喜歡什麼東西不喜歡什麼東西，你選擇的人還是要跟你志趣一樣的。我跟她在一起的時候，怎麼說呢，我要不是那時候在佛菩薩面前磕過頭的話我估計也就跟她在一起了。就是說你跟她在一起的時候，你覺得她有很多你自己原來……因為你既然去過寺廟了，接觸過這些法師了，你知道很多很高尚的東西，你知道很多原來大家都不知道的一個很高尚的東西在那兒，你去看過那麼美好的東西了，你現在再跟她去……但是大家在一起我肯定會受她影響跟她活在一起，然後慢慢的……她也很不錯，但是呢，你見過那種很美好的東西以後你再跟她談這些你就會把原來那些慢慢遺忘然後丟掉它，就覺得不對，不對勁。特別以前的時候，特別你那時候在心裡很矛盾的時候老想著，哎喲那時候我還在佛菩薩面前流過眼淚的，就是被佛菩薩的精神感動了流眼淚，那個眼淚現在感覺就像刻在你心裡面一樣的，特別在那個時候要你把當時流眼淚的那種感覺丟棄掉你丟不掉。就是那種價值觀已經固定在那個地方了，你不行，你覺得你這輩子不願意過那種過小日子的生活。

問：就是說至少你跟她在一起之後，那種流眼淚的感覺你沒辦法跟她溝通，你也沒有辦法再追求了？

龍韜：對對。但是周圍的父母啊，特別像我父親，還有周圍人，都說不錯。啊你倆結婚吧，不就是過日子嘛，你看你工作也不錯，她各方面照顧父母都不錯，那你結婚不就是這樣的嗎，你想過哪個日子！我覺得也行啊，當時也想，因為我這個人，說老實話，不是個純理想的人，是個比較現實的人，有理想的一面也有現實的一面。我跟她在一起考慮也很現實的，她工作也不錯，我倆在一起過日子的話真的是能夠做到衣食無憂的，我這邊把自己的事業弄好，她把她的工作弄好，以後有房有車什麼的，這也是我的想法！

但是後來再往後走的時候，覺得原來這不是你的想法！你覺得這樣子受不了真的受不了！原來這不是你的想法！原來你想過就是說，在佛菩薩面前流淚那種像刻在心裡面一樣的！……那時候你就覺得不行，就覺得不想這樣，不想這樣。那時候就特別感恩三寶。

三寶的恩特別大。那時候人生很困惑的時候你要是沒有這些精神沒有原來那種感動的話，你會覺得自己就想過、那就過那種老百姓的生活唄，就跟開心網那些人一樣，煩煩惱惱的，關心每個人的那些事，然後就是好吃好喝啊，想著怎麼學好車啊，明天買車買房啊，生小孩啊買奶粉啊，——這些也不是不重要，但是就是局限在這些事情上。

那個時候就特別感恩三寶，它告訴你別人不知道的東西。那麼多人，像我認識的女朋友，或者大多數人都不知道這些東西。而我很幸運，竟然知道了三寶告訴你的很多道理，人得學會感恩的。你得很感恩，這些東西在你很困惑的時候那時的感覺那種力量很強的！有時候我們確實做不到佛菩薩講的東西，但是它很多東西已經在我們心裡面紮下根了。

龍韜的經歷是一個典型，它反映了一個青年佛教徒的生活方式跟一般年輕人的區別。龍韜最終選擇的「過日子」的方式是保留信仰帶給自己的超越層面，保留那種「被佛菩薩的精神感動了流眼淚」的感覺。

至此，本節對這些青年佛教徒因為信仰而跟父母的家庭以及自己的「小家」可能發生的各種矛盾衝突以及他們應對衝突的方式進行了詳細的介紹。下一節將深入到這些矛盾衝突的背後考察他們之所以能夠如此或者不如此選擇的原因。

第二節　聖俗兩難的個體困境

前文以父母的態度為橫軸分類別詳細刻畫了在青年信徒的家庭生活中佛教信仰與俗世價值觀可能發生的衝突以及信徒不同的應對選擇和解決方

式。事實上在個人信仰修學[8]上，這些青年佛教徒也會碰到一些雖然是暫時的但其影響卻不可小視的困惑或衝突，這仍然是世出世的矛盾；而且正是個體信仰修學上對這些困惑的不同理解和選擇影響了他們跟家庭的衝突及其處理。本節將以個人修學為線索從縱向的角度深入挖掘他們整個信仰生活中的各種困惑、衝突以及對困惑、衝突的不同理解和應對選擇。如果說前一節描述的還主要是表層現象，本節則試圖揭示這些現象背後的深層原因。

訪談資料顯示，這些青年佛教徒面臨的首要問題就是學佛怎麼跟現實融合起來，或者說得更清楚一點，一個人有了堅定的佛教信仰要如何在這個世間存在，信仰與現實生活如何結合？前一節呈現了聖俗兩難的家庭表現，本節將更具體的深入到個體信仰內部，探尋聖俗兩難的個體困境。

一直廣泛接觸寺廟接觸社會上各種佛教活動的陸融融這樣總結身邊學佛的朋友們：「大家也都有很多困惑，各階段的各種困惑，首要的困惑就是怎麼跟現實融合起來，就是自己學佛的事情。因為學佛就會覺得我跟這個現實的社會有點對立，或者不太清楚怎麼樣把兩者協調好。然後以後到底要走什麼路呀，學佛過程中學什麼宗派啊，選哪個師父呀，都會有一些這種問題。」這些在青年佛教徒中都是一些比較普遍的問題。

整體而言，這群青年信徒修學上的困惑可以歸納如下：第一，對佛教傳統的困惑，比如吃素、戒律和出家；第二，對信仰方向的困惑。這兩方面的困惑正是聖俗兩難在個體層面的更深反映。

一、對佛教傳統的困惑──吃素、戒律和出家

佛教作為一個出世性的、尋求解脫的宗教，在自身漫長的發展過程中形成了一些獨特的習慣和傳統，比如中國漢傳佛教吃素的傳統以及一些戒律規範、對出家修行的強調等等。這些已經成為了家庭衝突中的主要內容。本小節將逐一考察信徒對一些主要的傳統、戒律、習慣的困惑、理解和選擇。

8　此處的「修學」指修行、學佛。相對於「實修」一詞來說，「修學」所指更為寬泛、一般化。

　　吃素的困惑。漢傳佛教中，吃素可以算是信徒學佛後在生活方式上的一個比較普遍的變化。由於飲食與周圍人不一樣，這些青年人學佛初期都經歷過這方面的困擾。樣本中目前有50％的人堅持吃素，約25％的人吃素一段後放棄了。齊馨最初由於家人的反對、可能營養不良的擔憂以及自身的需要，在吃素這件事上反覆過，但現在卻不再困惑、重新開始堅持。

> 齊馨：吃素的事情也是幾番周折。一開始信佛的時候有差不多半年多的時間吃素，但是遭到家裡強烈的譴責，動靜弄得太大，後來我自己也覺得可能這樣子也不行，後來就又吃肉了。當時其實也沒有堅持得特別⋯⋯就是那時候還是挺想吃肉的，但是現在來說覺得還是不碰的為好，吃了反而不舒服。
>
> 當時因為周圍的很多佛友他們都要吃素並且強調要吃素，所以我自己也覺得吃素很好應該吃素。但是旁邊的聲音也會說吃素營養不夠你這樣不行，而且你要是一旦吃素吃習慣了過年回家不得已又要跟家人發生衝突，我也害怕，所以那與其這樣就希望我不吃得太多但是稍微保留一點免得回家吃肉不太習慣。當時有這個考慮，但是不知道是不是也是一種藉口吧。但是我最近是比較堅定的希望我自己吃素並且也力推讓我父母他們少吃肉。現在吃素就是比較篤定了吧，反正我知道這個東西是怎麼回事然後自己也心甘情願的願意這樣去做。

　　李懷恩則自幼體弱，學佛之後更是一直吃素，但由於她無法證明自己身體不好不是因為吃素，便乾脆放棄了，避免徒增煩惱；她也認為吃素對佛教在家人來說不是很重要。樣本中25％曾經吃素後來又放棄的，基本上都是為避免與周圍的摩擦和不方便，覺得不必執著於此；只有1人是因為身體不適應。

> 李懷恩：在過去剛開始學佛的時候因為我堅持吃素，會有很多不便，別人會很不理解你，會有很多說法，再加上我身體不好，他們就會把這些都聯繫在一起，讓我覺得自己沒有辦法解釋，然後就覺得自己徒增煩惱，所以曾經因為這個有過衝

突。現在應該沒有衝突了，現在我已經不再吃素了。

戒律上的困惑。樣本中只有少數人嚴格持五戒或者五戒中的幾條，多數人──不論是否參加過授戒儀式──都是盡可能「隨分隨力的」按五戒要求去做，但由於一些不得以的原因偶爾還是會破戒，因此他們都不認為自己能夠守戒守得很好，尤其妄語戒和酒戒。

> 齊馨：我是五戒都隨力隨分的去做，基本上像殺、盜、淫什麼的，基本上自己不會去犯。但是也沒有正式去受。但是妄語我覺得還是很難保證，有時候畢竟社會環境和你自己心裡想的不太一樣，別人要問到了你不得已要說一些，所以這個我覺得沒有什麼保障。酒，我自己肯定不會覺得那酒好喝但是萬一遇到什麼場合你要沾一點。

陳曉華曾因為工作的關係對於戒律沒法嚴格遵守，完全按照戒律來做就會顯得過於特立獨行，而隨順環境又會破戒，因而在工作上發生了一些不愉快，但她也因此逐漸對戒有了更深的理解：原來戒條並不是必須死板遵守的規範，它也是靠人理解的，具體執行時也要掌握方法。

> 陳曉華：我以前幹過行政，這個（信仰跟工作）還是有矛盾的，因為你在行政場所的話必然會有一些應酬，我工作的那一段時間，你必然會有各種各樣的這些東西，你可能在他們眼中真的變得有點特立獨行了，比如說大的一些酒席場所，你又不吃肉又不喝酒，大家聚會之後打麻將啊這些活動你又不參加，你還真的是變成一個比較特殊的人了。
>
> 看你怎麼處理吧。當時協調，就現在看來的話仍然不是協調得特別好，所以也會出現一些工作問題上的些許糾紛，看你在什麼位置，如果是一個普通的老師無所謂，你自己有你的圈子，你這樣一個圈子都無所謂的，但因為偏偏當時在這樣一個中層的圈子裡面就不是很容易溝通。不過也挺好，其實現在人都可以理解，我覺得這一點非常好，只要你講明白，而且跟你自己本著一個什麼樣的作風有關係。

以前在工作場合，你只能說我真的不吃肉從小不吃，這個本身就是一個妄語了，但是你在這樣一個場合裡面只能這樣說，以前迫不得已的時候也會陪著他們喝一點酒，但後來乾脆酒就完全戒掉了。所以這些東西，你要麼就把它當做一個戒的開遮有一個理解，要麼就乾脆是什麼就是什麼這樣可能還好一點。

我的意思是說，本來不飲酒是五戒之一，但因為飲酒這個本身是一個遮戒，要麼就真正對戒理解得深一點而不是把它當做盲目的一個規範去死板的遵守，這是一個。當然對戒也是我這幾天翻了這一塊兒覺得原來真的有很深的道理，只是我們老覺得哎呀這是個死板規律我就必須這樣。其實不是那麼回事，要你自己去理解的。要麼你事先就跟這些人說好，你是這樣的一個規則，不要一會兒這樣一會兒那樣，大家就……如果你一開始就說我真的不沾這些東西，那可能我想現在社會這麼開放大家都會理解的，慢慢就接受了。

對戒律持守普遍最困惑的是淫戒。筆者本以為這是指夫妻之外的非正當的男女關係，但他們似乎有自己的看法。王鋒說，法師授戒時為了適應當今的時代因而對邪淫戒不會講得很仔細，只是說不要亂搞男女關係；然而他自己又淡淡地加了一句，戒律其實有很多的講法……那麼會是什麼樣的講法？筆者的「困惑」總算在齊馨那裡得到了答案。

齊馨：佛教講戒了，然後從最根本上別說邪淫了，就是正常的男女關係也是不對的，也是不可取的。正常的男女關係其實也是一種貪欲的表現吧。所以在這一點上也是自己比較不知道該遵從哪一種態度去做。一個是你要斬釘截鐵的真的從內心裡頭厭棄掉厭離掉，還有一個就是你一定要過一種世俗的生活，你該怎麼辦呢，你該怎麼去用心呢？我不知道。

所以這一點目前來說還是有一點兒不知道該怎麼辦。因為如果你慢慢要走一種出世修行的路真的是要修行上路的話，這個叫什麼，就是「眾生以淫業而正性命」吧，忘了那個話怎

麼說了，反正你看《楞嚴經》上就說欲界眾生最根本的就是在淫這件事情上，所以你要是這件事情你沒有一種覺性、沒有一種根本性的認識你是沒有辦法真正得解脫的，所求的一切也都是自我安慰而已。但是這個事情你如果真正從內心裡頭放棄掉、完全厭離掉、完全出世，但是又跟這些東西你怎麼去（在世間）隨順，啊，這個還是比較難的，特別是剛好到這個年紀，我覺得不知道。

當然邪淫這點是絕對沒有問題的，但是在正常的男女交往正常的這種關係中你這個分寸又該怎麼去把握呢，是該往婚姻的方向促進呢還是應該往離塵離欲的方向去走。

　　也許五戒之中的淫戒指的正是不邪淫，即夫妻之外的非正當的男女關係不要有，但作為一個禁欲型的宗教，佛教在根本上對淫的態度就非常審慎。當他們想在世間修行求得生命的真正解脫的時候，對「淫」要怎麼辦呢？如何對待正常的男女交往呢？也正是這一困惑直接影響了讓父母非常擔憂的信佛子女不談朋友不成家的現象。陳曉華則從過往的經歷中逐漸悟出了道理：你是生活中的一個人，你就先按照生活中的人來做，就做你的本分事。

陳曉華：個人生活啊比如說談朋友啊結婚這些事情你處理不好都會有問題的，這很現實的。佛法本身就在現實裡面。以前（對這些事）就比較抗拒一點，現在就無所謂，因為你本身就是現實生活中的一個人，生活是什麼樣子你就應該按照什麼樣的步伐去走。

　　　　還是關鍵看你怎麼理解律，怎麼理解這些戒條。這個關鍵還是理解得正確很重要。其實除了生育之外，本身就是一個不邪淫的問題。但是，這個東西怎麼說呢，反正以前還是稍微有點不能很正確的處理這方面的一些東西，其實說白了這個還是跟你自己的修行體驗有關係。

　　　　就僅僅是五戒，別說更多的戒條，你一開始怎麼樣一個正確的跟生活關係的處理都不見得那麼順利。只是說近幾年

隨著年齡慢慢大了，而且你對自身的控制包括對修行的控制你也有一定理解了，那就無所謂了。你是生活中的一個人，你就先按照生活中的人來做，就做你的本分事。如果（現在）碰到合適的人我當然會跟他在一起了。我當然會希望有自己的家庭。

陳曉華也曾因為不談朋友不成家的事情跟父母發生過衝突，但隨著年齡和修學閱歷的增長以及對佛教戒律理解的深入，她不再在這一點上執著。因為戒律的關係，多數學佛的人都會經歷這樣一個困惑、盲目和衝突的階段，王鋒對此有一個精闢的總結。

> 王鋒：佛教會說各種你要怎麼樣，類似就是作為一種宗教（的戒律或者規範）要有這種說法，比如（不要有）各種欲望、生氣這種的，剛開始肯定有很多衝突，逐漸的一點點感悟，成熟些的話就知道怎麼合理的控制。

出家的困惑。作為佛法僧三寶之一，僧人是佛教這個建制性宗教在世間活生生的形象代表，在家信徒的依止對象，在教界享有很高地位，因此出家修行歷來都被認為是一條非常神聖的路。儘管 23 人的樣本中最終只有 1 人（4%）出了家，有 3 人（13%）表示在父母同意的前提下可能出家，但其實佛教徒大多都會考慮考慮出家的事情，比如張蘭和陳曉華。

> 張蘭：想過（出家），23 歲的時候就想出家，後來放棄了。因為我一個學佛引導的老師跟我說出家對女性的約束更多，所以就沒有。

> 陳曉華：以前有（想出家），所以我跟你講為什麼說以前跟現在的想法不一樣。當你剛接觸佛法的時候你老是會覺得他們是一種很神聖的生活，而且你真的是很希望去體驗他們的生活，或者說是認為只有他們那樣一種方式才是真正的一種走向解脫或者走向最終的方式。但事實上我也是接觸多了之後慢慢才知道，一個是很多東西不是你能夠決定的，另外一個你在一個什麼樣的位置先把你的事情做好才行。以前真的是有這樣的想法，而且也跟一些師父們聊過，後來

想想其實各有各的不同，各有各要承擔的東西，你在哪裡都要承擔一些東西，你在這個社會上可能對你的考驗多一點承擔得也更多一點。自己能不能，就看你怎麼做了。

張蘭和陳曉華都曾被出家人的聖潔生活所吸引，但她們最終都沒有選擇出家而是留在了世間，一個已結婚生子，一個正準備全然擁抱生活，因為她們都認為：美好的出世生活仍然是存在於這個世間的。文魁一針見血地評論道：「你總是談空，但你又生活在俗世裡面，哪怕你出家了你還是在俗世裡面，出世的圈子是被入世的圈子包著的，你吃什麼喝什麼！」

龍韜曾一度要出家，甚至已在寺廟待了好久，但還是被父母硬拽了回來。訪談時他坦白自己當時其實是想逃避，逃避世間責任，而且也沒法隔斷親情。

> 龍韜：以前的時候比如想出家，當然不說出家不好，而是我那時候出家那種心態不好，是一種逃避的心理，或者說自己機緣不成熟，也就是你的心態沒有達到真正出家人的境界，而你對自己所在的社會的責任沒有去履行。而且並不是說你去履行人的責任就是很世俗的東西，而是說它背後有很實際、很正面的東西，你履行好人的責任了以後，它是培養你的品格的，比如說你身為一個丈夫，要承擔家庭的責任，要去包容妻子的優缺點，你身為一個工作人員作為老師或者什麼的，當你履行責任的時候背後都有一個很正面的東西在。我覺得就像太虛大師說的，成佛先成人，能做好一個人的話跟這個是不矛盾的，或者說在現階段是不矛盾的。
>
> 最大的原因可能還是父母，因為我不是那種做事情能夠很決絕的人，能夠不顧別人的意見按照自己的意見來，我很容易受別人意見影響，特別如果父母不同意的話我會覺得我做不了。

唯一一個佛化家庭出來的羅競算是訪談樣本中的一個特例。父親還想讓他出家，他自己卻不願意，儘管他有很堅決的淨土信仰，是個非常虔誠的佛教徒。

羅競：當時其實我爸還想讓我出家呢，然後我自己現在也沒有勇氣出家。說實話我覺得出家好像也挺難的，因為現在末法時期……當然還是因為我自己不夠那個什麼，但是出家人本身還是會有各種那個……畢竟不像居士自己還有一個來源收入，自己想到什麼地方自己可以待著去修行，但出家人要依靠別人的供養，而現在你要是追求供養的話你自己其實還是會操一些世俗的心。有好多比如我們小地方的那些寺院的僧人，還要自己去找生活來源。

我總覺得，我也不知道為什麼，反正就是沒想去（出家）。可能我自己更想……因為我這個人，我總覺得人家給你發津貼你得聽人家的，你要是有自己的經濟來源的話你自己想幹什麼就幹什麼想到哪兒就到哪兒。

多數想出家卻最終沒能夠出家的人基本上都是因為父母，而家庭環境如此寬鬆和睦的羅競卻並不願意選擇出家這條路，因為出家人「要依靠別人的供養」，也還是「會操一些世俗的心」。因為信仰他選擇了一個完全可以憑自身技術養活自己的專業，他想學好技術然後就去雲遊四方。淨土宗的前提就是另外一個世界，因此他的尋覓不在此世——「我的群體就是極樂世界」，所以他既不會試圖與世間融合也不會想要出家跟僧團融合，把握此生的機會好好念佛以求將來往生西方極樂世界是他唯一的目標。[9]

總之，美好的出世生活的吸引、對世間責任的逃避以及求道之心都會讓佛教徒嚮往出家，但是親情以及俗世生活這個巨大的實在又讓他們不得不審慎對待出家的選擇。當他們想出家時跟父母關係會比較緊張，而一旦跨過這個階段，選擇不出家，則家庭關係會趨於緩和，跟父母矛盾也可能消融。事實上真正出了家的人對此是有完全不同的理解和想法的，下一小節即將涉及。

學佛初期的「怪異」。吃素、戒律等等一些宗教性的「要求」以及對出家的嚮往追求容易使他們在學佛初期表現出跟周圍人很不一樣的言行，

9　羅競由於是佛化家庭出身而且又是淨土宗，本節所寫的很多困惑他從來都沒有遇到過，樣本中他是一個並不主流卻很典型的個案。此處將他對出家的態度列出來與前面的例子做一個對比，凸顯的仍然是世出世的矛盾。

他們這種跟現實的不和諧會讓人們普遍覺得「怪異」，這可以說是佛教傳統帶給信徒的困惑在其身上的一個集中表現。王鋒就經歷過一個很典型的這樣的階段，在這個階段他跟家庭的衝突也是最劇烈的。

> 王鋒：（學佛）剛開始是一些很……如果一般說的話還是挺不好的一些變化的，因為按照我父母的話說，就是我不想繼續準備出國了，還想著出家。這是一些外在的變化，內心上其實依然很執著，其實也是瞎弄嘛。到後來，逐漸的逐漸的也是撞牆啊……這個過程也挺，怎麼說呢，有好的部分也有不好的部分，不好的部分可能就是學佛學偏了，類似很多人說的，把佛學得自以為是啊這種；那好的呢，可能就是（變得）比較成熟啊，父母可能也會開始瞭解這些東西，他們以前也做了一些事情，這是好的。再往後來可能就會好一點兒，今年就會好一些，一些東西逐漸就理順了。
>
> 就是人際關係要處理好，自己的為人處事要做好，才可能修行……它都有這麼一個過程，一般的學佛都會有這麼一個過程，剛開始就是學佛之前是一個樣，學佛以後可能開始會走偏，走偏到一定的程度可能兩三年逐漸又走回來……
>
> 最早我那樣挺執著的，大家肯定覺得我很怪嘛。後來我有很多思想上的轉變，以前我有些話會這麼說現在我就不那麼說，現在基本上大家還覺得比較好。剛開始的時候肯定也有鄙視我的，呵呵。

經歷過初期「怪」的階段之後，如前一章所提到的，他們會趨於消隱。隨著聖俗的逐漸磨合，其信仰也逐漸內化而非外顯，比如齊馨。

> 齊馨：因為最開始我學佛的時候，當時我周圍那群人都是學佛的大旗高高舉起，面目也跟周圍的人不太一樣那樣去行事、那樣的風格去做。後來我就覺得不行不要跟周圍發生太大摩擦，應該自己淺淺的、默默的自己在那裡「洗衣服」，你自己把自己的衣服洗乾淨就可以了，你不要讓周圍人對你有什麼。我甚至不以佛教徒的面目出現，甚至我……但是我心裡頭知

道我確實是把佛陀作為我的目標我的方向的。所以後來就逐漸願意去淡化自己身上佛教徒的氣息和色彩，不要讓別人有任何覺得我不一樣的地方，但是我會在對於人生目標對於善的追求這一點是絕對不會少的。

總之，以上從吃素、戒律和出家三個屬於佛教傳統的方面闡述了青年信徒的各種困惑、對困惑的不同理解和選擇。從中可以看出，個體修學上的這些基本困惑正是導致家庭衝突的原因所在，吃素、出家以及不成家也構成了家庭衝突的主要內容；而衝突能否化解則取決於他們能否對自己的信仰規範有一個更透徹的理解。事實上除了這些基本困惑之外，他們對信仰還有更深層的困惑。

二、信仰方向上的困惑——對《大乘解脫論》研討班的分析

要選擇怎樣的修行之路呢？對青年佛教徒來說這是一個更普遍也更根本的困惑。修學之路很艱難，因為他們往往沒有方向：

王鋒：學佛很難，不是，就是修行很難，必須經歷很多波折或者說人生的一些閱歷。真正要求那麼高的話其實挺難的，一個人要修出來、在現在這個時代能修出來真的挺難的。有些人可能以前接觸後來就沒接觸了，就回到了世俗中。有些人可能繼續努力但努力的方向確實也挺迷茫的，這就是我說學偏的那種，那還是很多很多的。比如有些人可能想出家又會有一些不好的影響，不管好不好，反正有些影響。一個挺大的困惑就是沒有方向：信仰上沒有方向，……不知道該用什麼方法、用什麼手段去往前走。這個困惑挺麻煩的。

這些青年佛教徒中一度非常流行學習佛教中一部很重要的論，即《大乘解脫論》[10]，它被譽為「成佛的地圖或指南針」，詳細闡述了從凡夫到成佛的一個圓滿的修行次第。樣本中幾乎一半的人參加過這部論的學習研討班。對這部論的學習是一個尋找修行方向的典型事件，本小節將根據所搜集資料詳細介紹該論修學過程中的一些情況，它們實際上反映了當前佛

10　此處是化名，下文亦簡稱《解脫論》。

教發展中的一些關鍵問題。

1. 研討班引導方向的出世性

　　《大乘解脫論》的理論非常嚴謹完備，其內容分為下士道、中士道、上士道三個部分，具有佛教通論性質，信徒看完它基本上修學路上該知道的就都能知道。對這些在信仰上普遍沒有方向的青年信徒來說，學習這樣一部論既可以提供一定的方向性同時又與自身的理性思維相契合，本是一件極好的事情。侯諾然正是從這部論開始深入佛法。

> 侯諾然：接觸到師兄就慢慢把我帶進去學《大乘解脫論》，學《解脫論》我也是特別偷懶那時候，而且我當時有點不適應研討班的氛圍，就是覺得他們太虔誠了沒有理性反思，然後我就會去一個星期不去兩個星期，去一週停兩週去兩週停三週這樣，結果後來有一次怎麼回事呢，有一次聽法師[11]講無常，我觸動挺大的。聽完無常之後我回去，看雲也是無常的，看這個……他講死無常嘛，我一聽很有道理，這個完全沒有任何超驗的東西，完全是經驗的，然後我就覺得的確是這樣，想想沒有任何東西是常的，看一片雲看一個東西我就覺得無常，從那天開始我就覺得這個很有道理，然後我覺得這是個問題，這對我來說是個很重要的問題。從此就基本上沒斷過任何一周，每週就去了，態度也開始變化，然後就開始自己主動地去看一些書。

　　因為這部論本身通達一切佛教理論、論證嚴謹、條分縷析而且次第圓滿，因此非常適合這些知識菁英的思維方式，很多人都是因為這部論深入佛教：

> 宗白法師[12]：我當時學習《大乘解脫論》的感覺，就特別有希望的感覺，你也知道《解脫論》是體系比較嚴密，次第性

11　《大乘解脫論》學習研討班以聽相關法師對這部論的開示的錄音的形式進行。因此此處說「聽法師講無常」其實是聽的法師開示無常的錄音。

12　宗白法師不在本研究的樣本中，他博士畢業即出家，被訪談時就是僧人身分。但由於他出家正是《大乘解脫論》的因緣，所以此處援引這段訪談資料。

> 非常明確，本身我以前讀理工科也非常喜歡思考這些
> 問題，我以前學每一門課程的時候最喜歡看的就是目
> 錄，目錄要非常熟，這本書的框架你就非常清楚了，
> 看《解脫論》以後發現這都是框架，佛法的框架都有
> 了，覺得特習慣。

但是任何事物都有兩面性，謝寬在欣喜讚歎《解脫論》之餘附帶說到
了此論學習中可能產生的一些現象：

> 謝寬：整體上說第一感受就是很純淨，這是對整個《解脫論》的一
> 個感受，從講法的法師那裡就特別純正，特別講究發心，出
> 離心、菩提心特別強調，學這個的話就要整個生命去投注，
> 不能說學了佛法是當作一種高級消遣或者能夠幫自己賺錢啊
> 什麼的，這是不允許的。它特別強調一種道風，發心的純正，
> 乃至於有時候給人感覺很高峻，沒有七情六欲的感覺。這是
> 我一開始學的一個印象。同時是學得很歡喜，我會看到咦大
> 家怎麼都笑得這麼開心！有這樣的感覺。有的時候又會給人
> 感覺有點壓抑，學的時候有點壓抑，因為自己做不到，哎
> 呀這麼多煩惱做不到，很壓抑。第二個感覺是非常寬闊的心
> 胸，現在越來越能感覺到前途不可限量。就是這樣子，在研
> 討班上講一講跟佛法相應的、利益眾生的事情，大家都會很
> 支援，心胸打得很開。

感覺很高峻、沒有七情六欲，有時候又有點壓抑、因為做不到，「特
別講究發心，出離心、菩提心特別強調」，由此我們可以看到這部論是非
常強調出世精神的，事實上它就是以出世為導向的。

> 張蘭：《大乘解脫論》就是一個以出家為引導方向的書，所以在家
> 人學的話慢慢學著就會比較緊張比較累。反正我看《解脫
> 論》團體那麼多年，最初的一批老學員要麼就出家了要麼就
> 離開這個團體了。就是它是以出家為導向的，要麼就出家，
> 要麼就離開，它好像沒有中間的路可以走。
>
> 我跟你說它就是很截然的兩個去向，要麼就上去出家，要麼

就離開，……要麼你就換一條路。基本上沒有想出家走上去的就不學了。《解脫論》的傾向就是這樣子的。我當時帶研討班的時候我還是想探索一條中間的路，就是說大家可以學習《解脫論》但還是以在家生活為主的，但後來因為自己個人的身體、家庭的原因就不了了之了。

由於這部論本身的「引導方向就是以出家為最殊勝」，所以當這些知識菁英認認真真的學這部論時，思想上出家的傾向會非常強，戒律嚴謹，隨之而來的便是在生活中跟家庭、跟世間關係都會趨於緊張。張蘭還曾經做過研討班的帶班講師，即在班上組織帶領大家一起聽錄音、複述、學習以及討論交流等，她曾想探索一條中間道路，學習《解脫論》但仍保持在家生活，可最終因個人因素不了了之。

張蘭：但是把《解脫論》學好了應該說佛法的根底比較好，而且《解脫論》學好了後可能出家的心會比較強。佛教真正要壯大其實根本上還是要依靠出家人的，所以這樣一個趨勢對他們本身教界的人、想把佛教發揚光大的人還是很有必要的，因為現在出家的人比較少而且理論不通戒律不熟就沒有辦法振興佛教。

從振興佛教的角度來說，需要這些虔誠的高素質的知識菁英去荷擔如來家業。張蘭也承認：「他們（研討班上出了家的人）就是踏踏實實，學歷都挺高的，他們是中國佛教的希望。」宗白法師和謝寬都是在《解脫論》影響下出家的。但是面對這部論的出世導向跟世間生活的張力，卻並不是每個人都能如他們那樣選擇出家。23 人的樣本中近一半人參加過《解脫論》的研討班，但其中只有謝寬出家了，還有姜寧暫時選擇去推廣《解脫論》的寺廟做全職義工，也正是他倆跟家庭的矛盾鬧得最大、難以和解；而其他大多數人在面對張力的同時還要再探尋自己的出路。

2. 研討班問題的根源——「沒有實修沒有得受用」

而事實上，《解脫論》團體之所以沒有中間道路、不是選擇出家就是選擇離開的一個根本原因還不在於這部論本身的出世導向：

　侯諾然：我覺得這是《解脫論》研討班一個普遍的現象，沒有實修
　　　　　沒有得受用，如果你不得受用的話你這些東西靠不住的。
　　　　　因為我發現研討班，——我以前學《解脫論》，它有個不
　　　　　好的就是它只有聞跟思，而沒有修，如果沒有修呢，海越
　　　　　法師[13]就專門講過這個問題，如果你沒有修的話你就像一
　　　　　個陶罐你沒有經過火去煉它，水一沖就化掉了。我也看到
　　　　　很多學《解脫論》的同修，後來就退失了很多很多，就算
　　　　　不退失，他們也覺得學這個佛法對他來說成為一種壓力，
　　　　　這個完全沒有任何用。

「沒有實修沒有得受用」，信仰只停留在道理層面而無法落實於生
活，這才是《解脫論》研討班的問題根源所在。因此除非那些徹底放下世
間出了家的人，他們走上天梯過起一種相對出世的生活並改換身分成為佛
教在這個塵世的代言人，從而規避了跟家庭、跟世間生活的矛盾，而對那
些不得不留在世間的人來說研討班所學不僅靠不住反而成為一種壓力和負
擔，戒律嚴峻，出世之心很強，往往導致與家庭與世間的關係非常緊張。

比如齊馨就曾因為「沒有得受用」暫時放下過佛法，她經歷過一段艱
難的時期。

　齊　馨：可能一開始學《解脫論》什麼的，因為這種理論學得很多
　　　　　——也不叫理論學得很多，就是這條路上似乎看得清楚，但
　　　　　是你完全沒有修行上的體驗，所以講皈依什麼的都是比較空
　　　　　泛的，雖然要求你一定要升起什麼樣的心升起什麼樣的心，
　　　　　但是因為你的實踐跟不上的話要求那個也是做不到的，所以
　　　　　就會這條路我也不知道怎麼走下去。

　　　　　（當時）學《解脫論》我已經學到我不想再學了——不是不
　　　　　想再學，就是已經開始想要自己先靜一靜。因為當時覺得學
　　　　　《解脫論》，然後就覺得那些告訴我的應該怎麼去做的太多
　　　　　了已經把我的心塞住了完全自己的心不能動彈了，我不知道
　　　　　我自己該怎麼去做怎麼去感受，完全都是說要皈依要發願要

13　此處化名。

什麼什麼，說你們現在的程度是連比如說道前基礎都沒有達到，那應該怎麼去祈求。但是對佛法本身它的味道到底在哪裡，不知道。所以就開始想這個東西我先放一放。所有這些法門好像都擺在你面前但是每條路到底是什麼樣子又不知道，就非常苦悶。

由於找不到方向她就去寺廟裡住了幾天，本想靜靜心讀讀經，結果碰到一個修禪的一個修淨土的都來勸她，修禪的勸她坐禪、讀經論，修淨土的勸她好好念佛：

齊馨：當時一個（修禪的人）說應該注重知見上的悟解，另一個（修淨土的人）覺得不用，你應該首先排遣意識上的理解分別什麼的，所以當時她們一個在屋的時候勸我這樣，另一個在屋的時候勸我那樣，就看我當時年紀可能看起來比較小，覺得年輕人應該怎麼怎麼修學就都來給我一些指導。當時也忘了怎麼回事了，就被她們……這個在屋說那個：你看她修成什麼樣子了啊你要跟她學就怎麼怎麼，然後那個說這個：還修禪呢，你看她臉都什麼色了，坐禪都坐成什麼樣子了，然後說你這年輕人應該怎麼怎麼辦。然後我就被她們倆這麼說來說去的我也覺得挺無助的……我也忘了當時是怎麼一個情緒，反正非常地焦慮非常地衝突，當時就是……嗯，也很迷茫，就是完全不知道自己在修學這條路上怎麼走。然後去寺廟讀經又碰到這兩位老大姐在那裡，啊！我就覺得好苦悶好苦悶，也很難受。那天晚上大家都在那兒睡覺呢，我就開始也向佛菩薩祈求也向師長祈求，覺得特別難過，我不知道我該怎麼……到底我的路在哪裡！半夜就在那兒哭啊哭啊哭啊。然後她們說這小姑娘怎麼了。我其實也沒有什麼特別傷心難過的事情，但就是覺得自己很迷茫非常迷茫。

然後過後慢慢慢慢……我都忘了那幾年怎麼過來的了。現在想起來確實當時挺掙扎的，因為當你開始被一種力量影響，你以前也是滿心地把你自己的心靈向這種力量敞開的時候，但當你感覺它太強了完全遏制住你完全控制住你了，你就會

> 覺得……而且可能所獲得的法益又沒有達到一定的程度。所
> 以我就覺得好我先想感受一下讓自己的心活起來，我先能感
> 受到它。然後自己又開始摸索，自己找一些東西來看，比如
> 說克里希那・穆提的書啊，他比較強調你的自主性，強調
> 你的這種自己對內心的一種把握體會什麼的，所以通過這些
> 東西慢慢自己再尋求吧。所以，就是有這麼個階段。

　　禪和淨的相互打架讓本來就迷茫的她更加衝突焦慮。《大乘解脫論》
貌似描繪了成佛的地圖，但因為只有聞和思而沒有實修，她的心反而被各
種名相概念以及宗教要求塞住了完全不能動彈，且又嚐不到法味，再加上
佛教裡的這些宗派之爭，似乎每條路都在眼前卻不知道自己要往哪裡走，
迷茫之外她愈發苦悶、難受。因此齊馨暫時放下了佛法，選擇先讓自己的
心活起來。樣本中參加過《解脫論》研討班又沒能出家的青年信徒幾乎都
經歷過這樣一個艱難摸索的階段，才逐漸找到自己的路。

3. 研討班的團體性問題

　　正因為「沒有實修沒有得受用」，信仰沒能落實於生活，《解脫論》
研討班還存在一些其他方面，比如團體性的問題。呂薇曾經參加研討班的
學習將近一年：

> 呂薇：其實《大乘解脫論》學了那麼久我至今還是喜歡、我自己感
> 　　　覺還是我自己聽的那段時間效果最好[14]。因為一去那邊啊，
> 　　　後來就發現，同樣的問題我本來聽得非常好的，有的東西可
> 　　　能每個人理解會不一樣嘛，我聽的話對我來說受益很大我知
> 　　　道哪些是我需要的我要怎麼抉擇，我知道怎麼取怎麼捨。但
> 　　　是要去別人那邊，每個人取捨不一樣可能還要花很多時間，
> 　　　這個弄這個那個弄那個有時候還會起一些辯論之類的，有時
> 　　　候反倒打擾了我。因為我之前聽我自己就覺得非常非常好非
> 　　　常非常喜歡，後來才知道到集體中間去還有各種矛盾還會有
> 　　　人說三道四啊之類的。沒有必要，本來這個對我來說我自己
> 　　　聽非常好的，為什麼到那邊去反倒還變得這麼複雜呢！……

14　呂薇指自己在家聽法師對《大乘解脫論》開示的錄音。

當然去團體中收穫的就不是對《解脫論》本身的理解，可能
是大家這樣一種氛圍啊。在那邊收穫的可能是這些，就是自
己聽可能對理論的理解我覺得更喜歡吧。

因為這種集體中相互之間的打擾和影響，呂薇後來慢慢從研討班淡
出。之後她又接觸到另一個相對較小的偏密宗的佛教群體，有法師可以解
答義理上和生活上的問題，也有一道的好朋友、同修，但是最終因為私人
原因她還是離開了。

> 呂薇：（之後）我就再也沒有接觸過這些，沒有真正走到哪個裡面
> 去。我也避免讓自己陷入某一個群體裡面。我自己感覺群體
> 就會產生自己的問題，像《解脫論》研討班這種群體，其實
> 人都很好，學的東西也很好，但是在群體的話各種各樣的意
> 見在一塊兒就有一些矛盾就會產生，像他們主持的人可能就
> 會知道。有一個問題就是群體它有一種影響力，有時候你自
> 己判斷力不強或者什麼的很容易就被它左右了，然後身在裡
> 面就不知道其他的世界嘛！
>
> 你要進得去還要出得來。……我也儘量避免。好像很多事情
> 是，有很多圈子，每個圈子水都很深，我也不願意去淌各種
> 各樣的渾水。

呂薇最終選定了自己的路：「個人非常傾向淨土宗。」樣本中除了佛
化家庭的羅競是淨土宗之外，在這些知識菁英中便只有呂薇一人如此清晰
的將自己的興趣最終定在淨土宗，儘管其他人也不排斥淨土宗。她參加過
《解脫論》研討班學習教理，接觸過有一定密宗傾向的群體尋師交友，最
終卻回歸了淨土宗。

對於《解脫論》研討班中可能產生的這種團體性的問題，齊馨也有很
深的體會：

> 齊馨：但是我不想再加入到任何這種團體當中去了。因為我有習氣
> 嘛，所以我就儘量避免一下這種團體的行為，團體的話你會
> ——嗯我會——我會又開始希望成為這個團體中比較受重視
> 的人，比較那個什麼，自己會有很多……

而且這個團體裡頭就會互相在那兒，哎呀你真是菩薩啊菩薩啊，你看你修得真不錯。老是這樣子。所以我覺得修行就是自己的事情。而且——[15] 團體的行為吧，容易把很多理論也僵化掉，本來每個人的心靈比如都是有高山有什麼什麼的，但是當所有人在一塊兒的時候它就有一個量擺在那裡，你的平均值就比如我們現在就一定要為了什麼什麼而祈求，但是你如果心力還沒有達到的時候，你參加一個集體性的活動的時候它一定是一個樣板式的，也是一個統一的目標一個統集體性的行為，實際上你心裡面還沒有……這並不和你的內心狀況完全是一致的，所以你這時候是被這種環境逼迫著。當然你會在這種集體性的行為當中喪失掉一些理智喪失掉一些……

問：個人獨立性？

齊馨：也不用個人獨立性吧。但是這些東西你雖然在集體行為中表現出來了，表現出一種熱誠表現出一種堅定，但是你退回到你自己的時候你會發現這些其實並沒有像你表現的那麼踏實。所以就是在一種集體環境中它會促進我們自己有時候呈現出來的面貌並不是我們自己本來的面貌。所以我自己是不太願意（再加入團體）。當然人家要是沒有問題的就是天天跟著大眾而且也能帶著大家一起做得很好，這樣我也挺讚歎的。就是我自己了，我自己覺得我容易犯這些毛病和習氣，還是稍微離這種環境稍微有點距離，自己先暗自洗洗衣服。

簡單地說，跟信仰相關的這種集體活動可能帶來是非、僵化、統一的樣板、個性的抹殺以及對鮮活心靈的遮蔽，雖然大家都是為了瞭解佛法、尋求解脫的方向而參加研討班，但這種集體的統一性反而可能導致個人信仰上的盲目。

至此我們從研討班學人的角度比較詳細的介紹了樣本中近一半人經歷過的一個修學階段——《大乘解脫論》研討班，它提供了一種出世的方向，

---

15 受訪者在這裡明顯語速減慢、聲音放低，她在思考。——訪者注。

合適之人會走上出家的道路；而對留在世間的大多數人來說，研討班的經歷毋寧是一種歷練，是他們摸索著並最終找到適合自己的修行之路、努力將信仰落實於生活的一個並不那麼容易的跳板。樣本中那一半參加過研討班的人，除了出家的和去寺廟做義工的謝寬和姜寧 2 人，其他基本都離開了研討班團體。

4. 研討班路線無助於聖俗張力的解決

然而從推廣者的角度來說，研討班的出現當然是為了弘揚佛法、接引信徒，不只是出家眾，當然也包括護持出家眾的在家人。可是在這些知識菁英這裡參加研討班的人明顯的兩極分化，要麼出家要麼離開，沒有中間道路，這一現象難道只是因為「沒有實修沒有得受用」的影響嗎？宗白法師亦坦然承認了研討班初期在引導上過分注重出世傾向的問題。

> 宗白法師：我覺得是學習《大乘解脫論》的引導上出了很大的問題。剛開始我們對《解脫論》學習的引導是走出世間這條道路的，厭離世間，所以對世間的工作也好、世間的選擇也好，它不是一種積極的態度。……它沒有對現實生活的指導，往往我們生活中遇到什麼問題它也不能很好地指導，所以要麼你走出去，要麼在世間的話你就活得非常痛苦，要繼續下去就非常痛苦。可能很多人後來的選擇不完全是他們的原因，跟我們整體上的引導也有關係。
>
> 所以現在要把面多元化，就是要把這種導向削減，不是說這種導向錯誤，只能說因緣不合適，這種導向在這種因緣下不行。一定要讓大家在自己各自的工作崗位上、在自己各自的生活中還能慢慢去體會佛法，還能慢慢改善自己的生命狀態。有緣的人可能會走上出家這條路，這是他個人的因緣，但我們不能整體上這樣引導，整體引導肯定不行。

事實上《大乘解脫論》由報國寺弘揚並推廣，研討班也在一定程度上滿足了信眾的需要。但其實報國寺所走的這條路線在根本上不見得為這些知識菁英所接受：

周源：後來一些觀念不一樣我就沒再繼續在研討班待下去了。我比較喜歡的是實踐型。因為研討班當時依賴的是報國寺，我自己對報國寺本身的氛圍不是特別喜歡。持戒是蠻嚴的，但是覺得包括它的整個居士團體我都不是很適應。進去之後大家雖然說都很熱情，但是我喜歡的是比較清幽的感覺……（報國寺）太熱鬧了，而且一些問題也講得不夠清楚，然後居士又有盲目崇拜出家人的感覺，所以我當時……

然後居士本身沒有辦法修行在那兒，因為我有時候聽到師父們說居士只能修福報不能修智慧，這個我就覺得為什麼居士不能修智慧？！（報國寺）特別強調僧人的作用，所以這個是我沒有辦法去接受的。

後來我接觸到我現在這個（佛法）老師，就覺得可以有實際修行的方法。不是說你整天在學經論你學來學去你沒有一種實踐性，你還是心裡面不能確定那個東西到底說的是天方夜譚還是真的東西，不知道。

　　周源說的修福報即給寺廟捐款、做義工、護持僧團等等善事，而修智慧即深入經藏、窮究真理、體證實相、解脫涅槃。「為什麼居士不能修智慧？！」周源由於對報國寺對居士的定位沒有辦法接受，另擇了一條不只是學經論而且能夠實修體證檢驗的路，這與前面侯諾然所言「沒有實修沒有得受用」實在如出一轍。

　　其實報國寺作為一間新型的寺廟，它推廣《大乘解脫論》這樣一部佛學通論性質的論有其自身的理念和想法。明清以來整個漢傳佛教日益戒律衰馳、僧才凋蔽，民國時太虛法師正因此奔走呼籲發展人間佛教。報國寺所為正是當前佛教界內部一種改革的嘗試：

謝寬：太虛大師提出人間佛教的改革，報國寺我覺得是（目前）在大陸所做一個嘗試。因為對居士的學修和法師的學修這個傳承也快斷掉了，教學的體系不是特別完備，特別是在明清的時候。比如教理方面，（報國寺）學習《大乘解脫論》，《解脫論》也只是一部分，後面可能還有，整個一個體系，比如

　　來了寺院一年怎麼學兩年怎麼學，做哪些修哪些學哪些，居士怎麼學出家人怎麼學，這一個完整的學修體系（將來會有）。教產的話，如果剛才說的事業也能算的話，那麼慈善這些方面多做一些都比較適應現代社會。教制——僧眾俗眾管理制度，僧人是一個比較有傳承的這樣一種清規戒律這樣子來做，俗眾管理方式不一樣，有專門的管理方式。這些也都是在探索一種新的方式。

　　報國寺秉承人間佛教的改革路線試圖從教理、教產、教制三個方面探索一種新的模式重振漢傳佛教修行體系，《大乘解脫論》的弘揚便是其教理改革中的一個部分；對僧人和居士更是因其身分、所處位置的不同有著明確的分工：

　　謝寬：僧團是非常重要的，僧團是最重要的。有比喻說：僧團就像樹根、居士像土，這樣結合起來才好。僧人住持佛法，居士護持佛法，一個是更注重內心修行的這樣一種生存狀態，一個是外面做事情弘法的一種生存狀態，這是本身的一個分工。如果居士想要去內心修得很深的話，那得持戒吧，戒律是最根本的，持五戒的話是居士，如果要再往上走的話持比丘戒，那麼就是出家人了。所以從戒律上來判斷的話，真正要很快的深入修行的話比丘戒這是一個保障。這也是佛教一直的一個傳統。

　　僧人在內修行、居士外圍護持，前者是根，後者是土：這就是僧和俗的區別。對此宗白法師亦是同樣的觀點：

　　宗白法師：一個寺院想要發揮它的文化功能、價值的話要承辦一些事情，這些事情如果沒有居士的話出家人做就完了，他學修就沒有時間了，另外他跟世間人打交道多了後也就完了，他對佛法的深入就比較困難，業就比較雜染。現在有居士做一個過渡就好很多，因為這個居士基本上還是有信仰的，他在佛法上也用功一些，他又沒有離開社會他跟世間人打交道本身也沒有太大問題，這樣對僧團對整個寺院是一個非常好的保護。

　　居士在外圍對僧團是一種保護，這正是報國寺對居士的定位，而且因為他們不持比丘戒，不能很快深入修行，故此說他們「只能修福報不能修智慧」。從振興佛教的角度來說，這樣的僧俗定位當然是非常必要也是非常符合傳統的，佛教作為一種建制性的宗教需要一個世間的形象代表，那便是僧眾。不論是宗白法師還是謝寬，其出家均是為了重振教法、荷擔如來家業。筆者最初訪談謝寬之時跟他介紹本研究的想法，他便清晰表明自己對信仰客觀又堅定的態度：

> 謝寬：我們所做的研究都只是看到的現象，而它不會減弱我們對三寶的信心，只會增強我們對三寶的信心和我們看到了佛法的衰敗想要去利益眾生、想要去重振教法的決心和使命感。

　　正因為報國寺的改革理念以及對僧人地位和作用的強調，參加《解脫論》研討班的學人凡能夠發心荷擔岌岌可危的如來家業者都走上了出家之路，如宗白法師和謝寬；而報國寺留給居士的位置，卻不見得適合這些有佛教信仰的青年知識菁英。或者說，報國寺給這些知識菁英提供的是一條要順著天梯走上去的出世的路，再不然就如姜寧一般護持寺院培植福報，它沒法提供一個在世間堅持信仰修行解脫的指引，它那裡其實沒有這樣的路。

　　而對那些沒法放棄親人徹底走出世間的大多數人來說，他們對信仰卻有著一種最樸素最直接的實踐渴望，信仰要落實於生活，要有實修要得受用，聖俗兩難要超越，世出世要融合。

> 周源：（出家）第一個是覺得家裡的人不會同意，至少我不會說逆著父母的意思，父母會很痛苦，我覺得我會很痛苦，如果說父母很痛苦的話那可能我沒辦法接受這樣的結果。另外一個方面來說，找到現在的（佛法）老師這樣子修行，他竟然能指引我一條這樣子（在世間）修行的方法也能夠修得很好，那就用這種方法，家裡人也不會那麼痛苦，這樣不是很好嗎！

　　至此做一個簡單的小結。樣本中一半的人參加過《大乘解脫論》研討

班，剩下沒參加的也都聽說、瞭解過 [16]。前文分別從研討班學人和推廣者兩個角度對信徒修學上的這一典型事件做了剖析。從學人的角度，由於研討班「沒有實修沒有得受用」，凡不能出家者皆離開了或者重新探尋，找尋信仰的方向很不容易，但他們也因此成長並逐漸走上適合自己的路——它正呈現為「入世潛修」的生活樣式；從推廣者的角度，弘揚佛法接引僧才振興佛教本是天經地義之事，但他們忽視了存在於世間的這樣一股力量——即不僅僅滿足於護持寺廟培植福報，還渴望修行體證、開發智慧、落實信仰、融合聖俗的這樣一群青年知識菁英，也就是韋伯所謂的信仰中「俗人」的力量。在本研究中，這些「俗人」是占絕大多數的。

　　《解脫論》研討班這一典型事件正反映了這些青年佛教徒在找尋信仰方向時的艱難，以及「入世潛修」這一生活樣式的內在必然性。佛教群體、寺廟亦未見得能直接提供適合他們自己的路，呂薇更是通過自身的經歷認為，「群體它有一種影響力，有時候你自己判斷力不強或者什麼的很容易就被它左右了，然後身在裡面就不知道其他的世界！你要進得去還要出得來。」

　　此外，研討班這一典型事件清晰又深刻的反映出目前佛教界僧才缺乏、寺院訓練方式亦不完備的現狀，以及居士佛教一種必然的發展趨勢。僧才和寺院的現狀問題正是歐陽端的研究〈跨世紀的中國佛教〉的主題，且尉遲酣在其對民國佛教「復興」的判斷中也表示了這種隱憂，即中國獨特修道方式的失落可能。而居士佛教的發展趨勢在尉遲酣關於中國佛教「復興」的研究中也已有明顯的體現。民國時居士組織就已多由居士自己發起，而非如歷史上唐宋之時一般都由僧人創立和領導，居士日益獨立於僧團；儘管形式上僧俗仍有差別，但從修行實踐的意義上來說僧伽與居士的區別正在淡化：這正是尉遲酣在民國佛教的變化中發現的兩個明顯趨

16　訪談秦珊珊時問她知不知道《解脫論》研討班：
　　秦珊珊：因為我對報國寺一直不是特別相應，他們那個《解脫論》研討班我也一直都沒去參加過。可能就是當時覺得，可能一些學過《解脫論》的，我對他們印象不是......就是沒有讓我升起信心、對佛法的信心，所以我就一直沒有去參加研討班，對他們的人品沒有意見，可能就是他們對佛教的理解......就是學了一些東西，但是那個道理沒有真正融入他們的內心，但是這個道理就成為一種規範來約束他們，然後我就覺得他們活得很辛苦，所以也沒能使我升起信心。我反而覺得他們很痛苦，我也不想成為那樣子，呵呵。

勢。[17]

　　本研究則在當前時代進一步印證了尉遲酣所指出的這一趨勢。周源說：「為什麼居士不能修智慧？！」——這一質疑表明不論是「俗人」的現實信仰需求還是信仰力量都在增長。唐宋的時代早已不再，所以當報國寺過於強調傳統僧俗角色的區別時，接觸過研討班的大部分學人都逐漸離開再尋出路，因為他們需要真正能幫助在現實生活中落實信仰、化解衝突的技術，他們需要「入世潛修」。其實，比尉遲酣稍早一些的基督教著名傳教士艾香德也看到了中國佛教在居士中展現出來的巨大潛力，他們來自社會的中上階層，同時具有許多新的、民主的思想，他認為他們並非僅僅燒香求佛，而是真正有靈性追求的信仰者。[18] 艾香德看到的正是處於僧伽佛教和普通信眾之間的居士佛教的潛質。

　　當然，這裡需要指出的是，尉遲酣研究中的居士基本不包括青年，往往以成年後因個人挫敗或者怕死心理而轉向佛教的居多[19]，而民國時期的青年對佛教乃至所有宗教基本上都漠不關心，因為他們熱烈地擁抱科學反對宗教和封建迷信[20]。我們也許可以說，相比於尉遲酣研究中的「居士」，當今時代的佛教在家信徒年齡結構更趨於年輕化，而且他們信仰的主要原因更多是為了尋求真理，並不完全出於個人生命中的挫敗或者怕死心理。但不論怎樣，這都是經典的宗教世俗化理論第三個論題——宗教私人化——的鮮明體現。

三、來自「信仰」的壓迫

　　前一章曾提到，初學者會隨著信仰接觸的深入而改變認為佛教徒都很和善的表面印象。其實即便是長期信徒也會經歷各種形式的「信仰」的

17　〔美〕霍姆斯・維慈，《中國佛教的復興》，頁 68 － 71。

18　Reichelt, Karl Ludvig, 1934, *Truth and Tradition in Chinese Buddhism*, Shanghai: The Commercial Press, p.310,318. 此處轉引自王虹美，《「成全」及其超越——艾香德傳教模式研究》，北京大學哲學宗教學系 2011 屆碩士學位論文，頁 7。

19　〔美〕霍姆斯・維慈，《中國佛教的復興》，頁 72。

20　比如 1922 年由北大學生發起的「非宗教大同盟」，後來成為席捲全國青年學生的「非宗教」運動，他們認為宗教之毒害遠甚於洪水猛獸，因其束縛思想、摧殘個性、崇拜偶像……黨同伐異、引起戰爭等。參見，孫尚揚、韓琪，〈北大學生對基督宗教的態度：初步調查與分析〉，《輔仁宗教研究》，2009 年秋，頁 55 － 56。

考驗。佛教徒、佛教這個圈子依然是存在於這個世間的事物和現象，那它們必然就帶有這個塵世的一切氣息，有光明、鼓舞和支持，也有宗派之爭[21]、排斥異己、評斷他人……[22]

> 李懷恩：其實有時候我覺得佛教……啊，就是這樣子，我曾經有一個很長的階段我覺得特別壓迫。這種信仰變成是對我的一種壓迫，我突然間有一種反抗，那種反抗其實不是對佛法的反抗，而是對佛教這個圈子，包括對一些佛教徒，也包括對我自己，對我自己這麼多年來走過的一條路，我當時是徹底的否定，是非常非常痛苦那種感覺！其實應該說是跨越了，現在那一步是跨越了，跨越了以後反過頭再去看佛教、佛教這個圈子，會更有一種平常心，重新再去讀佛經的時候我反而會有一種跟以前不太一樣的感受，覺得自己好像比以前理解得更深。
>
> 人生就是這樣子，生命就是這樣一種狀態，只不過我們硬是把它貼上了一個標籤，說是一個「佛教徒」、「佛教的圈子」，就應該怎麼樣，實際上都是如此。現在就是心態比以前會輕鬆很多，放鬆很多平常很多。但是並沒有因此而放棄自己的信仰，反而我覺得現在，可能跟以前不太一樣，可能現在會以另外一種方式繼續去很堅定自己要走下去。

> 周源：其實我本身不是特別喜歡跟佛教徒交往，一個就是大家會有太強的門戶之見，會有自贊毀他的想法，……（我）只是覺得宗派跟宗派之間要有一種互相的包容，只是大家走的路不一樣，不要說你好他不好啊怎麼的。

陸融融曾廣泛接觸寺廟和社會上各種佛教活動，對這個圈子更有自己的看法。寺院、僧團並不是完全的淨土，正如文魁所說「出世的圈子是被

入世的圈子包著的」；而在這個所謂的「出世的圈子」裡的仍然是來自世間的人。在寺廟做義工的不會沒有私心，「缺點毛病一大堆，可能比其他人還多」，而出家的僧人也不是就沒有煩惱和問題了，他們也會疑惑會動搖信心乃至還俗，終究來說大家都不過是走在這條路上的人罷了。

> 陸融融：僧團、佛教圈子畢竟也是社會的一部分，所以它不可能是一個完全的淨土，但是大家對它有太多的期望。或者是每個人本身他的觀念什麼的就不一樣，那你要在一個義工的團體、在一個佛教的團體裡面，它做事的規則又和外面的商業世界不一樣，沒有那麼清楚的一個規矩、沒有利益的回報，在裡面做事的人他得不到經濟上的回報，他可能也不想得到這個，但是他想得到別的呀，他想得到認可，他想要自己被大家尊敬，或者是他想要影響力，或者是怎麼樣……那就會產生矛盾，萬一他這個方面還得不到他就會很失落。

> 所以，我看到了很多有的出家了有的還俗了，有的還俗了又出家了，很多，我見到的這種現象很明顯。可能在慧明法師那邊（寺廟）他又比較自由散漫的那種，不像報國寺很嚴謹的，所以這種出家還俗的現象很多，其實好像其他寺院也不少吧，只是可能不是那麼明顯，我又沒有深入接觸。然後我跟那些年輕的僧人關係都很好，因為都是朋友，所以他們有什麼煩惱也會跟我講，所以我就會發現大家真的都是一直都在這種困惑搖擺當中，一直都對修行是有這種樸素的願望但是經常會疑惑會動搖信心。

> 問：那他出家又還俗的，是像你說的這種：發現僧團也就如此？

> 陸融融：有的可能是這樣，有的可能是他自己的問題他也解決不了，或者是他覺得他要到社會裡去做更多的事情。各種各樣的都有。

總之，這群青年佛教徒想找尋解脫的路。然而承載這一求解脫的信仰的寺院、僧團或者佛教的圈子仍屬於這個最真實的塵世，信徒心中神聖

的光環亦掩蓋不了這個圈子塵世的氣息，來自「信仰」的壓迫比比皆是。長期信徒在了知這些之後相反都能更豁達、更坦然也更堅定自己的信仰之路。

四、尋找善知識的困惑

佛教是一個典型的模範型預言的尋求解脫的宗教。佛陀當年正是以身示範，向每一個尋求解脫的人解釋並推薦自己走過的路途。對這些青年佛教徒來說，信佛之後這條修學之路他們都沒有走過，很陌生，正因為陌生才有之前這麼多的困惑——對佛教傳統的基本困惑、對信仰方向的困惑以及對這個圈子本身的困惑——因此才需要指引，需要方向。而方向的根本，正如訪談對象張蘭所說，則在於需要有實修實證的老師。

其實說到底就是一個問題：佛講的道理如此之好，但是誰做到了？這群青年信徒有困惑固然很正常，但是承載這個信仰的圈子依然布滿塵世的氣息，那他們何以確認佛講的道理真的是可以實現的而不是天方夜譚？周源就非常強調修行實踐，並在訪談中反覆強調不要盲目的相信佛教，而一定要弄清楚它到底在講什麼：其實實踐從根本上來說正需要老師的指引。初學佛的隋楓常常懷疑是不是真有開悟；長期信徒亦不會就沒有懷疑和困惑，學佛四年多的姜寧依然常常懷疑是不是真有那麼好的人，真能達到像佛陀那樣的人嗎？每當懷疑升起時她便看聖人的傳記，比如甘地。

或許通過《大乘解脫論》研討班他們可以瞭解一個完整的佛教修行的理論體系，但是它仍然提供不了信仰的方向、不能從根本上解答他們對信仰的各種困惑。陳曉華說：「你有了那樣一個願心之後你朝這個方向走，每走到一步如果真的有一個老師指點當然更好了」；「要麼你就自己去摸，但自己摸每個人都是摔了一大堆跟頭以後你才能摸出來。」而事實是，有時候摔了一大堆跟頭之後都還不見得能夠摸出來，有的就乾脆放棄了。所以前文王鋒說，信仰上沒有方向，這個困惑挺麻煩的。因此有修有證的老師、善知識非常重要。儘管學佛人都知道這一點，但是卻很難遇到。

　　李懷恩：我覺得現在是比較缺乏老師，好的禪師。然後你要有機緣
　　　　　能夠真的跟他⋯⋯因為太多了，我是按比例來講，其實現

> 在中國真正的佛教徒不多，但是按比例來講，如果按學生
> 跟好的老師這個比例來講，還是老師太少，需求太大。

在筆者搜集訪談資料的時候，23 人的樣本中只有 5 人沒有一個固定的老師可以諮詢，1 個是剛剛入門的初學者，1 個是淨土宗的羅競，因為淨土宗不注重師承所以他沒有現實中的老師，只管唸阿彌陀佛，另外 3 人都是長期信徒。如果按照李懷恩的說法，本書的訪談對象在這方面的情況可能算比較特殊的。關於他們跟老師、善知識之間的交往下一章第三節會詳細呈現，在此只涉及尋找善知識的困惑中最典型的一點：疑。這群知識菁英求真，很理性，而一個理性的人總是懷疑的。文魁就是一個這樣的典型。

> 文魁：一般人學佛不是都說要找一個善知識嘛，我始終不相信這個。
> 不是不相信，我始終覺得善知識太難找了，你得等他來找你
> 而不是你去找他，等到他在你面前示現了以後你再去找他。
> 我覺得至少到現在我都沒有發現我身邊有哪個善知識特別讓
> 我覺得我應該去侍奉他追隨他，所以我一直都屬於一個人在
> 忙修瞎練。

文魁肯定善知識的作用，但卻不認為自己已經遇到了。他跟著學佛人一道見過很多法師、居士，但一直沒有見到讓他滿意的善知識，而且他覺得這裡面好多都是一種個人崇拜。關於善知識的身分他尤其有困惑，但他也客觀理性的對待自己的困惑：他時刻等待著自己對善知識必須是出家人的這種偏執被推翻。

> 文魁：我覺得善知識一定要是僧人。當然這個是一種偏執，這個是
> 不對的。善知識為什麼不能是在家人呢，肯定是可以是在家
> 人的。但是在家人的概率要比僧人的概率要更小，對不對？
> 你看佛說這麼多經書、經文，但真正以在家人示現來講法的
> 有多少？非常少。而且你也知道在俗世中想要修得怎樣很厲
> 害的話，確實比較難。所以我這個判斷是基於自己的這種經
> 驗吧，當然很有可能將來某一天我的新的經驗會推翻我現有
> 的經驗，那也無所謂。我時刻等待著自己被推翻。

　　筆者問他心目中的善知識應該是怎樣的，他便講述了一次他尋找善知識倍受打擊的經歷：

文魁：本來，我剛開始對智圓法師的態度是很好的，但問題是去了碧松禪寺以後，他不是經常會跟我們講法嘛，也會帶我們打坐，好幾次我都覺得不太對勁，他講法經常會有錯漏的地方，比如人名和事蹟對錯了，或者是，就這種錯誤。還有一次就是帶我們坐禪嘛，當時就在一個大殿，我們都坐在裡面，我大概坐了不到一個小時，腿疼了腿酸了開始換腿，一睜眼看見智圓法師頭……（受訪者模仿人坐著睡著了頭一點一點的樣子。——訪者注。）他睡著了，真的！當時我整個人覺得很囧。其他人都打坐，我也不知道有沒有其他人看到。但那以後我就覺得……

他肯定是比較疲勞，比較疲勞。但我覺得作為善知識你連這一關都過不去的話，你道理說得再明白……講道理的話我覺得大家很多人都能夠講到那個地步。我覺得我腦袋剃一下，批一個袈裟讓我去講我不一定比他講得差，就單純從講啊。但從實證上來說就覺得還是有缺憾。我覺得作為一個修道的人，怎麼可能為這點小事打敗呢！

你看《高僧傳》，那個誰，好像是大慧宗杲禪師[23]吧，就是寫《宗鏡錄》的那個大和尚，一天要做多少件佛事啊，念佛、拜懺什麼都要做，每天幾乎都不睡覺一直都堅持了多少多少年，一直都是自己在定境中，那多厲害，但那個要求比較高。怎麼可能一上座過了幾十分鐘大家還沒怎麼樣呢，你先睡著了。我覺得他如果入定了頭低下來是正常的，但他如果是點頭就絕對不是正常了。

這個就是緣分，就這一剎那被我捕捉到了。這我後來也沒有對其他人講。我知道他們對他很有信心所以我不講，這個不

23　《宗鏡錄》是永明延壽禪師（904－975）所著，書成於宋太祖建隆二年（961）。此處訪談對象記憶有誤。

能講。

本來文魁對智圓法師印象非常好，覺得法師非常圓融，但這件事無疑打擊了他對法師、乃至對其他善知識的信心。以至於日後再有學佛人帶他去見一些法師、居士，他都會用一種懷疑的態度去檢驗、考察。

> 文魁：我還是覺得善知識很難找。我覺得……哎呀，這個太壞了！我有一種很不好的心思，我現在自我反省，我有時候甚至覺得我會去測試善知識，我有！有一次一個師兄專門把我帶去見他的老師。我當時就跟他老師彙報我自己的情況，我當時撒了一個小謊，我故意撒了一個小謊，我想看老師能不能看出來，他老師沒看出來，我很失望。

但訪談最後文魁還是承認，修行最需要善知識的指引，儘管很難找。他也承認自己的行為很惡劣，還需要不斷去修行、洗心。

總之，文魁的情況可以說代表了尋找善知識的一種主要的困惑，即懷疑。居士可不可以做善知識呢？這些法師、居士表現得都非常好，他們貌似做到了佛所說的，但他們真做到了嗎？我們如何判斷呢？文魁發現法師帶禪修時居然睡著了的經歷著實給了他不小的震撼，本來就對善知識頗有懷疑的他更加強了戒備，開始檢驗、考察乃至測試善知識。對佛教修學來說，善知識是那麼的重要，然而他們要如何才能遇到，又要如何才能相信呢！佛陀在世時自然不會有這樣的問題，然而現在佛陀已不在世，他留下的這個模範型預言的宗教，又要以什麼樣的模範來做指引呢！善知識的主要身分是否亦會隨著時代的變化而變化呢！這些或許是值得所有人思考的問題。

綜上所述，本節從對佛教傳統的基本困惑、信仰方向上的困惑、來自「信仰」的壓迫以及尋找善知識的困惑四個方面有詳有略的介紹了這些青年佛教徒在個人信仰修學上碰到的主要困惑，這些其實仍然是世出世矛盾的體現。從中我們可以發現，原來在信仰與家庭的表層衝突之下還有著一片更為混沌的汪洋大海，這些青年佛教徒獨自在這片信仰的海域探索、尋找自己的方向，同時他們也在其中獲得歷練和成長。當他們越來越熟悉這片海域，越來越能夠駕馭自己的航向的時候，他們就知道如何處理跟家庭

的衝突、緩和跟父母的關係，乃至將其推向更好的方向，比如也能同化父母。

由此我們可以想到，這些受過高等教育的知識菁英尚且會在佛教信仰上碰到這麼些問題，更何況一個普通老百姓，如果他不出家的話，他既要在社會上維持生活同時又要堅守他的信仰，這估計會很有些困難。由此可見，居士佛教的發展固然是一種必然，但也是困難重重。這或許可以解釋為何在民間流行的一直主要是淨土宗，它是佛教中一個相對簡單的宗派，對信徒的要求既不高也不多，普通信眾都可以學。然而如果只有淨土宗的話，漢地佛教的特色和多樣性亦將大打折扣。

第三節　對聖俗兩難的分析——以出家為例

上一節從個體信仰修學中的各種困惑、衝突入手，縱向挖掘了這些青年佛教徒協調信仰與現實生活的各種理解和選擇，正是這些理解和選擇直接影響了他們跟家庭的衝突及其處理。在第一節我們刻畫了信徒跟家庭的衝突，衝突的內容無非是關於吃素、不談朋友不成家以及出家；經過第二節對他們修學上困惑的挖掘之後，我們可以十分清楚的看到這些衝突並非不可避免不可協調，確實一切都取決於信徒對自身信仰的理解和選擇。信徒因對自己的信仰抱有一種理解或者理念而相應抉擇自己的行為，然而每個人的這些理解都是從何而來呢？本節將把出家這一世出世衝突最大的現象單拿出來進行集中分析，試圖廓清信徒如此選擇（出或不出）和理解的根源。

出家這一充滿張力的主題本就有著悠久的歷史。從佛教傳入中國起，它就是反教者和護教者爭辯的焦點。許理和先生在《佛教征服中國》一書中說，「家庭是中國古代社會的基礎，也是所有社會倫理關係的基石。孝道至上，個體服從於家庭利益，婚姻作為保障父系傳承的重要手段，所有這些都是天經地義的。為此在佛教傳入以前，獨身之于中國人還聞所未聞。」「不孝」是「首惡之罪」，「無後」乃是最大的不孝。[24] 因此，辭

24　許理和，《佛教征服中國——佛教在中國中古早期的傳播與適應》，李四龍、裴勇等譯，江蘇人民出版社，2005 年，頁 350。

親出家這一行為與中國人基本的倫理精神是不相容的。而當時的護教者提出的最有力的辯駁觀點則是：「佛教的解脫之道（出家）同時表現為最高的孝道」，這是一種「比通常履行社會責任的方式更高明、更有效」的方式，它可以說是「行孝的極致」，因為「父子一體，唯命同之」，個體地位的改變，比如成佛，會導致父母地位的變化，正如佛陀悟道之後亦使自己的父親皈依佛法。[25]

隨著佛教慢慢融入中國的文化，中國人逐漸開始接受這一義理精深的外來宗教，並發展出相關的漢地佛教宗派。然而對出家這一行為不論是家庭還是社會一般還是不太贊成，除非家庭本身就有信仰。現代社會更是因為極度的世俗化、崇尚物質主義而對宗教對信徒對佛教僧侶難以理解，「只是覺得他們就是一堆奇異的人，你跟他們接觸了你也就變成了一個奇異的人。」[26]本章伊始對父母信仰狀況的介紹中就可以看到，中國漢地的父母除非本身就有信仰，否則沒有誰會願意自己的子女出家。

23人的訪談對象中，有1人出了家，有2人表示在父母同意的前提下可能出家，有1人在寺廟做全職義工；除他們之外，短期信徒都認為自己不會離開世間，長期信徒則明確認為尋求佛教的解脫不能離開世間的生活：因此總共有19人（83％）對是否出家的態度是否定的，即如果沒有什麼大的變動一般不會出家。

事實上，這些青年接觸佛教之後之所以會對信仰抱持不同的理解其實來自於他／她接觸佛教時所獲得的信念，即向他／她傳教的那個人或者群體對佛教對信仰持有的看法。

根據訪談對象的情況，首先，如果信徒最開始獲得的信念不是那麼強調出家，即向他傳教的這個人或者群體不強調出家的神聖性、僧人的地位和作用，那麼在中國社會信徒一般不會冒著跟家庭決裂的風險選擇出家，不然的話信徒的信仰跟家庭的張力就會很大。訪談對象中最終出家了的以及去寺廟做義工的均是接觸的《大乘解脫論》研討班群體，而他們是非常強調僧人的神聖地位和作用的，也正是這兩人跟家庭的衝突無法化解；而

25　許理和，《佛教征服中國——佛教在中國中古早期的傳播與適應》，頁353。
26　陳曉華如是說。

另外兩位表示如果父母同意的話可能出家的則屬於藏傳佛教格魯派，格魯派也是非常強調出家人、強調嚴格持戒的。[27] 其他人雖然也都會嚮往出家、考慮考慮出家，但是除非生命中發生一些極端的特殊事件否則一般不會真的朝那條路上推進，而且即便推進也不見得能成功因為缺乏一個強調出世的外在群體的支持，比如文魁和龍韜的情況，他倆都嘗試過出家，但均沒有成功。

其次，也並非經常接觸僧人的就一定會想出家，關鍵在於引導方向，即法師對這個信仰的強調、落腳點是否只在出世上。訪談對象中有 3 人其修學上比較固定的指導老師就是出家人，但這 3 人對出家的態度卻非常的中允，他們會很強調出家人的作用、對這一身分非常恭敬，但對出家、出世修行這條路儘管嚮往卻並不會真的去實踐，比如曹佴。

> 曹佴：我剛開始學佛、接觸佛教的時候我就覺得出家人的生活挺值得羨慕的。（不過）我覺得它只是個念頭而已，因為我覺得這個事兒，李世民曾經說過一句話可以作為一個參考，就是說，他信仰不信仰佛教不清楚，也許不信，但他說出家這個事兒是將相所不能為也。出家這個事兒是大丈夫做的。我首先自己捫心自問，我覺得我可能將相還有點距離，所以我覺得可能離出家這件事是很遙遠的。

> 問：他的意思是說出家這個事是非常難的，非一般的人能夠做的？

> 曹佴：他不是說難，他只是說得是過量的人。事實上也是如此。不是說有個計畫有個念頭這個事兒就能成的。或者說，這個本身從佛教來說這是個因緣的事情，跟因緣有關係。

因此，如果接觸的不是那些極其強調出家眾、強調唯有出家修行才能解脫成就的群體或宗派，或者說即便接觸的是出家人但其強調或引導也不

27　這兩人因為年齡尚小，而且雖然學佛但目前其父母態度都處於比較寬容的那一類，家人最初雖有過反對但逐漸接受乃至有人被同化，應該說來是屬於跟父母溝通做得比較好的。而且訪談時他們很明確，一定是父母同意的話才出家。「人生規劃基本上兩條路，如果家裡同意的話可能會出家，如果家裡不同意的話就留在世間。」——盧一帆。事實上這兩人之所以能夠將信仰跟家庭的衝突解決得比較好是因為有善知識的指導作用，對此下一章會詳述。

是只在出世的方向上，那麼信徒一般不會那麼熱衷於出家或者說一定要出家。訪談對象中，漢地的淨土、禪宗、藏傳佛教寧瑪派、噶舉派的信徒，他們出家的傾向都不明顯。

> 秦珊珊：這個看機緣嘛，無所謂，在世間也一樣出家也一樣，我覺得是這樣的。如果到了那個階段必須要出家的話。然後我不會攀援去做這個事兒，不會說一定要出家才能怎樣怎樣或者一定要做什麼事兒才能怎樣，我覺得沒有這個東西。因為在世間也是可以成就的。當然出家更好了，如果有機會在佛學院那樣的地方成就肯定會比現在快多了，每天都學佛法每天都有時間修行。但是沒辦法，世間的責任還是要擔的。

而那些參加了《解脫論》研討班卻最終沒有出家的信徒在經歷了信仰與生活的巨大張力之後，自己艱難摸索的結果都是留在世間，他們尋到的都是入世修行的路。

所以，出家與否很大程度上是受信徒所接觸的宗派、修法和群體的影響。如果這個群體特別強調僧人的地位，強調出家專業修行對個人解脫成就的重要性，那麼信徒出家的心會比較強，甚至會冒著跟父母起衝突的巨大「危險」出家；否則，如果這個群體、宗派不強調一定要出家甚至還能夠提供一條在家修行的道路，那麼信徒一般不會願意跟家庭起衝突而出家。更有甚者，訪談對象中如李懷恩看到出家比丘尼的生活覺得自己如果出家可能會更封閉，而追問生命出家在家都一樣可以做，羅競覺得出家的話自己不能經濟上獨立自主相反不自由，文魁在經歷了出家的嘗試之後明確認為解脫必須在俗世生活中獲得，關培、陸融融等人應該說看到了漢地僧團的現實情況而選擇不出家，還有如秦珊珊、侯諾然、周源、薛毅、張蘭等等可以說找到了一條世間修行也有可能實現解脫成就的路。

信徒對出家的態度首先體現出他們對信仰修學之路的理解、對世出世的選擇，其次體現出他們對與父母、家庭的衝突的處理方式。如果選擇留在世間，那麼必定要融合世出世，就一定要盡可能消弭自身的信仰跟父母的矛盾，乃至努力影響甚至同化他們，樣本中不出家的人都在這樣做，

本章第一節可以清楚的看出這個趨勢，他們呈現出來的生活樣式正是「入世潛修」。甚至即便有可能要出家的人也在努力獲得家庭的認同和支持，比如那兩位格魯派的信徒，這其實是由中國社會的家庭基礎決定的。家庭這個基礎正是中國社會俗世生活最有力的實在，不僅留在世間的不能忽視它，出世亦然。

　　通過訪談對象對出家的態度我們可以做一個判斷：目前，學佛並不等於出家；而且從訪談資料的比例來看，學佛在很大程度上不等於出家。雖然出家這個話題一直撓動著中國廣大的父母們那敏感的神經，乃至大家一談起佛教就是某某出家了，佛教似乎也成了一個不能為社會親情所接納的冷漠孤僻的宗教，父母們更常常因為這種偏見而直接反對自己的子女學佛。而事實是，中國社會最根本的力量是家庭，歷來能夠出家的、走上出家這條路的都只是極少數。更何況那些沒有選擇出家或者出世修行方向的長期信徒都堅定地認為解脫須在俗世生活中獲得，世出世要融合。依此類推，學佛亦不等於吃素、不等於一定要嚴格的持某些戒律、不等於苦行。對此就不再詳細展開闡述，只在此引用訪談對象的一段話：

> 侯諾然：（學佛）最難的就在於很容易把形式的東西當成實質，比如一定要出家，一定要怎麼樣怎麼樣才是佛教徒，一定要吃素啊，這些都不對。真正做一個佛教徒就是正知見，建立正見第一。建立正見就是四法印，如果你完全接受世界萬物是變化的、無常的、是沒有自性的、不實在的，所有的煩惱都是因為我們的執著產生的，然後這些都可以斷除因為我們本來有佛性清淨。只要你相信四法印就是一個佛教徒而不在於你是否吃素。

　　總之，通過對出家的集中分析，我們可以看到世出世的矛盾表層上首先是價值觀的衝突，衝突的直接原因正在於信徒初接觸佛教時碰到的那個群體、宗派對佛教對信仰的相關強調的影響，而受這種影響信徒在自己內心建立的佛教「知見」才是衝突的根源所在。本章第二節個人修學上那麼多的困惑衝突基本上均是由於信徒對於到底學佛的實質是做什麼、佛教的「正知見」到底是什麼不清楚不明白。因此衝突能否很好地化解取決於他們能否對自己的信仰有一個更深更徹底的理解，而不是剛開始的那種盲目

信從。

> 陳曉華：青年接觸佛教之後就真的看你怎麼去接觸佛教，你對真正
> 的佛教是個什麼樣的認識，就怕你一開始認識偏了之後都
> 會出現那樣的道路，跟家庭的爭執啊，出家還是一個極端
> 行為了。其實更普遍的是跟家庭的爭執，最多的。比如說
> 你突然間受佛友影響回家不吃肉了，那這個越是生活細節
> 上的東西越是難以忍受。真的，你可能會覺得就事情大小
> 來講，可能出家是大事，生活細節是小事。但事實上就生
> 活本身來講，生活細節是讓人難以接受的。這個還是你最
> 初接觸佛教的時候怎麼樣保證你不是一個盲目的信從。

那麼，信徒如何能夠對信仰形成一個更深更徹底的理解，如何最終確立佛教的「正知見」從而協調好信仰與俗世生活，乃至於最終將信仰落實到生活中，融合世出世，這都需要相應的條件與技術，且唯有借助後者他們才可能在這片混沌的信仰海域順利的航行。下一章我們將集中探討消解衝突、融合世出世的各種必要條件和相關技術。歐陽端評價 21 世紀之交的中國佛教時說，「目前社會對佛教徒的影響很明顯，而佛教徒對社會的影響卻還不清晰。而這一點是否會改變將直接影響佛教徒的未來以及他們在中國社會的實踐。」[28] 筆者以為，佛教徒對社會的影響不清晰的原因正在於世出世融合的艱難，一般人學佛之後能夠協調好信仰與俗世生活都不容易，更何談世出世的融合呢！沒有融合就沒有對社會的影響力。

本章小結

本章從青年佛教徒的信仰與俗世生活的兩難入手，主要展現了他們在家庭中遭遇的衝突以及個體信仰修學上經歷的各種困惑和矛盾，並且對出家這一衝突最大的現象進行了集中分析。吃素、出家以及不成家是家庭衝突的主要內容，而它們正構成個體信仰修學上關於佛教傳統或者戒律的基本困惑；信仰上沒有方向、承載這個信仰的佛教圈子的世俗氣息以及尋找信仰的指路人或善知識時的懷疑和不確定性是這些青年佛教徒面臨的更深

28　Birnbaum, Raoul, 2003, "Buddhist China at the Century's Turn", *The China Quarterly*, No.174 (Jun, 2003), p.450.

層面的困惑。不論是家庭的衝突還是個體修學上的困惑，其解決都需要信徒能夠獨立地對佛教信仰形成一個更深更徹底的理解。最終，訪談樣本中有73.9％（17／23）的人選擇了「入世潛修」的生活樣式，餘下6人中1人已出家，2人在父母同意的情況下可能出家，1人在寺廟做長期義工，1人淨土宗且來自佛化家庭──他的目標不在此世但亦不出家，1人對此尚不清楚但不出家。這一信仰狀況也反映了中國漢地居士佛教發展的一種必然趨勢以及可能的形態。

通過本章分析我們可以發現，「入世潛修」這一生活樣式的形成固然跟佛教界目前的現狀有關係，但更深層的原因或許仍在於漢地儒家文化重視家庭的傳統。佛教界的現狀以及親情的難以割捨讓絕大多數信徒選擇留在世間，而信仰與家庭的衝突、求解脫的信仰與俗世生活的矛盾迫使他們一定要「潛修」──以對信仰形成更深更徹底的理解──才能化解這些衝突，真正在生活中落實信仰、融合世出世。

Christian Smith 對美國「過渡期的成年人」的宗教和靈性生活的研究顯示，這些青年事實上被他們成長起來的世界的社會文化結構深深地塑造和支配著。對於本研究的這些青年佛教徒來說，重視家庭的文化傳統、求真的態度以及理性的思維方式正是他們成長的社會環境以及教育訓練賦予他們並被他們所內化的一種社會文化的結構性力量。在某種程度上來說，中國佛教的傳播和發展亦需要尊重並順應這種力量。

此外，韋伯認為基督教的生活樣式呈現為一種入世禁欲主義或者入世苦行。以加爾文宗的預定論為例，信徒因渴望救贖、卻由於上帝的預選而無法確認自己是否能被救贖而產生的緊張焦慮迫使他們在生活中將聖徒的特質活出來，以作為上帝恩寵的證明。這種救贖不得確認的苦心孤詣成為他們在職業中榮耀上帝、為職業獻身的行為的強大動力。正是這種動力推動了基於經濟理性的職業倫理的形成，後者正是近代資本主義精神的一個本質構成要素。因此，在基督教中，源自信仰的這種張力確實在社會演化進程中扮演了一個積極主動的力量，它無意中間接地推動了資本主義經濟的發展。然而，「入世潛修」這一生活樣式顯示，佛教的出世性與中國重視家庭的儒家文化傳統之間的張力──如這些青年佛教徒的信仰生活所顯示出來的──正被信徒自己努力地消化掉，這一方面是由於家文化的傳統

實在太強大，另一方面也由於佛法自身化解一切矛盾的圓融性格。故而相比之下，佛教信仰中的這種張力不太可能產生多麼積極主動的外在社會效果——它倒往往容易讓人們對佛教產生一種遁世的負面印象——但是這一張力對信徒個人來說卻是一種挑戰，並成為他們成就自身的一種方式。如果我們說在基督教中信仰帶來的緊張力量得以轉換形式形成一種倫理從而在經濟領域表達出來，那麼在佛教中世出世的矛盾則轉入信徒內心被融化掉了。在此，不論佛教還是基督教均是尋求解脫、尋求救贖的目的，信徒也都是採取的理性的、現世內的生活樣式[29]，但是他們的具體表達方式不一樣，這可以說體現了近代以來東西方宗教以及文化的一種根本差異。

這些青年佛教徒「入世潛修」生活樣式的根本正在於通過實修（即實踐佛教提供的各種宗教技術）消解自我，從而對信仰形成更深更徹底的理解，進而化解世出世的矛盾衝突。下一章將進入個體的信仰實踐層面詳細探討佛教提供的各種自我的技術是如何發揮作用、化解衝突的。

29　當然並非所有的佛教徒都是理性的，只是本研究這個知識菁英群體是理性而講求方法的。

第四章　聖俗兩難的化解──佛教的自我技術

　　前兩章已在一些關鍵處屢次運用了「技術（technologies）」一詞，這是個非常直白的詞語，結合上下文其意義所指不難理解。福柯在〈自我的技術〉（Technologies of the Self）一文中對所謂的「技術」分了四類，「每一類都是實踐理性的一個矩陣：（1）生產的技術，它使我們生產、轉化或操縱事物；（2）指號體系的技術，這使我們運用指號、意義、符號或含義；（3）權力的技術，這決定了個體的行為，使它們遵從某些目的或支配，這是對主體的客體化；（4）自我的技術，使個體通過自己的方式或借助他人的幫助，影響他們針對自己的身體、靈魂、思想、行為、存在方式的一系列活動，這樣就可以改變自己，從而達到某種狀態的幸福、純潔、智慧、完善或不朽。」[1]本書「佛教的自我技術」正屬於福柯「技術」的第四類。

　　第二章第三節我們已經提到了佛教徒針對自我的一些具體技術，比如李懷恩的反省、侯諾然的「觀一切事情都是自顯現」以及文魁每日持名念佛的實修功課[2]，對他們來說這些都有非常明顯的效果，幫助他們將信仰

1　此處引文來自北京大學吳飛老師翻譯的〈自我的技術〉（Technologies of the Self），未刊稿。也可參考：〔法〕蜜雪兒・福柯，〈自我技術〉（《福柯文選》Ⅲ），汪民安編，北京大學出版社，2016 年，頁 53 － 54。。

2　事實上佛教所有的實修方法都可算作是自我的技術，高級的自我技術。

落實到生活中，融合世出世。第三章則深入探討了佛教信仰與俗世生活可能發生的主要衝突以及這些青年佛教徒學佛之後的諸多困惑、矛盾，這些衝突矛盾的根源正在於他們對佛教信仰的正確認知的缺乏。而何以確立對佛教的正確認知，即所謂的「正知見」，破除以往的不恰當觀念和見解、並化解衝突進而將信仰落實於生活，則是由信徒能夠採納並運用自如的自我技術決定的。在福柯的定義中，自我的技術所指其實很寬泛，一般人日常生活中大概都有用到，比如寫日記、反省等等。但在宗教的領域針對自我的技術尤其突出且特色鮮明，這大概是由宗教在根本上對人精神層面的關注決定的。佛教作為一個模範型預言的宗教，它的自我技術非常豐富，各個具體的法門、宗派都有自身非常精妙的針對自我的技術。本章不打算詳細考證佛教中這些具體的自我技術有哪些——事實上自我的技術可以是無窮盡的，對一些人無效的方法可能會對另一些人的自我很管用，而不同的文明、不同的時代也都有各自偏愛的技術——基本上第二章第一節對這些青年佛教徒日常宗教實踐的介紹都可算作是佛教的自我技術。

　　本章將根據所獲得的實證資料分別從宗教經驗、禪修和善知識三個主要的領域 [3] 來考察佛教的自我技術是如何發揮作用的，即信徒如何運用相關的自我技術來破除自身的偏見和盲點、對信仰形成更深更徹底的理解，進而化解生活中的衝突以落實信仰、融合聖俗。

第一節　偶發性的自我技術：宗教經驗

　　除本節的宗教經驗之外，禪修和善知識這兩個領域其實基本上也屬於一種宗教體驗，禪修自不必說，而信徒跟善知識的交往體驗有時甚至比禪修更具有超驗特色，是典型的宗教經驗。對於宗教經驗，威廉・詹姆斯有過著名的研究《宗教經驗之種種——對人性的研究》，其研究主題正是

3　之所以選擇這三個領域一方面是由所獲得的訪談資料決定，另一方面則是因為，比如前面提到的反省、「觀一切事情都是自顯現」以及持名念佛的實修功課這些均屬於比較高級的自我技術，是在信徒的信仰穩固、理解深化之後由信徒自己主動採用並實施的自我技術，且每個人以及他們在不同階段採納的用以解決衝突的自我技術可能都不一樣，這些技術也相對更加偏於私人心理、感受領域，其外在效果在短期內是不明顯的，也難以衡量。因此本書選擇從宗教經驗、禪修、善知識等三個比較有佛教特色、也比較容易討論的領域來考察相對大眾化一些的佛教自我技術的作用和特點。

「個人的宗教」，以與「制度的宗教」相區分，是「個體在其孤獨的狀態中，當他認為自身與其所認定的神聖對象有某種關係時的感覺、行動與經驗」，本章這些宗教經驗即可參考這一界定[4]。詹姆斯認為，「就某方面的意義而言，個人宗教至少可以證明，它比神學或是教會來得根本。教會一旦建立，就在變成二手貨的傳統中維持下去；但每一個教會的創始者是因為與神聖的直接溝通才擁有其魅力。不只是超過凡人的耶穌、佛陀或是穆罕默德，所有基督宗教教派的創始者都一樣。因此，個人宗教應該被視為更根本的事物，即使是對那些認為它不夠完備的人而言也同樣如此。」[5]

本節的宗教經驗，對個體來說是偶發性的，充滿不確定因素，但並非絕對不可驗證、不可重複體驗。借由這些宗教經驗，信徒形成新的認知或者對自身的信仰產生一種神聖的洞見，從而改變自己的言行。這類宗教經驗可謂可遇不可求，但它們確實是佛教自我技術的一種體現，以下將簡要涉及。

首先，這群青年佛教徒固然求真、充滿理性，但對宗教經驗他們無一例外的承認其重要性[6]：

4　這裡引用詹姆斯的定義僅僅只是做一個「參考」，因為詹姆斯為了方便自己的研究主題而對「宗教」所下的這個相對片面的定義一般是指「個體在其孤獨的狀態中」，而本章的宗教經驗有一些是信徒在群體活動狀態下獲得的個人體驗。詳見〔美〕威廉・詹姆斯，《宗教經驗之種種——對人性的研究》，蔡怡佳、劉宏信譯，廣西師範大學出版社，2008 年，頁 20 − 22。

5　威廉・詹姆斯，《宗教經驗種種》，頁 21。詹姆斯在該書的結論中說：「有意識的個人與一個更廣大的自我相連，救贖的經驗由此而來，對我來說，這個宗教經驗的實際內容就其範圍而言是真實而客觀的。……我們存在更遙遠的那一個區域，伸展進一個與可知覺與僅能被瞭解的世界全然不同的存在向度。你願意把它稱為神祕領域、或是超自然領域都可以。就我們理想的衝動源自此領域而言（我們大部分理想的衝動的確源自這個領域，因為這些衝動以一種我們無法清楚說明的方式占有我們），我們歸屬於此領域的程度更甚於我們歸屬於可見世界的程度，因為凡是我們的理想所歸屬的地方，就是我們最深刻的歸屬之地。然而，這裡所說的無形領域不只是理想之地，因為它可以在世界產生作用。當我們與之感通時，我們有限的人格實際上已經產生改變，因為我們已經變成一個新人，隨著我們的更生所帶來的變化，有形的自然世界也會產生行為的改變。但是，在另外一個實在界產生作用的，也必須被稱為一種實在界，所以我覺得我們沒有哲學上的藉口，把這不可見的世界或是神祕的世界視為不真實。」（同前，頁 365 − 366。）詹姆斯在結論中這段話可以說為本節乃至本章提供了一個極好的補充和擴展解釋。因此本書無需煞費苦心地證明本章這些宗教經驗的客觀存在性，其次詹姆斯的研究結論有助於讀者更好理解本章呈現的種種宗教經驗。

6　這群理性的青年佛教徒儘管承認宗教經驗的重要性，但對宗教經驗仍是一種理性客觀

> 周源：理論上來講我還是對佛教的理論更加認同，就是佛教講的那些理論，因為我自己本身是一個理論性比較強的人。其實最根本的話，理論這個東西並不能讓一個人真正信仰什麼，最重要的是宗教經驗，宗教經驗會讓一個人信服。

周源有過非常清晰的感知到佛教所講的鬼界眾生的體驗，這澄清了他對佛教所講的世界的認知。秦珊珊也曾因為在寺院大殿裡讀《金剛經》和《八十八佛懺悔文》時不明所以的痛哭流涕的經歷而皈依，這一體驗讓她改變了對自身的認識從而接納佛教。李懷恩參加佛教寺廟很傳統的拜願活動時也是痛哭流涕，感覺自己經歷了很多的痛苦和磨難之後彷彿一個孩子忽然間找到了家門，[7] 這樣的經驗確認並加深了她的信仰。

其次，宗教經驗這種自我的技術會帶來信徒自身很大的認知轉變。齊馨參加《大乘解脫論》研討班時曾因為信仰的要求與現實生活無法調解而放下過佛法，後來正是一次宗教經驗讓她重新踏上一度中斷的學佛之路：

> 齊馨：今年中元節法會的時候剛好跟著兩個師姐去金光寺參加中元

的態度。比如盧一帆就提供了一個量化其宗教經驗的效果的方法：

盧一帆：我不知道這個究竟是宗教體驗呢，還是我的心理作用呢還是其他什麼原因呢，我不是之前說有一個文殊灌頂會變聰明嘛，我真的覺得在這三個月之後的時間內我確實變聰明了很多。但是我不知道這個究竟是因為心理的因素呢還是其他因素。但是變聰明這個事實是存在的，因為通過量化的手段可以看到：我在信佛之前、灌頂之前，我背英文單詞基本上一分鐘背一個單詞，要背 60 個單詞我要一個小時，但是後來再背單詞的話，基本上 60 個單詞我十分鐘就可以背下來。

問：你背的方法是一樣的？

盧一帆：對，一樣的。

問：這是灌頂之後多長時間發生的？

盧一帆：3 個月。灌頂之後是得修的，（就是）每天是要唸儀軌啊。

7 李懷恩所描述的拜願是一種很傳統的佛教儀式，很多人跟隨梵唄以一種固定的調子唱誦諸位佛菩薩的名號。

李懷恩：那次拜願的時候跟著他們那些法師一起唱拜願的時候，我自己就是忍不住痛哭流涕，那時候觸動很深，也可能是覺得在此之前自己很多年以來都非常迷茫，也不知道自己要幹什麼，就像風中的飛絮一樣飄來飄去，然後也經歷了很多的痛苦和磨難，那時候就覺得好像是一個孩子忽然之間找到家門了就哭了。每個人都很大聲的唱，很釋放的，會很投入，它真的會觸動到你內心的很多東西。其實很傳統的東西我也會做，但是現代的東西我也會接觸，像這些很傳統的儀式，就是最早的時候我們都是從很傳統的那種過來的。

節晚上的放焰口法會。因為去之前、去的時候聽兩個師姐就在講她們怎麼皈依了大和尚、她們自己身上發生的一些神奇的事情──我因為聽到這種神奇的事情太少了，但是她們兩個我又非常熟悉就聽她們講，我就覺得哦原來真的有很多不可思議的事情。

然後大和尚那天晚上帶著大家一起唱、唸誦蒙山施食的文。下面也很多大眾，就跟大家一起唱。我不知道……從頭到尾一直哭的稀里嘩啦，就覺得自己夙世的善根好像和大眾的願海已經連成了完全的汪洋一片，然後自己內心這種悲願也好，或者是那種清淨的純善的一種東西，完全已經和周圍融成了一片，就感到特別的從生命根基處的一種震動，然後就覺得，啊──！這個是給我今年最近的一次震動吧，這算是我這段時間又開始重新對於佛菩薩、對於佛教、對於佛法、對於三寶比較願意去親近、願意去再次深入的一個近因吧。

　　齊馨在放下了佛法之後廣泛接觸瞭解各種西方宗教以及傳統的儒道思想，讓自己朝向多元化和開闊的方向發展，可是學了一圈下來發現「它們確實很不錯但是還是不夠究竟，當你真的照著去實踐的時候你會發現各種問題它很難去圓融去解決。」所以又重新往佛教這邊靠。而這時這次深刻的宗教經驗讓她切實感受到了生命根基處的震動。放焰口[8]是佛教中給餓鬼施食的一種法事，參加者可以跟隨主持者一起唱誦蒙山施食的文。齊馨在跟隨大眾一起唱誦之時不明所以的從頭哭到尾，感覺自己內心夙世的純善好像與眾生的願海連成了「完全的汪洋一片」。這種個體從內心完全與大眾融合的真實體驗讓齊馨重新開始親近佛法，找回自己的信仰；曾經她

8　放焰口為一種根據《佛說救拔焰口餓鬼陀羅尼經》而舉行的施食餓鬼的法事。該法會係以餓鬼道眾生為主要施食對象；施放焰口，則餓鬼皆得超度。亦為對死者追薦的佛事之一。昔時，阿難於林中習定，見一餓鬼（名為焰口）形容枯槁，面貌醜惡，頭髮散亂，爪甲長利，腹大如山，喉細如針，面上噴火，阿難駭而問其故，餓鬼告以生前居心慳吝，貪不知足，故死後墮入餓鬼道中，變是身形，長年受餓，備受諸苦。餓鬼復謂阿難三日後亦當命盡，墮餓鬼道。阿難大驚，急至佛前哀求救度，佛乃為說焰口經及施食之法，謂其若能施飲食予恆河沙數餓鬼及諸仙等，非但不落此道，且能延年益壽，諸鬼神等常來擁護，遇事吉祥。放焰口往往是寺廟在中元節的常備法事。此解釋來自《佛光大辭典（第三版）》的「焰口」詞條。

正是由於心被各種名相概念、宗教要求塞得無法動彈而放下佛教信仰的，如今卻從宗教體驗這裡回歸心靈的鮮活並體會到佛法真意，「原來真的有很多不可思議的事情」。信徒通過參與這種大眾化的佛教法事活動，在其中受到一定的儀軌、唱誦的感染乃至感受到如齊馨這種生命根基處震動的體驗，從而可能消除困惑、改變自己的一些認知進而影響自己的行為。對齊馨來說重拾信仰這是個非常大的改變，這也是佛教通過公眾法事活動傳達的宗教體驗給信眾帶來的自我技術方面的效果。

　　薛毅則有一次粗淺的見性的宗教經驗：

> 薛毅：我自己其實印象最深刻是我大概 03 年那次，我有一次大概是見性的經歷，但這個是比較淺的那種見性，因為當時並沒有做到什麼粉碎虛空、身心不見的那種。當時還是跟我以前那個老師，那時候我挺躁動的，比如我坐這兒我會扭來扭去的，看看那兒看看這兒像個小猴兒一樣。然後那個老師就跟我說你動得太厲害、太躁。然後那時候他在講無私奉獻，我就問他說是不是有了權有了錢人的奉獻就更多一些。他說你著相。他說我造業造得很多，有時候尤其說話太不注意。就前前後後吧，不是一次說的，可能分兩三次，可能具體的一個月或一個半月之內說過那麼兩次。那段時間我就有點注意，我就每天很乖的，不亂說話，每天很乖的那種。
>
> 他跟我說完著相之後，我就想什麼是著相，因為那時候確實佛學知識懂得很少的。我大姨那兒有本《金剛經》，有天晚上我拿回去一翻，當時我的心就像被閃電擊中了一樣，就一下子恍然一下，我當時翻的那句話是「凡所有相皆虛妄，若見諸相非相即見如來」，我當時心就像被閃電擊中了一樣，當時陷入一種狂喜之中、不能自己的狂喜，以至於那天晚上我在床上躺了好長好長時間都睡不著覺，折騰到後半夜。
>
> 隨後那一個星期我處在一種什麼樣的狀態當中，就是說你覺得周圍的一切跟你沒什麼關係，你不再處在一個攀援的狀態，你不會走在大街上覺得這個好看那個好看，你不關心這些事兒，你就覺得周圍一切都在流動，你自己特別平靜而且

臉上的表情是很聖潔的一種表情，就是我其實很少誇自己，很少去誇自己，但當時那個表情只能用這個東西來形容。因為那時候快過年了，跟我媽去一個朋友家，那個姐姐跟我認識很多年了，她見到我之後說你這個表情怎麼就跟看破紅塵了一樣，因為我沒有照鏡子，這是她跟我說的。那個感覺特別不一樣，而且我自己的行為都發生改變了。其實我們都是獨生子女，在家裡什麼活兒也不幹，就覺得媽媽照顧我是習以為常的。但那段時間我看到屋裡有活兒，碗沒刷、地沒掃我就會去幹，而且我幹活的時候完全沒有一點兒要討我媽歡喜這種造作的想法。

後來我把這個經歷講給另外一位老師，他說這就算見性了，只不過你當時沒有敢承擔，因為你見地不明。給我現在的老師講他也說這個是比較好的一個，但他講你這個見性的念不要總是來了又沒了總是晃來晃去的，他說你要定在這個狀態上，要保持增長廣大。

問：那個狀態跟一般人日常的狀態都很不一樣嗎？

薛毅：你很清靜，很喜悅，而且你很利他。

　　薛毅一向對佛法有好感，在一個多月之內被老師連續批評過幾次之後他變得很乖很謹慎。因為不知道「著相」是什麼意思，他偶然一翻《金剛經》時看到那句著名的「凡所有相皆虛妄，若見諸相非相即見如來」，一下子如被閃電擊中而陷入一種不可自已的狂喜之中。隨後那一個星期他都處在一種「不攀援」的狀態，覺得周圍的一切都是流動的，自己臉上的表情、行為都發生了截然不同的變化，覺得很清靜、很喜悅而且很利他。這次特殊的體驗讓他對自己的信仰產生了一種深刻的洞見：

薛毅：所以這個事兒出來後我得到一個驗證，我不太喜歡造作的善人，就是我覺得到了那個層次你的善會自然顯露出來，我相信到了那個層次你所有的德性是自然顯露的。因為有了這個體驗之後，你就明白你真正的狂喜和幸福的本源真就在心裡面，不在外界，真就不在外界。因為當時的感覺就是周圍的

> 一切都是流動的，好像跟你有關係沒關係的就那麼回事兒，
> 你不太關心那些東西，就是自然而然流露的東西。那是很深
> 的一次。
>
> 其實這麼多年再也沒有達到過那個狀態，但是接近於那個狀
> 態的可能還會有那麼一兩次吧，比如被加持啊，或者剛好這
> 段時間做義工、做一些服務，你剛好心打得比較開，你會覺
> 得自己變得很柔軟。但是真正這種狀態，像那種啪一下的，
> 就這麼一次。

　　薛毅通過這次體驗明白，到了一定層次你的善、德性都是自然顯露，
而非造作的，所以人真正幸福的本源就在心裡，不在外界。儘管他的老師
要他定在這個狀態上「保持增長廣大」，但他也不無遺憾的表示這麼些年
這個狀態也就那一次，儘管有過接近的狀態。這種突發性的非常不一般的
宗教經驗儘管很稀有，但是它對人的改變可能會非常的大，影響經年乃至
一生。信徒在這種經驗中以一種體感身受的方式獲得的認識會改變其信仰
認知，從而改變自身在現實生活中的行為。薛毅是在被老師批評之後帶著
問題翻《金剛經》時獲得的這一體驗，他從中獲得的洞見打破了原先的陳
見，即「是不是有了權有了錢人的奉獻就更多一些」，他知道了善、德性
從根本上來說不是造作的，它們跟這些外在的條件也沒有關係。舊觀念的
破除有助於他解決個人修學上的各種困惑、化解聖俗衝突並在生活中落實
信仰。這是佛教通過神祕的宗教經驗體現出來的一種自我的技術。

　　以上這些宗教經驗均是偶發性的、可遇不可求，但它們確實體現出佛
教的一種自我技術。不過並非所有的宗教經驗都可以作為自我技術的一種
體現，端看其最終的作用點能否落在信徒的自我上，以其自我是否能夠受
到影響或改變為準。

第二節　累積性的自我技術：禪修

　　禪修[9]，又稱坐禪[10]、打坐，是佛教的一種典型的自我技術。對比前

9　此處之所以採用「禪修」總稱而不用「打坐」等稱呼是因為在信徒的實踐上面有一些
　　超出「坐」禪的，比如「動中禪」這一禪修活動就不是坐而是動作，手部的動作和腳

一節從宗教經驗中體現的自我技術來說，禪修是一種相對穩固、連續的，並具有累積性的自我技術，它正是佛教徒用以直接針對自身的一種活動，通過調身（體）、調息（呼吸）、調心，從而止息妄念以求明心見性，並最終獲得解脫涅槃。如前一節所示，宗教經驗是偶發性的，信徒主要是通過這種暫時的體驗從中獲得一種認知，而改變自己的舊觀念或者對自己的信仰形成一種更深刻的理解，因此自我技術主要是在信徒的意識或者思想層面起作用。而對禪修來說，信徒通過持續不斷地修習正是要止息妄念以求明心見性，這種自我技術主要是在其身體層面、更進一步地在其心靈或靈魂層面起作用，即現代心理學所謂的「潛意識」。在意識或者思想層面起作用是比較好理解的，而在身體上乃至潛意識層面的作用固然稍顯陌生但卻並非不可測量不可驗證，禪修在西方的傳播就很好的體現了這一點。

　　佛教的禪修傳到西方首先是被當時的精神分析學派關注，由日本禪師鈴木大拙和弗洛姆在 1957 年精神分析學術會議上的講稿彙編而成的《禪宗與精神分析》正是這方面的一個代表。榮格更是要努力把「作為科學的精神分析學與作為一種神祕之物的禪結合起來」，1939 年他為鈴木大拙的《禪佛教入門》德譯本作序說，「要把禪移植到西方，那是不可能的。禪門的心靈教育，在西方根本就沒有，但西方的精神分析學卻能夠理解東方的禪悟。」現在亦有不少西方人試圖以禪修補足精神分析學只停留在思想上的缺陷。事實上精神分析學對禪修的理解是有誤讀的 [11]，但是他們以

部的經行交替，因為一般人覺知動作比較容易而覺知心念則比較難，所以這也是現代一種比較方便的禪修方法。本節未採用關於動中禪的訪談資料，但此處有必要指出禪修並不僅僅局限於坐禪，而是有各種各樣的禪修方法。

10　坐禪：端身正坐而入禪定。禪係禪那（梵文 dhyāna）之略稱，意譯靜慮。結跏趺坐，不起思慮分別，系心於某一對象，稱為坐禪。坐禪原係印度宗教家自古以來所行之內省法，佛教亦採用之。釋尊成道時，於菩提樹下端坐靜思，其後又在阿逾波羅樹下七天、目真鄰陀樹下七天、羅闍耶恆那樹下七天端坐思惟，是乃佛教坐禪之始。據三卷本《大般涅槃經》卷中載，出家法係以坐禪為第一。佛教大小二乘皆修習坐禪，其類別有作數息、不淨、慈心、因緣、念佛、四無量等種種之禪法，因而產生般舟三昧、首楞嚴三昧等多種三昧。此解釋出自《佛光大辭典（第三版）》「坐禪」詞條。

11　如弗洛姆、榮格均把禪宗所講的「無念」、「無心」當做佛洛伊德精神分析學的重要貢獻「無意識」，事實上「禪宗所講的『無念』，實際上是一種朗然清明的境界，破除了心識的昏沉散亂，所以這種解脫性的『無意識』遠比佛洛伊德所理解的壓抑性的無意識深刻得多。」見李四龍，〈基督禪與佛教自覺〉，《北京大學學報（哲

科學的眼光說明「禪」之合理性，乃至以各種儀器測試禪修者腦電波變化，這種努力正為禪在西方的傳播奠定了極其必要的基礎。

　　到 1971 年，耶穌會士喬史頓發表專著《基督禪：冥想之道》，西方的基督信徒們開始嘗試「援佛入耶」，以禪修強化祈禱，推動靈性成長，這也是佛耶對話的一個成果。對於佛教的禪法何以能夠有助於基督宗教[12]的靈修，李四龍認為，「現實生活與宗教觀念經常會有一定的衝突，而佛教主張世間法與出世間法一致不二，禪宗向來是把日常生活作為修行的道場，語默動靜、行住坐臥皆不離禪，達到現實與理想的無分別境界。所以，禪修能改善祈禱者與現實社會的關係，釋放祈禱者的內心壓力；」此外，「基督（信）徒借用佛教的『止觀』、『數息』等禪法，形成基督（宗）教的『默觀』方法充實了基督（宗）教原有的『默禱』。」[13]

　　佛教禪修調適身心的作用已經得到公認。加州大學洛杉磯分校高等教育研究所進行的〈高等教育中的靈性：一份大學生尋找意義和目的的全國調查〉即顯示如果學生通過禪修、冥想等積極地進行「內在工作」（inner work），他們的靈性品質會有最大程度的發展，而且促進靈性發展的這些實踐對傳統的大學教育一律有正向的影響。

　　本研究訪談對象最主要的宗教實踐就是禪修、打坐，相當一部分人更是將之列為日常定課。他們學習禪修的目的基本上都是為了落實信仰：

　　秦珊珊：我覺得佛教的很多道理很好，包括德行上的東西啊，貪嗔癡的去除啊什麼的，道理很好，你聽到這個道理的時候也覺得太好了我應該做到這樣，但一遇到事情一遇到對境的時候就完全還是你原來那個人，貪嗔癡慢還是那個樣子。然後我就想應該通過打坐才能改變這些。然後我就開始打坐。

　　齊馨：最近開始打坐。就是發現光有教理上的熏習肯定是不夠的，

學社會科學版）》，2010 年 1 月，頁 78 － 79。
12　此處的基督宗教主要偏重於指天主教，耶穌會即屬於天主教。
13　關於禪修在西方的傳播主要參考李四龍，〈基督禪與佛教自覺〉，《北京大學學報（哲學社會科學版）》，2010 年 1 月，頁 76 － 79。

一定要透過你內心的真實的開始，去往修證的路上去走，真實的開始改變你自己，而且佛法修三學：戒定慧，這個定非常非常重要，定是生慧的基礎，你所有知見上的求證摸索必須要建立在你有一定的定的功夫上才能夠深入，否則都是第六意識的妄想執著分別。這一點佛陀自己的實踐其實也表明了。

世間生活對信仰是一個考驗，總是會有各種「對境」、煩惱出現來測試信徒的信仰到底有多堅定、到底落實了幾分。禪修、打坐或者說佛法三學之一的「定」學正是信徒由內開始真正改變自己、逐步去除貪嗔癡慢疑五毒從而落實信仰、減少煩惱、化解矛盾的自我技術。佛陀當年可以說正是以禪修成道。這些青年佛教徒禪修、打坐也都有自己的一些體會、受用，比如初期信徒在師長指點下通過日常打坐感受到身心平靜、煩惱減少：

> 孟雯：其實更多的可能是生活中一些小煩惱什麼的，逐漸自己經常打坐那些小煩惱就會少一些了。因為你打坐以後你會覺得整個人，打坐的時候調心調息讓自己的心很平靜嘛，一天打完坐之後就會覺得，剛開始打坐前可能情緒比較糟糕甚至是很波動的狀態，打完坐之後就沒有那個狀態了，自然煩惱就少了。

除了日常自己修習之外，這些青年信徒還會參加寺院舉行的集中的禪修訓練。齊馨參加了一個寺廟的禪七 [14]，她打七正是想落實修行，通過這種密集型的訓練改變一下自己。寺院禪七要求盤腿坐，每 45 分鐘就下坐行禪 15 分鐘，然後又坐禪 45 分鐘。作息是早晨 4:00 起床，4:30 開始第一坐，然後到晚上差不多 9:30、10:00 入睡。指導法師並不具體指定方法，禪修方法自己隨意，觀呼吸、唸咒語、唸佛菩薩名號都可以。她生動逼真地講述了打七經過：

> 齊馨：法師基本上只是小小的答疑鼓勵一下大家你們不要怕腿痛什麼什麼之類的。就是坐在那兒，我先開始是念佛。法師說參

14　禪七，又稱打七，漢傳佛教寺院的專門禪修活動，一般在冬季農閒時舉行，僧俗都可參加。七日一期，專心修禪。一期結束後可以連續舉行。實際是一種集體閉關禪修。參考陳兵，《新編佛教辭典》，頁 310。

禪就是要觀自己了了分明一念不生的時候，我就在那兒「一念不生的時候」，「一念不生的時候」，……一念不生，——跑了，一念不生，——一會兒跑了，一念不生，——開始在那兒打瞌睡，一念不生……然後盤腿坐那兒也是，哎呀！痛得！不想坐了！痛死了！沒帶錶，也只有聽敲磬的聲音，怎麼還不敲啊！堅持不了了，怎麼還不敲啊！痛死了！把自己的腿悄悄在裡面伸開，哎喲痛死了！（受訪者聲情並茂地演示，極為真實。——訪者注。）

（打七）第一天就這樣了。啊呀就覺得怎麼回事兒啊！開始比如說上午第一坐第二坐的時候好像還「阿彌陀佛、阿彌陀佛、阿彌陀佛」，一念不生了了分明，自己一直在找法師說的「一念不生了了分明」的時候，找！好像把自己的思維逼到一個什麼程度，就是，啋嚓，什麼都不想！啋嚓，什麼都不想！啋嚓，我要什麼都不想！就這樣，然後肚子裡頭一會兒冒出一句話出來，嗯——這個體會，嗯——那個體會，嗯——這個理論……我自己搗鼓出來很多話來，就是能搗鼓出來很多：啊！我以後我帶禪修我要怎麼怎麼……啊！我就自己在那兒……然後自己還覺得這句話太經典了！我自己怎麼能冒出這句話來！嗯不錯不錯！我恨不得當時拿個本兒把我那些名言都記下來。然後我自己就跟那兒……

然後不管是再美妙的理論，回去再一聽法師講的時候：「不管你再美妙的理論都是妄想，你都要放下，你所有的東西都要放下。」我說啊，原來糟了！這些都是妄想啊！還覺得自己挺高妙的！一會兒擱那兒坐著，然後東想一個念頭西想一個念頭，哎呀我現在應該怎麼用心……我現在應該又怎麼怎麼……腿要應該怎麼想……身體我應該放鬆……就在那兒搗鼓啊搗鼓啊搗鼓啊，自己搗鼓了幾天就！

哎呀！我徹底厭惡我這種思維方式了！我好厭倦啊！我覺得我自己好無聊啊！煩透了！就覺得自己真是無聊真是無聊！然後當時呢好像是怎麼回事兒……坐著腿又覺得好像這兒氣

怎麼沒下去，我就想──我就開始不在腦子裡搗鼓了──我
就想這個氣怎麼把它疏導下去，這腦子裡頭忽然什麼念頭
都不想了的時候就在那兒想這個身體得給它鬆下去才對，
就呼嚓一下子腦子覺得，誒，這不挺輕鬆的嗎！誒，這不呼
嚓鬆開了就好像鬆開了！誒，這不是挺好的嘛！就好像以
前總得抓著一個想法得抓著一個念頭來支持我支撐我，就
好像說你現在就在這兒待著你什麼也不想，那我就覺得好
──totally nonsense！我覺得這完全沒有任何 sense 的！
浪費時間浪費生命我不要這樣我一定得抓著一個很有意義很
有價值非常偉大的想法！我覺得在這種想法之中我覺得這才
活出了人的價值！但是後來發現，哦──！原來一念不生了
了分明是要我們這樣子啊！哦──！以前那些語言什麼的，
我一直攀求的理論其實放掉的話會更好！就是一下子自己就
──當時就覺得這塊兒特別暢快整個身心就非常暢快（受訪
者比劃著胸口），喜悅！喜悅得不行！

　　齊馨採用唸阿彌陀佛名號的方法打坐，然後按照法師所說「觀自己
了了分明一念不生的時候。」一開始念頭總跑、打瞌睡、腿疼，思維上習
慣性的各種體會、「理論」、自大的想法、「名言」都一撥一撥兒的冒出
來，待法師答疑時她才知道，原來這些都是妄想都要放下；於是又繼續坐
那兒搗鼓自己該怎麼用心該怎麼打坐，直到某一刻她終於徹底厭惡了自己
這種思維方式！就在她從頭腦思維的打轉中出來將注意力落到身體層面的
時候，她感到輕鬆了，原來「鬆開」就是「什麼也不想」，放下那些所謂
的偉大的意義和想法──頓時身心暢快，喜悅油然而生。

　　打坐以一種純粹技術性的方式調適信徒的身、心，從而釋放生活和習
性的壓力、減少煩惱，有助於日常生活中矛盾的化解。[15] 寺院提供的這種
連續密集型的禪修往往能對人的身心有一個很大改變，去除習性，增長智
慧：

15　筆者在一個寺院做田野調查時曾碰到一個青年信徒，她說自己跟父親的關係一直不
　　好，總吵架，後來有人推薦她去打禪七，她便在寺院參加了兩個七，身心輕快，回
　　家後看到父親心裡一點兒火都沒有，關係融洽得就像從沒有發生過矛盾一樣，她的
　　家人都覺得非常奇怪，她自己也覺得不可思議。

齊馨：當時是，也確實是覺得，真是心無住處便是住處，就是「應無所住而生其心」[16]，以前根本聽不懂。什麼「應無所住而生其心」？什麼六祖因為這句話悟了？不懂，完全不懂。什麼叫「無所住」？什麼叫「念念無住」？真的不知道在說什麼。但是就是那個時候明白了。哦，「念念無住」，就是每個念頭都過去，但是心又觀照在一個完全虛空光明的一種……我很難形容，但是就是這樣。以前我都覺得我的腦子就是緊緊的抓著一些東西根本就鬆不開，然後一個老師說我不會用腦，我也確實覺得我不會用腦，但是我完全不知道該怎麼用腦。然後才知道哦這些所有的理論概念都應該放掉，不要抓著它，哦原來這樣子！以前非得抓一個。要是沒有以前這些大德給你開示說你可以不抓，我還真得抓著！我不抓我不知道我這人怎麼活下來！

知識分子長於用腦、偏重思維層面，而過多的攀求理論、概念可能會成為生活的一種負擔。放掉這些想當然的概念、理論，人可以活得更輕鬆，對自己的束縛更少，心也更自由。齊馨通過這次打七明白了一直以來都讓自己很累的這個頭腦層面的毛病、習氣，調整了身心：

齊馨：後來那天中午幹了一中午的活兒不覺得累。以前（在寺院幫忙幹活）整天就累啊整天疲倦累得不行。但是就是那個過後，就是那天明白了，然後那天中午幹活好像還行，一點不覺得累，心裡頭還挺暢快的。所以這個是一個體會吧，就是知道以前對於文字相的執著，特別我老師老說我，說我太執著什麼的。我也知道我執著但我不知道怎麼改，我不知道我怎麼個不執著法。然後這次就有了點體會，但是還不夠深。因為事實上我們打七正式用功才五天，頭一天和後一天都是一個尾巴那種，所以用功的時間也不夠，還不到功夫成片的時候，保任[17]得也不夠，我怕我回來一晃蕩又晃蕩到惡道裡面去了，所以我仍然想如果有機會要繼續去打七。

16　此語出自《金剛經》。
17　保護任運之意，是佛教中一種習慣說法。

通過這種密集型的禪修，齊馨還有一個改變：

> 齊馨：自己對身體的覺受開始有一定放下，因為你坐那兒確實腿痛
> 得不行，你發現那個腿痛怎麼跟你那個心連得那麼緊，然後
> 你每分鐘就想從你那個腿痛當中逃走，但是你越想越緊張，
> 越想逃的時候它越跟著你，就每次都想，哎呀痛死了痛死了
> 不行坐不住了坐不住了，但是還是那麼痛罄還是不敲。後來
> 就想怎麼辦，然後就開始一點點對它觀照，最後發現腿痛是
> 痛，但是我不害怕了，你腿痛你痛吧，後來就覺得腿痛是很
> 好的事情，然後你開始對你的（覺）受不再那麼執著了。以
> 前對受非常的──就是人，色受想行識嘛──總是從自己的
> 感受出發，你的樂啊，苦啊，苦樂的感受推動著你去做各種
> 事情，然後就發現這種其實多少有一點苦行的意味的時候，
> 苦行能幫助我們解脫內心的很多局限，就是這一點非常好。
> 而且打坐腿痛的時候也疏通了你的經絡，所以它的痛對你的
> 生命本身並沒有傷害，它實際上是幫助你的東西。

通過打坐觀照腿痛從而逐漸放下身體上的覺受、放下自己對苦受和樂受的執著，這個進步讓齊馨開始逐步解脫內心的局限。總而言之，她通過打坐這種自我技術破除了頭腦慣性、思維障礙，放鬆了身心，同時破除對苦、樂受的執著，這些都有助於她化解個人修學上的各種困惑、偏見，落實信仰，消弭聖俗衝突，進而解放心靈。

除了日常禪修、參加寺院禪七之外，這些青年信徒還有少量的閉關的體驗。王鋒曾在一個禪修中心斷斷續續待了好幾個星期。那裡有提供給個人獨自禪修的小隔間、關房。中心指導老師會先讓去閉關的人在道理上明白禪是什麼，傳授各種方法，比如觀念頭──念起即覺，覺之即離；念佛禪；或者修息，等等。其中的重點在於老師對閉關者的適當引導。王鋒得知這一禪修中心的消息之後就去閉關了，因為他當時急切的想開悟，然而在那兒他發現自己的學識不頂用了，「那些啥都不懂的人在那兒明白得更快」。

> 王鋒：因為我當時很執著地想那個什麼嘛就進去閉關，那段時間特
> 別的想開悟。然後在那兒就非常非常沮喪的發現，那些啥都

不懂的人在那兒明白得更快，然後出家人可能還更麻煩，然後就很沮喪。（因為我）想得太多。在那塊兒我就一下子把自己給放低了，或者說自卑，大學畢業！就覺得（其實）什麼都不是。比起當時那些底層人民，他們其實更有智慧。

儘管沮喪，這次閉關王鋒仍然有很大收穫。他不善言辭講得不多，但是對於禪修這種自我技術對人心靈層面的作用卻有很精闢的認識：

> 王鋒：也就是對心的一些感悟，心原來是個很奇怪的東西，你沒法把握的一個東西，但這種經歷是最實在的，最無可懷疑的，不是說你聽到別人說這個法師多麼牛或者多麼差，這跟那個不一樣，心性的感悟是最直接的。……肯定要有自己的體驗。我沒有什麼特別的體驗，我是一個比較懷疑、懷疑傾向比較濃的，有什麼體驗我也不會去太在乎。就是心的一些本質結構吧。……一種體察。它（對心的這種體察）超越了我以前所想像的修行應該是什麼樣的一些認識。

心原來是個很奇怪、沒法把握的東西，對這種心的本質結構的直接體察讓王峰開始超越自己頭腦中以往對修行應該是什麼樣的所有想像：急切地追求開悟、想出家，以為那樣才能解脫；這種體驗也讓他逐漸從那個不斷「撞牆」的階段[18] 走出來，重新看待學佛：

> 王鋒：佛法就在生活中，因為人不可能脫離世間，佛法讓我們擁有一個最完善的人格，它就是這樣一個功能。相對的以前可能就會談得過於虛，說什麼這個很好啊，樹立什麼天人感應，覺得很好，可能就在那兒自己體會怎麼天人感應，或者就自己去唸什麼東西就會……我很大一個問題就是找感覺，總是找感覺，其實修行不是找感覺，是從因上下功夫，就是原因上下功夫，而不是在結果上追求，從心上下功夫，不是從心所[19] 上下功夫。其實回到最平常還是一個做人做事。只是在

---

18 前一章第二節講述「聖俗兩難的個體困境」時王鋒是作為「學佛初期的『怪異』」的典型出現的，如他自己所述，學佛初期他有過一個不斷「撞牆」的階段。

19 心所，心所有法的簡稱，英譯 mental functions，也就是為心所有的各種心理現象，共有五十一法，即遍行五，別境五，善心所十一，煩惱六，隨煩惱二十，不定四。

適當情況下，就是很少的時候把你往出世間修行的方向上引一點，大方向還是（在世間）做人做事。

通過在閉關禪修中對身、心層面的不斷下功夫、體察，王鋒破除了自己學佛以來的種種執著、偏見，從而走過那個不斷「撞牆」、讓人覺得怪異的階段，而他對到底什麼是學佛、如何修行也逐漸開始有了正確的理解：「其實修行不是找感覺，是從因上下功夫」，「而不是在結果上追求」。至此他才開始協調好信仰與俗世生活，並將信仰落實到自己的生活中，進而融合世出世。

以上介紹讓我們看到佛教的自我技術禪修是如何在信徒的身、心層面發揮作用、破除信徒對信仰的盲目、偏見、執著進而幫助他們真正落實信仰、化解生活中的各種矛盾衝突的。通過禪修，不論是日常的還是密集型的，信徒的身體得到調適、心靈得以淨化，逐步能夠擺脫習性的纏縛，明晰前進的方向，而這一切都最終落腳於其自我意識的改變，這也正是禪修這種自我技術的目的所在。

第三節　互動型的自我技術：善知識

前兩節分別介紹了佛教中偶發性的（通過宗教經驗體現）和持續累積性的（禪修）自我技術，本節將在善知識這個領域探討佛教中相對系統、

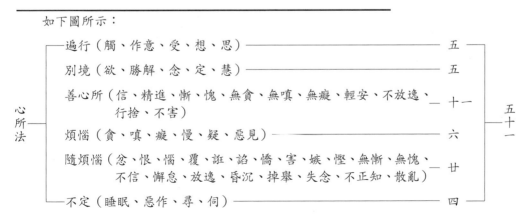

如下圖所示：

心所法

遍行（觸、作意、受、想、思）────五

別境（欲、勝解、念、定、慧）────五

善心所（信、精進、慚、愧、無貪、無瞋、無癡、輕安、不放逸、行捨、不害）────十一

煩惱（貪、瞋、癡、慢、疑、惡見）────六

隨煩惱（忿、恨、惱、覆、誑、諂、憍、害、嫉、慳、無慚、無愧、不信、懈怠、放逸、昏沉、掉舉、失念、不正知、散亂）────廿

不定（睡眠、惡作、尋、伺）────四

五十一

《成唯識論》五卷十三頁云：恆依心起，與心相應，繫屬於心；故名心所。如屬我物，立我所名。此處解釋參考《佛學大辭典》（丁福保編）「心所」詞條。

有方向性的「互動型」[20]的自我技術。

　　一般來說，在佛教中善知識[21]亦稱「善友」，指能引導、幫助人瞭解學修佛法的師友、良友，「知識」即朋友之義；佛典中時常強調親近善知識對學佛之重要性，《法華經》稱善知識為「大因緣」，謂能化導人令得見佛，發菩提心；《華嚴經》稱善知識為趨向一切智的乘、船、導、橋、炬、燈、眼等；深通佛法、能化導多人修道學佛的善知識稱「大善知識」。[22]

　　本書所指「善知識」之義則更多落在師長而非朋友，顯宗中多稱法師、老師（居士身分），密宗中多稱上師（出家、在家都有）、法師、老師（居士身分），正因為顯密的不同，故本書統以「善知識」代之。在善知識這個領域，信徒的自我技術則不僅僅局限在意識思維層面或者身、心層面起作用，而往往是在這三個層面相互貫通的。

　　在訪談時，被問到「根據自身的經歷，你覺得青年學佛最需要得到的是哪方面的指引」時，回答需要老師、善知識或者說需要實修的引導[23]的

20　信徒與善知識之間當然主要採用「互動」的形式，但也有極少數信徒雖暫時還未與善知識在現實中直接互動，但卻在單方面已經受到其點化、影響而有所改變，比如有一些通過網路聽法師講法受到很大影響的特別情形。這種情況下，就善知識一方來說仍然是有系統、有方向性的，而且將來他們在現實中也有很大的直接互動的可能性。

21　《佛光大辭典》對「善知識」的解釋是：正直而有德行，能教導正道之人。又作知識、善友、親友、勝友、善親友。反之，教導邪道之人，稱為惡知識。據《大品般若經》卷二十七〈常啼品〉載，能說空、無相、無作、無生、無滅之法及一切種智，而使人歡喜信樂者，稱為善知識。《華嚴經‧入法界品》記述善財童子於求道過程中，共參訪五十五位善知識（一般作五十三位善知識），即上至佛、菩薩，下至人、天，不論以何種姿態出現，凡能引導眾生捨惡修善、入於佛道者，均可稱為善知識。又《釋氏要覽》卷上引《瑜伽師地論》，舉出善知識具有調伏、寂靜、惑除、德增、有勇、經富、覺真、善說、悲深、離退等十種功德。另據《四分律》卷四十一載，善親友須具備難與能與、難作能作、難忍能忍、密事相告、遞相覆藏、遭苦不捨、貧賤不輕等七個條件，即所謂「善友七事」。
　　經論中臚舉善知識之各種類別，據智顗之《摩訶止觀》卷四下載，善知識有如下三種：（一）外護，指從外護育，使能安穩修道。（二）同行，指行動與共，相互策勵。（三）教授，指善巧說法。
　　此處提供《佛光大辭典》（第三版）對「善知識」的解釋作一個補充參考。

22　此界定參考陳兵，《新編佛教辭典》，頁295。

23　實修也主要是需要老師的引導。其實根據訪談資料，實修不見得一定需要一位現實中的老師的指引，比如淨土宗的羅競，日日念佛，覺得自己時時與佛菩薩同在，信心極為堅固，生活中除了覺得聚餐時因為自己吃素有點尷尬之外，並沒有其他的衝

有 18 人，回答需要正知見的 7 人，回答需要道友的 2 人，回答要正確瞭解自己的 1 人，還有 1 人因剛剛皈依尚不清楚。[24] 因此 23 人的訪談對象，大部分都比較認同青年學佛時需要善知識或者需要實修的引導，對他們來說善知識是最重要的，其次才是正知見。那麼，為何善知識如此重要？

> 楊煜：必須要有一位善知識，這是最根本的。「能成眾德之體具恩師，如理依止道之初步正」[25]，一切功德的根本就是你要依止一個善知識。這有前提的，就是你對這個善知識你要認真進行抉擇，有十個條件來進行抉擇，等等，那我就不說了。反正就是說一個人學佛你就看那麼幾本書，東混混西混混東跑跑西跑跑學不出東西來的。有很多人說佛教是很開放的，不像別的宗教，你只要自己去理性抉擇只要依靠自己就可以了，這是誤解！任何東西你都不能太過，你覺得這不可思議所有東西你都不用學那不對，但所有東西你都執著在學上面你不修行那也不對。同樣這個也是，因為一個善知識他對這個東西的掌握是有一個過來的過程的，而且他對你經驗上的引導是你在書上學不到的。另外善知識還可以告訴你比如說你去依止哪些別的善知識，然後你去看哪些書你用什麼方法來看，你修行應該怎麼樣，這種東西是你自己琢磨一百年也琢磨不出來的，哪怕你是受過高等教育的、高學歷的，這也是不行的。因為現在是一個信息量非常大的時代，你想自己去摸索你三弄兩弄你就被轉暈乎了，不是有一個人像一條線一樣把你引出來這樣這是不行的。當然我也想說你學佛需要有一條道次第需要有一條紅線，但紅線最根本來說也是善知識告訴你的。

突煩惱；他的「聖經」主要是《印光大師文抄》和淨土宗歷代祖師著述，因此在現實中他並沒有引導修行的老師或者法師。但由於他來自佛化家庭又是淨土宗，情況實在特殊，屬於小概率事件。訪談對象中對此問題回答需要老師的有 14 人；需要實修的指引的 4 人，而這 4 人中有 3 人明確認為「修行方面的指引」或者「實修方面的引導」、「都離不開」或者「就是需要」老師，剩下那 1 人是這樣回答的：「修行上的指引，通過修行改變自相續然後就有智慧解決問題」，這其實還是需要老師。因此這裡將需要善知識和需要實修的引導歸為了一類。

24　這幾項之間不是互斥的。

25　此語來自《菩提道次第攝受求加持頌》，宗喀巴大師造，能海上師譯。

佛教很開放，但它並不是「只要自己去理性抉擇只要依靠自己」就夠的，在這個資訊大爆炸的時代，修行的方向以及實修的引導都需要善知識。由前一章我們知道，佛教信仰與俗世生活衝突的根源正在於信徒對佛教信仰的知見不正，而有了善知識「正知見」才會相對比較有保障，所以楊煜說，「學佛需要有一條道次第需要有一條紅線，但紅線最根本來說也是善知識告訴你的。」

前一章在談到聖俗兩難的個體困境，即個人修學上的困惑與衝突時已經提到這些青年佛教徒在修行方向上的大苦惱，他們學經學論亦未見得能找到信仰的方向，而前面我們也觸及了這個群體在尋找善知識方面的困惑，主要是懷疑。然而即便是滿腹懷疑的文魁亦承認善知識的重要性：

> 文魁：根據我的經驗，我覺得應該得到善知識的指引，但是太難找了，最好每個人都有一個自己辨別的體系或者標準，但是不要像我這樣，我覺得我很惡劣，去測試別人這是很不好的，有可能是我一旦想去檢驗他，如果他知道的話，我現在想想，假如我換位思考，假如我有他心通的能力我知道這個人是來試驗我的，那我就不帶他，我很可能是這樣。

之前我們舉了文魁在尋訪善知識受到打擊後便開始測試善知識的例子。訪談時他屢次懺悔此事，這也從一個側面反映出善知識非常非常重要。樣本中只有 5 人沒有一個固定的老師可以求教，1 個是剛剛入門的初學者，1 個是淨土宗的羅競，另 3 個都是長期信徒而且這 3 人都認為青年學佛最需要老師、善知識。

事實上佛教作為一個模範型預言的宗教，善知識是它非常獨特的一個領域。佛教徒稱釋迦牟尼佛為「本師」，即「根本老師」[26]，因此，佛教裡善知識這個領域其實有很多東西可以挖掘。但本節將內容限定在該領域體現的佛教的自我技術上。前文說到在這個領域的主要是相對系統、有方向性的「互動型」的自我技術，這裡的「互動型」並不是我們通常認為的人與人之間一般的互動，而毋寧是一種信徒一方自發的「學習」，是向法

26　佛教徒一般稱呼釋迦牟尼佛為「南無本師釋迦牟尼佛」，即皈依根本的老師釋迦牟尼佛之義。而在基督宗教中，信徒們稱耶穌為「神」或「主」，這兩個宗教在這一點上有著根本的區別。

師、老師、向修行路上的前輩、模範學習的這種「互動」，它是以善知識為中心點，而信徒處在一個求教的位置，這一點不論顯宗密宗都是如此。通過這種「互動」最終信徒自身受到影響或者改變——思維上的澄清、身、心各方面都受到積極的影響等等——從而能夠深入修行，實證信仰。以下將詳細說明青年佛教徒與善知識之間的互動情況以及這種互動是如何在信徒身上發生作用的。由於佛教中顯宗、密宗在這方面有很大的不同，而且所搜集訪談資料中這兩類之間也有明顯差異，因此以下將分顯、密來呈現。

一、顯宗的善知識

對顯宗來說，善知識在信徒生活中充當的是一個合適的指路人的角色。首先，他們可以提供給信徒精神和心靈層面的智慧引導。

初學佛的孟雯這樣評價指導自己學佛的法師：

> 孟雯：（法師）感覺挺好的啊。很慈悲吧，對每一個，——無論是皈依的弟子還是偶爾接待他生活中的人，他都很熱心很慈悲的幫他們解決一些問題，反正我覺得挺有智慧的。然後，我覺得自己從小到大接觸的老師，教你的都是基本知識，就算是上研究生之後接觸的老師也只是教你做科研，不會關注你生活中的一些問題。但是自己信仰上的老師他除了教你學佛法之外，生活中的問題也能幫你指導一點點，他們很慈悲，他們比生活中的老師更能從心靈層面關心你，從物質層面他沒法幫助你，但是他從佛法方面從精神層面他能夠給你指導，那個是更好的糧食，我覺得。

法師慈悲有智慧，不僅指導孟雯學佛而且還能指點她的生活，他給予的正是她相對更需要的心靈層面的「糧食」。這種「互動」讓孟雯在信仰修學以及世俗生活上都一點點成長。

謝寬對法師對自己的影響有更細緻的描述：

> 謝寬：（師父）講法的時候經常會有讓我非常觸動的地方，一下子找到自己內心的問題，像昨天聽（師父講法）那一段我就會

覺得哎呀好像自己這一生做的這些事情、從小到大做的這些
事情這幾句話就概括了，就是各種各樣的塵垢不斷落到心裡
嘛。雖然我沒有跟法師講過我的人生經歷，但是法師對我好
像都很瞭解。其實法師是對一個普遍的人性、人生的瞭解。
我內心的很多東西法師也都知道也都瞭解。（我內心）這些
師父都有智慧能夠關照得到能夠幫我想辦法去解決。

也會有一個感覺就是法師的思維方式和我很不一樣，經常摸
不著頭腦，一句話要想半天，不明白，或者覺得誒，怎麼這
樣答啊！好像這句話不是回答你要問的那個問題啊。那就只
好自己去琢磨了，為什麼這麼答啊！比如前天我正好碰到法
師，我問法師說我現在很執著啊怎麼辦？法師說，放開一
點。我當時就在想放開一點，怎麼放開？後來法師說了一句
我沒聽見，後來其他法師轉告我說師父還說了一句，放開一
點，煩惱少。我一聽，誒！是這樣子啊！我對於自己的學
業、生活這邊就是放不開，我畢業了大家（同學、社團的朋友）
怎麼辦啊，我有煩惱啊，我拚命逮到一個人就跟他說這是我
的經驗你要怎麼怎麼做怎麼怎麼做！煩惱就很多。他們自己
會去解決的嘛，自己會去摸索的嘛，有問題再來問我嘛，我
給他們鼓勵讓他們不要有壓力就好了，煩惱就少了啊。再仔
細想想，這句話「放開一點」看上去很簡單，就是放下執著
放下自我嘛，其實背後有很深的意思。我聽了之後這幾天就
能夠有一個調整。昨天我又觀察我的一些狀態我發現我在跟
別人交流的時候就是放不開特別執著的狀態。所以師父一句
話我就覺得很管用。

問：其實你算一下，你跟法師平均一年能見上幾次？至少近距離的，
　　他在跟你說話他看到你了。

謝寬：近距離的也就一兩次吧，一年就一次，大概這樣子。

問：法師有很直接的對你個人的情況進行指導嗎？

謝寬：沒有講得特別具體，就像剛才那樣一兩句話。（主要是）看

他的文章之後就很能增長信心。法師著作第一卷我看了之後
就覺得哇法師太了不起了。然後通過其他的居士、法師講到
師父平時做的一些事情一些行持，能夠感受到。大家都對師
父非常有信心。

基於對人性、人生的一個普遍瞭解，法師往往一句話就能點到謝寬的
問題上，哪怕法師並不是很有針對性的在回答他的問題。謝寬也會感覺在
跟法師溝通時似乎雙方思維方式很不一樣，覺得好像「答非所問」，但是
琢磨之後自己總能對問題如何解決有恰到好處的領悟，從而在生活中依教
執行。比如法師說，「放開一點，煩惱少。」謝寬就嘗試在與人溝通交往
時放下自我的觀點，仔細觀察努力調整，他的生活也因此慢慢改變，人際
關係更加輕鬆。其實他跟法師現實中的具體接觸非常非常少，但他覺得法
師一句話對他就很管用，而這都來自於他通過看法師的文章以及各方面的
瞭解對法師產生的信心。他非常相信法師，因此法師的講法或者回答不論
多麼讓人「摸不著頭腦」都能對他起作用，因為他總能琢磨出來，總能領
悟。

可以說，對善知識的信心是善知識可能對信徒發揮作用的關鍵所在，
它就好比一道關卡，這一點不論顯宗、密宗均如此。但這群理性的知識菁
英並不盲目，亦不會隨眾，不會因為大家都信所以我也就相信。他們對善
知識會有自己的觀察和判斷。初學佛的隋楓談到自己是如何判斷善知識
的：

隋楓：一開始肯定不會百分百信，對吧。就是可能覺得他是能給我
　　　一些修行的指導的人，還是頗為自私自利的。但是在指導的
　　　過程中，就是他那個正念、不斷給你樹立的那個正念，讓你
　　　不依賴任何人只是去依止正法的這種正念，你會對自己特別
　　　有信心，到最後他是樹立一種讓你依止正法、依止自己、相
　　　信自己就是佛的這種信念，這就讓你對萬事萬物的依賴甚至
　　　對他的依賴都沒有，我覺得這樣很難得。是法師告訴你不要
　　　依賴他。

　　　怎麼講呢，我開始學佛的時候對法師特別依賴，有一段時間

就總覺得法師有神通，就特別羨慕，格外依賴，我覺得正常
的人的話如果有人這麼依賴你，如果你不是一個善知識的話
那肯定是很享受這種依賴的吧，對吧？從我自己的角度來
講，是這樣的，比如我爸我媽，或者跟你關係比較親近的人
都會比較希望自己比較親近的人對自己有一定程度的依賴，
就是有執著嘛，但是這種執著畢竟是對自己解脫不利的。而
法師就會一直告訴你要依止正法，依止正法佛就在你身邊，
不要依賴任何人，依賴任何人都是不對的，就是你現在可
以，我可以指導你引導你走向真正屬於你自己的修行道路，
你現在是初期我扶持你一下，在避風港裡避一避可以，但是
你不能有永遠的這種心態，這不對。就幫助我們扭轉一種不
正確的心態，獨立了之後信仰就堅強了，堅強了之後自己就
可以修了，就覺得有解脫的希望了。我覺得善知識是這麼判
斷的。（就是）通過他的指導啊什麼的。而且依止他的指導
會有受用，真的有受用。

隋楓剛開始對法師並沒有這麼相信，也覺得大概法師有神通，很依賴
他。但是法師反反覆覆跟她強調「從裡到外的正念」，即「只要你們能夠
依止正法修行，佛就是在你們身邊的」，「不要總想著我給你們什麼經驗，
我的經驗永遠都是我的經驗，你們要自己修、自己摸索，形成自己的受用，
如果你沒有受用，解決不了你的生死問題，就是佛坐在你面前也跟沒有一
樣。但是如果你依止正法修行，佛就在你心中佛就在你身邊，你永遠跟佛
都是能夠見到的。」法師只是修行路上一個暫時的指引、「避風港」，信
仰堅強之後一定要自己獨立，那樣才有獲得佛教的解脫的希望。

> 隋楓：然後讓人修行上也特別有信念，逐漸修行起來就覺得人獨立
> 了，不是覺得我一定要有同參道友相互扶持，我一定要有個
> 善知識去依止，就是改變了一個修行理念，就覺得我要樹立
> 正見，我要依止正法，就是佛法僧三寶。就是這種感覺，依
> 止正法之後你就覺得你一定會成佛。

通過法師的日常指導以及他對修行正念的反覆強調，隋楓慢慢從對善
知識的崇拜和依賴、對神通和玄幻體驗的追求等種種習氣中走出來，樹立

正見，依止正法、依止三寶，也慢慢形成自己的受用，從而開始在修學之路上有了獨立的力量。隋楓跟法師的互動讓她打破了自己以往不當的追求方向，樹立了正知見，相應地她也對法師產生了堅定的信心。

其次，善知識還提供一條真實可執行的佛教修行之路。對善知識的作用和影響，曹偁從一個更高的角度進行了闡釋：

> 曹偁：最重要的變化那肯定是說遇到老師這件事，遇到法師。因為以前覺得學佛這件事兒，雖然知道有這麼個事，但是會覺得比較飄渺。有了老師之後，因為他本身是一個出家人，是真正代表佛教的，我們居士只是作為佛教、從佛教來講只是外圍、外護，他是代表佛教的也是親歷過佛教的種種修為，讓我們覺得佛教的修行這件事是真實的，並且從一個普通人可以觸碰得到的，可以向他求教到修行方法然後在他指導下具體實踐，我覺得通過這種方式讓我覺得佛教修行的道路是很真實的。如果沒碰到法師的話，一方面這種本身的信心可能會不一樣，品質會不一樣，另一方面，實際的效力方面也確實是由人和人之間的傳遞本身就比書本要強很多。

通過法師曹偁瞭解到真實的佛教修行是怎麼回事，並且能夠求教到修行方法具體實踐，比如打坐的方法[27]，他感受到一條很真實的可以執行下去的佛教修行之路。法師的出現讓他加強了對佛教的信仰。他給曹偁的幫助是同參道友沒法給予的，因為作為一個出家人他有足夠的智慧和修行的經驗。

> 曹偁：學佛同伴就是大家水準差不多，所以互相影響很有限，就是說他沒有智慧來幫你，也不是說他真的沒智慧就是大家都差

27　曹偁向法師求教到打坐的方法並且在法師指導下具體實踐，這讓他感覺佛教修行的道路是真實的。在此必須著重說明：禪修一定需要老師指導——前一節因為只講禪修的作用故而未涉及此，但並不表示這一點不重要。因此曹偁在此所言其實是踏實而慎重的。

訪談中李懷恩亦曾感慨：

因為我一直都是靠自己讀書讀經，自己在那裡亂摸，那時候看以前的虛雲老和尚、來果老和尚他們的禪七，我自己也去打坐去參禪，結果用功的過程中會出現很多問題自己不知道怎麼調整，如果你不懂調整它會帶來身體上的傷害。我就覺得特別缺乏這方面的老師。

不多其實，但是老師從他修行種種上來說比我們明顯……畢竟出家人跟我們在家人不一樣，他有足夠的智慧和修行經驗的指導，自然而然就不一樣。就好像我們平時跟身邊人的交流和突然有一個院士來當我的老師，這個感覺很不一樣，他可能說一兩句話對你來說就很受用。

第三，顯宗的師承關係或者說與善知識的互動給信徒的「自我」帶來真實的影響。跟隨法師學佛之後，曹侗說到自己的變化：

曹侗：因為以前比較以自我為中心，學佛也是，自己覺得對的就做不對的就不做，但是跟隨老師之後，老師有一些對自己的教導和我自己心裡的想法不一樣，這時候我就會想是我自己哪裡的問題，我可能不會首先想師父為什麼這麼說我。然後，一旦自己這樣想的時候其實就會發現是自己的問題，自己和師長的教導出現矛盾的時候，自己心裡出現掙扎的時候，如果沒有老師，我可能就還是會按照我以前那個心理路徑——如果是錯誤的——就千篇一律的犯下去。但是在這兒，老師有一個標杆立在這裡，你就必須得自己改過來，所以這一點是完全不一樣的，所以能感受到自己的變化。就是有些自己心理上的一些慣性的力量靠自己是擺脫不了的，就是凡是遇到這種事我就一定會這麼做，雖然每次我都會掙扎但我每次還會選擇一樣的道路，但是老師在這兒，他告訴你應該那樣做不應該這樣做，可能我會認真的去考慮老師給我的交流。（最後）即使不會完全按照老師說的做，但多半時候我就已經脫離了我自己以前的窠臼了，這就是一個師承關係給我們帶來的，師父對弟子的恩惠。反正言傳身教這件事兒，不僅佛教這樣，你甚至學個木匠活兒還得拜師呢，更何況你學的是智慧。

師父的出現彷彿給曹侗的生活立了一個「標杆」，使得他學佛不再以自我為中心，而開始能夠擺脫心理慣性的窠臼，這也就是他所稱的「師承關係」給他帶來的「師父對弟子的恩惠」。

此外，呂薇談到自己的老師[28]時說他是「靈魂的導師」，自己對他非常的信任，老師說的一兩句話對自己就非常受用，在生活中遵照執行。龍韜一直認為人生最重要的就是要提升自己，而要想靈魂真正往上提升，一個是要學習、反省，更重要的還是要有老師；在談到老師對他的影響時，他這樣感慨：

> 龍韜：我覺得人世間最好的關係是師生之間的關係是最好的，因為它是一種傳播真理的過程，不像父母是純感情式的、純親情式的，夫妻關係也是一種感情式的，甚至有一種利益關係在裡面，但是師生感情是一種傳道的精神，它是讓你靈魂得到提升的。而佛法的根本精神就是，佛陀是我們的老師，是點亮你靈魂的，所以說「南無本師釋迦牟尼佛」，他是你的老師，原來有很多東西我不知道原來有很多東西我本來能做到我竟然做不到，然後跟著他學習的話你發現慢慢能做到了，就是非常好的一種感覺。

至此我們對顯宗部分信徒跟善知識的互動情況做一個簡單小結。總體上來說，這一部分沒有什麼特別的，他們的互動穩定而平實。[29]出於對法師、老師的信心，信徒受到榜樣和「標杆」的指引、點化、鼓舞，從而發現自己的問題所在，超越自身的習氣和慣性，將信仰落實於生活，同時亦漸漸邁上真實的佛教修行之路。通過與善知識的互動，信徒逐步改變逐步成長，以前做不到的現在慢慢能做到，這種狀態讓他們欣喜不已。因此在顯宗來說，這種互動就是「師承關係」、「言傳身教」之類的作用，類似於學木匠活兒要拜師，這些青年佛教徒要學智慧，當然更需要善知識點撥和指引方向；以善知識為中心，這種互動的作用點其實是在信徒自己身上，他們自己的觀點、自己對修行的想像、過往的習氣、心理慣性、惰性等等都慢慢得以改變，他們的自我一點點被放下。

如果說這種互動中有什麼超越的東西存在，那就是對善知識的「信

28　她學佛修行的指引老師是一位在家居士。

29　當然顯宗部分關於信徒與善知識的互動也不是沒有一些神祕的情況，比如本章第一節宗教經驗中，齊馨去金光寺參加中元節法會時，同行兩位師姐就在討論她們皈依大和尚之後一些不可思議的體驗。但是在顯宗這個並不是主流，而且筆者感覺往往是信徒出於崇拜和對神蹟的嚮往而有意神化的情況會比較多。

心」了——能讓一個人在並非逆境的生活中自發地改變，放下自我，反省自己——這不是一般的信心，並非有了佛教信仰就會自然的產生這樣的信心，這信心也並非僅因為善知識的人格魅力。筆者訪談時曾「逼問」曹倜，為何他見了那麼多的法師、大修行人，最終卻就對他後來的師父產生了信心，並願意跟他學佛。筆者問他這個是何以成行的：

> 曹倜：就比方說你沒有做好一個做學生的心態的時候你不可能找到合適的老師，因為你看哪個人都不像老師，因為你就不是一個做學生的心態，如果你自己有了做學生的心態之後你再加上各方面條件的成熟。對我來說也許沒有說的這麼理性，但是可能就是這樣的一個過程。因為我並不是說沒有機會接觸到法師出家人，也有機會，我師父也不是我遇到的第一個出家人，但是在遇到我師父之後就很短的時間吧，我就覺得這個因緣應該是成熟了，也不是我覺得，就是說這就是師父了。就是以前跟一些人、法師接觸的時候沒有那種感覺。就是朋友和老師的感覺是不一樣的，有時候更像是朋友，但是跟師父接觸的時候就是會感覺到，一開始就是感覺不一樣——也不是感覺不一樣——一開始就是有一種師長的感覺，再後來就表達了也是希望能夠指導、指導自己修行，師長也是答應了。

> 問：那你覺得這種感覺上的不一樣是各種條件促成的嗎？

> 曹倜：也有條件，就是說得簡單點反正就是因緣，因緣，因緣。

「因緣」，簡單地說就是內因和外緣。曹倜認為自己內在有了做學生的心態，而這時正好碰上了法師這個具備資格的外在條件，所以因緣成熟他便拜了師。對善知識的這種不一般的信心也許來自於曹倜所說的「那種感覺」、「一種師長的感覺」[30]吧。這裡筆者只是做一個非常不成熟的判斷，

---

30 當曹倜說到「那種感覺」時，筆者就無從再追問了。我們不能否認，人的感覺當然是存在的，感覺各種各樣、瞬息萬變，因此感覺也並非不可以被研究。只是對「那種感覺」背後的事情，此處不打算深入探究。下面進入密宗部分的介紹時，我們會發現處處都是「那種感覺」，對善知識的信心確實就彷彿建立在「那種感覺」上，那種不可思議的感覺。但它可以被講述、被記錄，並有待後人以實證的方法深入探

之所以做這個嘗試性的判斷，實在是要為下面介紹密宗的情況做一個必要的解釋性鋪墊，否則下面的內容會顯得格外突兀而讓人無法理解。

　　總之，從顯宗部分的介紹我們可以發現，信心對於善知識這個自我的技術順利發揮作用非常關鍵；「那種感覺」是存在的，它擁有些許超驗的特質，但是建立在那種感覺基礎上的信心對信徒來說卻無比真實有效。

二、密宗的善知識

　　在密宗 [31] 裡，善知識（上師、法師、老師）當然首先也必須是一個合適的指路人，但卻絕不僅限於此。本書對訪談資料中顯密的區分完全是根據信徒對自己修行宗派的判斷和表述。

　　在佛教裡，顯宗（the manifest, the exoteric）指自言語文字上明顯說出教法者，漢地佛教基本以顯宗為主，比如淨土宗；密宗（the hidden, the esoteric）則是祕密說、不可由表面得知者，藏傳佛教固然也有顯宗的內容但它以密宗為特色；顯宗、密宗這兩者不論是說教方式還是教義內容均有一定的差別，[32] 但是它們追求成佛以獲得根本解脫的宗旨卻是一致的，所不同的是顯宗認為成佛需要三大阿僧祇劫之久，大約幾十億年的時間，而密宗則講究即身成佛。

　　這裡可以理性的分析一下，如果顯、密二宗的宗旨完全一致，但它們對於要實現這個宗旨所需時間的判斷卻有如此大差異的話，那麼它們教給信徒的宗教修行方式或者說針對自我的技術一定會非常不一樣才對，而且這種不一樣應該還不只是簡單的具體方法上的不一樣，而是這些方法的高層的哲學指導思想就不一樣。佛教是個模範型預言的宗教，佛陀說法從來都是以身作則，他就是個大善知識。因此，在善知識這麼重要的領域，佛教裡顯宗、密宗體現出來的自我技術是有顯著差別的。密宗信徒跟上師、

　　究它背後的事實。

31　訪談對象中有 7 人是密宗或者偏於密宗，5 位藏密，2 位漢密。密宗並不是說他們所學一定都是密法，他們可能學的也是顯宗的內容（此判斷來自信徒自己的陳述）。但是在善知識這裡分顯宗、密宗來呈現資料，是因為確實從顯宗的信徒那裡搜集的跟善知識交往的資料自成一類，而從密宗信徒那裡搜集的資料則另外自成一類，差別顯著。

32　此處解釋參考《佛光大辭典》（第三版）「顯密二教」詞條。

法師、老師的互動以及這種互動對他們產生的作用和影響都與顯宗有很大不同。

（一）「視師如佛」的自我技術

　　首先，密宗信徒對待善知識的態度是：「視師如佛」。秦珊珊就詳細描述了她跟上師之間的關係。她以前學佛時道理都懂，但是沒什麼改變；遇到上師之後她的內心徹底變了，雖然身邊的環境並沒有發生變化，但是她對它們完全採取了另外一種態度，能夠更開朗更積極的生活[33]；上師的出現讓她卸下了內心的沉重，改變了生活的心態。除了一些被她譽為「救命」的體驗，上師還給她特別親切的感覺，而且幾乎所有人都是這樣的感受。

> 秦珊珊：大恩上師！他們是我的救命恩人。……這個話說起來太長了，就真的是改變了你命運的人，這種命運吧也未必是什麼實際的社會地位或者遭遇的那種境遇的改變，就是你內心的改變。之前你是這樣一個人，但之後你是另外一個人了。之前你是那樣一個人的時候你的命運就會很不好，其實也未必是外在境遇不好，就是以那種心態來生活的時候你會覺得永遠是悲苦的狀態，有很多苦受。但是有了上師之後——好像（之前）你一個人在學佛法你也知道那些道理但是它未必能對你升起那麼大的改變——就是「自相續」的改變，佛教裡面有這個術語嘛，就是你真的內心改變了你是另外一個人了，然後你之前的命運、家庭、經歷通通都沒有改變但你突然就對它們採取另外一種態度了。也說不清楚這個改變是怎麼就一下子改變了，然後你就覺得生活完全變了一個樣子，之前的那些負面的經歷啊像個特別沉重的包袱都背在你身上，但是有了上師之後你會突然覺得那些包袱什麼的就沒有了，就不是包袱了，然後你會覺得前面真是一片光明的那種感覺。

33　第二章在談到佛教信仰對信徒的影響時舉過秦珊珊的例子，憂愁煩惱減少，人開始變得樂觀開放。

不過，這樣的大上師可能真的是佛菩薩示現的，即使沒有那些救命的體驗，你在他身邊你會覺得他特別親切。我在佛學院的時候聽說一件事，有位老喇嘛，——我當時覺得可能我自己覺得上師特別親切怎麼樣可能因為我是一個敏感的人我內心想太多了或者怎麼樣的，但後來聽說藏地的一位老喇嘛他見到上師的時候就忍不住喊了一聲媽媽，這就說明上師給所有人的感受都是這個樣子，我覺得不是一般的人能夠做到的。大成就者就是這個樣子的。

筆者問她對上師的信心是怎麼形成的：

> 秦珊珊：嗯，最終的信心要建立在一些超越的東西上面，但是你要能夠體會到這個超越的東西還要依靠一些經歷，比如有一些師兄們他們在上師身邊待的時間久他們有機會看到一些神奇的事兒，通過那些。然後自己跟上師之間我覺得確實是有一些感應，比如我（因為家裡父母的事情）請上師打卦的時候，第一次請上師打卦，那個郵件一發出，我就覺得立刻有一種東西能夠通到你的內心就特別 happy，不知道為什麼。

「最終的信心要建立在一些超越的東西上面」，但是體會到這種超越的層面則需要經歷；別人的經歷且不論，就比如她自己跟上師之間的一些「感應」，即來自上師這個人的一種特別感覺。事實上秦珊珊在筆者訪談她之時總共也就見過她的上師三次（大概一年多的時間裡），請求打卦的郵件也是由相關人員負責整理後報告給上師，然後再將打卦結果通過郵件回饋給她，也就是說她跟她上師在現實中的實際接觸很少很少，基本上都沒什麼說話的機會，也就每次見面聽到上師給弟子的一些開示[34]，但她認為自己確實發生了改變。這一切都來自於那神奇的「感覺」以及建立在那種超驗感覺上的信心。對比前面顯宗的情況，秦珊珊的改變可以說是很大的，而這種超驗層面的感覺也更深，信心也更強——她把上師當成佛：

34　開示，佛教術語，簡單地說就是善知識針對信眾的情況對佛法的一些講解，「開，開發之意，即破除眾生之無明，開如來藏，見實相之理；示，顯示之意，即惑障既除則知見體顯，法界萬德顯示分明」。參《佛光大辭典》（第三版）「開示悟入」詞條。

秦珊珊：哎呀我以前沒覺得，就是好像你不是在上師身邊特別出眾的弟子，上師對你也沒有多瞭解不會知道你，其實後來覺得應該不是這樣子的。其實上師，真的，你當他是佛的話，他就有千百億化身，隨時隨地都可以在你身邊，只要你有足夠的信心，其實這個東西是以信心為準的，不是以外在的形式為準的。……就是相當於你修行得怎麼樣、對上師的信心，他真的什麼都知道的。

　　她以前也會擔憂，這麼多弟子上師大概都不知道我吧！但是上師是佛，「只要你有足夠的信心」，他就有千百億化身，這是「以信心為準」，而不是以外在形式為準的。在前面顯宗的部分，善知識就是善知識，或許信徒會把他們看成佛菩薩的示現，但還沒有人會真把他們當成佛，他們是修學路上指引信徒方向並幫助他們成長蛻變的老師；但在密宗裡，善知識或者說上師就不僅僅是一個合適的指路人的角色了，由於他們身上這種並不完全是大眾虛構的獨特的卡里斯瑪特質，他們被信徒看成是佛。

　　其次，雖然「視師如佛」，訪談對象中的密宗信徒卻並不盲目崇拜。筆者推測，如果在密宗中善知識被信徒當成是佛，這裡面肯定就會有個人崇拜發生。周源的老師根據每個學生修行的根器[35]不一樣而採用不同的方法來教他們，他給他們定期上課，不論修行的問題還是生活上的問題周源都會請教老師。筆者問他是否崇拜他的老師：

周源：崇拜？在我們那兒一般……我師父為什麼說我比較像他呢，就是沒有那種特別崇拜說見到師父要怎麼樣。當然我們會非常非常尊重他，包括我們老師跟我們相處的時候也是非常平等的。比如說大家要去幹活他也一樣，他有時候也會領著我們一塊兒去幹活，自己帶著就去幹活。他年紀很大也有六十多七十多歲了，平時說話也像跟自己的母親一樣說話，沒有特別的像崇拜一尊神一樣的感覺，當然你會像一個老人家一

35　根器，佛教術語，「植物之根能生長枝幹花葉，器物能容物，然所生所容，有大小、多寡之不同；修道者能力亦有高下，故以根器喻之，俗謂學道者為有根器即此義。」《大日經疏》卷九（大三九　六七一中）：「觀眾生，量其根器而後與之。」參考《佛光大辭典》（第三版）「根器」詞條。

樣會很尊重他，你的修行的方法他會告訴你怎麼做。就是這樣而已。

也許密宗中崇拜上師的情況是存在的——即便是顯宗的隋楓亦提到自己學佛早期對法師的崇拜——但是這群青年佛教徒仍然是理性而清醒的[36]，周源對老師的態度就是「非常非常尊重」，平時「也像跟自己的母親一樣說話」，並沒有崇拜一尊神的感覺。

再次，雖然密宗信徒「視師如佛」，但其信心也並非都如秦珊珊那般建立在對善知識的一種超驗的感覺上，有的信徒就很理性，比如侯諾然稱自己的信心建立在看老師的著述以及實修獲得的覺受上。

侯諾然的老師已經圓寂了，老師圓寂他有特別的感應：

> 侯諾然：記得那天我還哭了一場呢，我還不知道，就突然間看著看著書，突然間就很悲傷，就看著老師的書嘛，突然間就大哭，就跪在佛堂，家裡有一個佛堂，跪在佛堂面前哭得很厲害，我從來沒有這樣哭過的，哭得很厲害。後來我就知道那天中午哭的時間剛好就是老師圓寂的時間。我們很多師兄都有感應。

但他很理性，他對老師的信心並不建立在「感應」上；他也對密宗的「視師如佛」做了理智的理解：

> 侯諾然：我剛開始見到我的老師（的時候），我覺得（他）很有威嚴，（我）不大敢說話，都沒（跟他）講幾句話，我對他的信

---

36 並非密宗信徒、但偶爾也會見一些密宗上師的齊馨對上師、老師跟弟子的關係有自己非常理智的看法：

齊馨：我想，因為現在上師和弟子的關係這個很難去講。因為很多人把對上師的依師弄成一種人身的依賴，弄得情感上的一種，就像找了一個父親、找了一個爺爺，或找了一個情人的感覺。但是我不想，修行還是要明確，這真的是個人的事情，上師可以幫助你，老師可以幫助你，但是他一定是要扶著你自己走，你通過自己走路才能真的有自己的收穫，上師離開你你也要自己能夠站得起來，最後你跟上師的目的，是為了你自己能夠成為一個能自己立足，而且自己慢慢在智慧德行方面都能夠有增長的人。所以我是因為確定了這個想法，所以在跟師長的聯繫上面我就想，因為有時候弟子跟師長在一起會要想從他那裡獲得一種寵愛的感覺，或者就是希望能夠比別的弟子有更多的關注力，希望你的師長關注你。我知道我會有這種積習在裡面，所以我處理可能會謹慎一些。

心是在他圓寂之後才升起來的。因為圓寂之後我們師兄一
起出了他的文集，我才真正完整地看過他的文章。一看我
覺得哎喲真了不起，我看了之後心里就很激動，後來我對
他的信心越來越大，當然也跟自己修行有關，就是實修啊，
修行會有一些——當然我這個很初淺——初淺的覺受，你
會有一些覺受，然後聽師兄講老師過去的事蹟，你會覺得
老師真是很了不起，這是其一。

其二呢，隨著我對佛法的瞭解越來越深入的時候，我就知
道其實上師為什麼這麼重要，而且從傳法跟恩德這方面
講，上師超過佛的，這有一個原因，比如說有一個操場，
跑道上有一百盞燈，每盞燈的功率是一樣的，同樣亮、品
質一樣好，把它們比作一百尊佛，每尊佛都是一樣的，上
師也是這樣，但是你站在東南角的燈下面，所以這盞燈對
於你來說是最亮的，你讀書的時候你受到這盞燈的恩德是
最大的，你不會受到其他，沒有那麼大對不對？這就是因
為上師跟我們每個人的緣起是最近的。所以這就是因為緣
起的原因，這就是為什麼在這個意義上講上師的恩德很
大。

再次就是，當然慢慢慢慢這樣思考之後，還有就是見到一
些大修行人，我就覺得啊真正修行成就的人的感覺是不一
樣的……[37]

---

37 侯諾然說：「真正修行成就的人的感覺是不一樣的，什麼不一樣呢，你會覺得……」
　　因為這種感覺難以描述，所以他給筆者舉了一個他老師的例子：
　　侯諾然：比如我給你講一個小事情。有一個五歲的小孩子要皈依我老師，他父母都
　　皈依老師了，從他懷孕出生到起名字全是老師給的名字，到他五歲的時候就要皈依
　　老師了，老師就問他你為什麼要學佛，小孩子第一次是說為了讓父母開心，老師說
　　這個不行，為了父母開心不需要學佛，你回去再想想。過了一會兒進來說（答案），
　　說到第三次就說為了研究佛學。已經三次了，老師就說你回去晚上再想想，明天開
　　法會傳法的時候你告訴我答案，然後他就回去了，父母也不敢告訴他答案，不敢引
　　導他，（因為）老師沒說話。他就自己想。第二天，我們一起坐在那兒圍著，小孩
　　子上去，那時候我看老師特別威嚴一點都不笑，（老師）就問他，你說昨天學佛是
　　為了研究佛學，你今天講講為什麼要研究佛學。小孩子跪完就抬起頭來說，為了成
　　佛。然後老師突然間就笑了，笑得特別燦爛：「回去吧回去吧！」然後就開始傳法了。
　　那一刻我印象很.深，就是一個人很威嚴的時候轉成笑，就等於說一個人正在發怒

　　侯諾然的信心是建立在看老師的著述以及實修獲得的覺受上：看老師的書，覺得他「真了不起」；實踐他所教的修行方法，覺得真有受用——他的信心逐漸越來越大。隨著修行體會的深入，他也開始明白為什麼在密宗裡上師這麼重要，因為「從傳法跟恩德這方面講，上師超過佛的」。佛教講緣起性空，萬事萬物皆依因緣生，成佛亦不例外，如果想即身成就佛果正需要上師：

> 侯諾然：我現在對上師信心比較足，而且我並不認為，就是有些人會覺得信了上師就好像沒有自我了或者完全像狗一樣崇拜那種，我覺得他們沒有完全理解佛法，上師其實是——如果他們真的明白一切唯心造的話——我們把上師觀為佛，其實是「因我禮汝」，通過上師的觀想把內心的佛性給引發出來從而接通諸佛的加持力，這是最有必要的，如果不是這樣的話那麼即身不可能成就（佛果），沒有這種清淨觀不可能即身成就，密宗都有這種清淨觀。

　　將上師觀為佛，並不是盲目崇拜或者就信得沒有自我了，而是「因我禮汝」，「通過上師的觀想把內心的佛性給引發出來從而接通諸佛的加持力」，這樣即身成佛才有希望。而且侯諾然亦承認，真正修行成就的人帶給人的那種感覺確實是不一樣的。

　　至此我們可以小結一下。至少在善知識這個領域，密宗提供給信徒的針對自我的技術其高層的哲學指導思想跟顯宗確實是很不一樣的。由於「視師如佛」，上師對信徒來說就是作為佛的存在，因此跟上師的「互動」帶給信徒的淨化、引導力量會更強，一方面是由於上師本身的卡里斯瑪特質，即一個真正修行成就的人的不一般之處，另一方面就是由於信徒將他觀成佛的強大信心，而且這兩個方面還是相互促進的，上師的卡里斯瑪特質會增強信徒的信心，而信徒的信心又會促進上師卡里斯瑪特質的顯現或者說促進跟上師之間「感應」的發生。

　　第四，關於密宗信徒跟善知識之間的具體互動情形，以下通過薛毅的

突然間變成笑容，這個很難，一般人來說，因為一般人正在發怒的相續中，你的心相續突然轉變成完全相反的，比如是很開心，是不可能的，但是在真正修行人身上就可能，就是因為他們沒有任何的執著。

例子做一個完整的呈現，他跟老師之間的互動典型而感人。

　　薛毅最開始對自己的老師也沒有那麼大的信心，聽師兄師姐談到老師很多神通的事兒時也不感冒，但在逐步接觸的過程中通過向老師諮詢一些世間的困擾，他發現老師非常有智慧[38]，遂決定拜師：

> 薛毅：那應該是 09 年的五月份。其實我想拜他為師實際上從 08 年年底就開始，我那時候前前後後給他發過三次短信，都發得很長，情真意切地發七八十字一百來字的那種，但是從來沒給我回過，後來我們在一起他給我解釋，說為什麼不給你回這個短信，他說我沒法回，我要同意的話你沒到這個資格，但我不同意又怕傷你的信心，所以……反正老師就跟我說，這個東西我明白你的誠意，但是你得改變，就你這個性格即便你真的跟了很好的老師你也有可能跟不住，我當時沒明白這個話到底什麼意思，等後來我因為一些事情跟我一個哥哥鬧得有些不愉快，我才明白這個意思。
>
> 其實是這樣的，因為我骨子裡是個非常傲慢的人，就像我到書店裡比如拿起一本書的話特別比如佛教的書，我會首先想這個人水準怎麼樣是不是還沒有我強。因為你有這種心態，所謂我慢高山法水不進，你總覺得誰都不如你，那樣你沒有一個特別虛心的姿態去接受的話老師確實沒辦法教你東西，因為你覺得你什麼都會，他說什麼你都不聽，而且他說的話你又不照著做，那最後人家確實沒法教你。

---

[38]　薛毅舉了一個例子以顯示老師的智慧：
其實他幫我很大的忙，我 08 年那會兒跟我前一個女朋友糾纏弄不清楚，我當時就覺得散夥也不是不散夥也不是，他一句話就把我解脫了，他說你怎麼做都是對的。就這一句話我就解脫了，其實就是這樣的！因為我當時想我怎麼做都不對，我跟她在一起是家裡反對我是不孝，可是我不跟她在一起呢我又沒有情義，我覺得怎麼做都不對。那我老師說你有沒有情義或者你孝不孝、你跟不跟她在一起這都沒關係，你得看自己到底想要幹什麼，如果你自己想幹的那個事兒她能幫你，你倆在一起能完成你的心願那你們就在一起，你不用管別人怎麼說，但反過來說如果她跟你在一起對你是個阻力，你們就不要在一起，他說最後決定還是你來拿，他沒說你倆就一定能成或者你倆就不能成，所以那年我就把這事兒想清楚了，後來很堅決的就（跟前女友）散了。

　　老師並沒有立刻同意薛毅的「拜師」，而是告訴他必須改變。薛毅也承認自己是個非常傲慢的人，不易虛心受教。他說老師曾經直接就他的問題說過他一次：

> 薛毅：就是那年五月份的時候我曾想拜他為師嘛，他就是很有分寸的說過我一次，當時那次說得我哇哇哭，哭了一個多小時。從那以後我就覺得……他不是（說得）很嚴厲，但他非常精準你知道嗎，就像給你做手術一樣，既要摘掉你壞的臟器又不能損害到你好的零件，就剛好就點到那個位置，我就哇哇大哭。從那以後我才覺得這兩年我好像有點穩定上升的趨勢而不是像以前那樣晃的，就是這樣的。所以我對他很有信心。

　　老師說的正是薛毅不願意面對的自身的問題，而且他說得就如做手術一般地精準；薛毅當時大哭，可是後來發現自己開始穩定的改變了，這使得他對老師的信心倍增。然而即便這樣老師也沒有正式決定收他：

> 薛毅：其實到現在來講，他只是一部分接受吧，就是我現在去給他磕頭他也是接受的，但是他也沒正式……因為我跟他要一個法名他已經給我取好了，就是他哪天能給我法名的那一天那就是他給我正式做灌頂傳法的那一天，那也就是他認為我真正改變了的那一天。但是我現在還沒有做到。因為你要知道藏傳佛教裡面上師跟弟子的關係這種親密程度遠遠要親密過你跟你的父母、你跟你的伴侶的關係，超過你跟你的子女的關係，因為它一個靈性的聯繫，這個關係非常深，所以這也是一個很嚴肅的事情。因為我所說的這種弟子是真正你作為老師的入室弟子，還不是普通那種磕頭的，這種磕頭皈依的那都無所謂，……但是這種關係就不一樣了，就是你要進入他那個序列、他那個法脈了。

　　正因為密宗裡上師跟弟子之間這種靈性的關係非比尋常，而薛毅的老師收弟子又很嚴格，所以他至今尚未被正式收納，因為他還沒有能夠真正完全改變。但薛毅對老師非常有信心，他很肯定老師在等著他：

薛毅：他在等著我。……因為你知道，一個真正的上師他是不可以拒絕弟子的，他不可以拒絕弟子，因為他有他的三昧耶戒和菩薩戒的，菩薩戒就是你不能拒絕幫助任何一個眾生，何況（老師）他是一個證悟的人；而三昧耶戒就是他一定要按照他當年給本尊給祖師爺發的願我就要按照某種方式去度化眾生，這是他的戒律，他不可以違犯這個戒律。所以只要有具格的弟子出現在他的視野內，他是必然要傳法的。

當年我師姐說了一句名言，她說老師是無限的慈悲、永恆的等待。他從來不會去說你怎麼怎麼修得不好，你怎麼怎麼的不對，他只是在等著你。他確實有時候也會不高興，他說你們成長得太慢，總是讓我一直在這樣等著，我等了這麼多年[39] 你們也沒有幾個真正能修得好的。但是當你不堪被他罵的時候他絕對不會這樣罵你，他只是在那兒等著；而你什麼時候去找他，他都像個媽一樣去呵護你。這個實際上是最讓我們感動的一點，你會從他身上看到什麼叫慈悲心，所以我很少把我的老師看成一個人，你能明白嗎？我很少把我的老師看成一個人，我把他看成是道，就有的時候我看到他的背影我都會激動得熱淚盈眶，只要看到他一個側身我就會激動得熱淚盈眶。

去年年底他到北京來，那次我們一起做了一個座談。我看到他非常非常疲倦，老師長得非常年輕，他已經五十歲了，但是非常年輕，臉上一個摺兒都沒有，修行好的人色身已經轉了。那天我看到他特別疲勞，眼睛有很深的一道皺紋，臉黃黃的，我很少看到他臉那麼黃。後來結束了我給他發了條短信，我說老師，雖然我在心裡知道你是道的化現，可是作為人身，我非常非常心痛，原來你也要受到無常的侵擾，我希望你保重身體不要太疲勞了。結果老師給我回了短信，他大概意思就是說，其實一切都是變化的，無常是一個鐵定的真理，他說我們的心要緣在更光明的地方，不要擔心這種

---

39 薛毅有些師兄師姐跟了老師十幾年了。

事情。完了緊接著給我老師發完這短信，我自己升起一種很
慚愧的感覺，因為我從來沒對我媽升起過這種感覺，我為什
麼從來沒有心疼過我媽很辛苦呢！我後來想了想，不要把老
師當成一個肉身來看待，要把老師看成是道，道是不生不滅
的。

　　只要合適的弟子出現了上師必定要傳法，他不能拒絕因為他也有自己
的戒律。薛毅的老師一直在等著他們──「無限的慈悲，永恆的等待」，
他在等著自己的弟子能夠真正成長起來；而無論薛毅他們什麼時候去找
他，他都「像個媽一樣去呵護」[40] 他們，正是老師的這種似乎無條件的慈
悲心讓所有人感動。因此薛毅將他的上師看成是「道」，而他對上師的感
情自然而然就超過了在現實中對自己母親的愛；他眼裡，上師就是佛：

　　薛毅：我知道這個世界上只有佛他永遠不會捨棄我，就像我對我上
　　　　　師的感情一樣，如果這個世界上還剩一個人他會無條件愛你
　　　　　的話，他一定是你的老師，一定是上師，甚至都不是你的父
　　　　　母，他是我自己心裡最後的依靠，就是有時候你自己都不喜
　　　　　歡你自己的時候你發現這個世界上還有一個人願意擁抱你，
　　　　　他就是佛，就是這種感覺。

　　薛毅的例子深入又平實地展現了密宗信徒跟善知識之間的互動情況：
拜師不被同意、被老師說得哭、漸漸放下我慢穩定進步卻還不夠，而老師
永遠的慈悲和等待正是激勵他不懈努力、改造自我的關鍵因素。他將老師
看成是「道」，「道是不生不滅的」，這與前面秦珊珊、侯諾然他們將上
師看成是佛是一樣的，而這種看待──正如周源所說──並不是像崇拜一
尊神一樣，而是建立在密宗成就者帶給人的那種慈悲的、不一樣的感覺基
礎上的信任[41]，這是來自對善知識的卡里斯瑪特質的信心，也正是這種信

40　前文秦珊珊談到大家對上師的感覺時說到一位老喇嘛喊上師「媽媽」，大家都覺得
　　上師給人特別親切的感覺；周源說到自己的老師時也說「平時說話也像跟自己的母
　　親一樣說話」；而此處薛毅也提到上師無論什麼時候都「像個媽一樣去呵護你」，
　　他們這些無意之間的比喻表現出一種特別的相似性，都將上師比作母親，而他們的
　　上師其實都是男性，年齡在 40 歲到 70 多歲之間。當然僅憑這些資料還不足以得出
　　任何結論，但是或許可以作為探究密宗成就者卡里斯瑪特質的一些線索。
41　薛毅也談到老師給他的感覺：

心指引他們逐漸改變自我、向善知識靠攏，即向佛、向道靠攏，通過外在的上師引發自身內在的佛性「從而接通諸佛的加持力」，因此才可能實現密宗即身成就佛果的目標。

（二）傳授高級實修方法的自我技術

除了「視師如佛」之外，密宗在善知識領域提供給信徒的自我技術還有一個方面，那就是通過上師傳法而教給信徒實修的方法，即一些高級的自我技術，通過這些自我技術信徒能夠解決自己修學上的一些問題或者達到一定的修學目標，如前文侯諾然談到按照老師教的方法實修會有受用指的正是這一現象。這個顯宗部分其實也有，但在訪談資料中體現得相對不明顯故而沒在前面明確呈現[42]。

前一章第二節「聖俗兩難的個體困境」中提到關於淫戒的問題，這些青年佛教徒普遍對於佛教五戒中的淫戒有困惑，不知道如何對待——正常男女交往中「是該往婚姻的方向促進呢還是應該往離塵離欲的方向去走」[43]，也正是這一困惑直接影響了他們可能不成家的選擇以及跟父母的衝突。周源即將結婚，他在訪談中對此進行了解釋：

> 周源：居士有居士修行的方法，比如《維摩詰經》講的一些方法，但是居士跟出家人最大的不一樣就是居士有行淫的問題，當然這在佛教裡面講如果有這樣的行為的話你沒有辦法證入空性。那其實這在居士當中也有一些特別的法可以解決這個問題，當然你要是有這個法的話就可以解決這樣的問題。要找到一個特別的老師可以幫你解決這個問題。
>
> 而且剛一開始的時候，一般來說的話你修行一開始不是要解

你會感覺那個人身上好像自然就環繞一種慈悲和智慧的感覺。他是很溫和，但是你會覺得他很威嚴，你不敢在他面前好像很放肆那種，就是有那種感覺。我是一個比較淘氣的小孩，但我在上師面前我都不敢這麼坐在椅子上，我在他面前永遠都是這樣這樣。（受訪者做低頭躬身狀。——訪者注）真的，就是他有那種攝持力的。但是也不是說所有弟子對他都有那種感覺，看每個人的緣分和信心。

42 比如前文「顯宗的善知識」部分，曹偶講到從法師那裡學到佛教修行的一些方法，比如打坐的方法等，這就算是通過善知識傳遞給信徒的一種自我的技術了。

43 齊馨如是說，見第三章第二節。

決這個，當然過分的有這個問題的話不是蠻好，一開始的話要解決的是貪嗔癡慢疑的問題，這些你就保持在一個普通的平常人就可以了。當然你要守住一些最基本的戒律，比如你不能違背佛教的一些（戒律），比如你不能到處造情緣，到處跟別人發生情緣，你要守住這些，這是你結婚的就好好對你現在這一個。然後你要不斷去除你的貪嗔癡慢疑。當然你修行到那一步要解決這個問題的時候才會來探討這個問題解決這個問題。但是也是有方法去解決這個問題的。

　　因為居士有行淫的問題，佛教中認為這一行為會讓人沒有辦法證入空性，所以那些青年佛教徒如果選擇留在世間的話往往不知道要如何對待婚姻，他們的父母也因此難以理解自己子女這種顯得有些「偏激」的行為。但是作為居士身分面臨的這一問題並不是沒有辦法解決，善知識那裡就有答案和方法。

　　周源認為，對於居士來說，信仰修學的開始是要解決五毒煩惱即貪嗔癡慢疑的問題，而正常的男女交往、夫妻之間就保持一個普通的平常人，等到需要解決「行淫」這一問題的時候再來探討它解決它，而它確實是可以解決的。[44] 好幾位長期信徒都談到過這一困惑，而他們經過善知識的指

44　對此觀點陳曉華亦贊同，其實她早先學佛的時候也不能適當處理談朋友結婚之事，也會因為「邪淫」這一條戒而排斥婚姻，但是通過逐步摸索她走過了那個迷茫的階段。不邪淫正是佛教五戒之一，一般的解釋是戒除夫妻之外的男女關係以及不正當的性行為。陳曉華認為，從佛教修行證悟空性的角度來說，即便夫妻之間除了生育之外也是一個不邪淫的問題。她現在放下了對戒條的執著，接納婚姻。也正是曾經艱難摸索的經歷使得她認識到密宗在善知識領域可能提供給信徒的這種自我技術的重要性。

陳曉華：其實除了生育之外，本身就是一個不邪淫的問題。但是，這個東西怎麼說呢，反正以前還是稍微有點不能很正確的處理這方面的一些東西，其實說白了這個還是跟你自己的修行體驗有關係。（因為）如果當你處在一個比較年少的時期你去學佛而且自己又堅持打坐，又沒有一些過來人能夠幫助你的話，其實有時候心火或者說邪火慢慢都會升起來，升起來以後怎麼排怎麼去轉化，這個東西因為中國的道德觀念，像經典的記錄或者說修行的一些東西其實談到的都不多，只是說我後來看南懷瑾稍微寫到一點。

所以像這些東西的話，真的是要麼就是有一個老師即時的跟著你，告訴你怎麼樣做，你每一步有人指著你，這一點上是密宗沒有辦法（被）取代的，就是密宗的地位沒有辦法取代，它就是走這樣一個系統。要麼你就自己去摸，但自己摸每個人都是摔了一大堆跟頭以後你才能摸出來。你自己就一直要摸一大堆這樣的東西以後，你

點或自己的摸索基本上也都有了類似的答案，即「你是生活中的一個人，你就先按照生活中的人來做，就做你的本分事。」

　　綜上，我們分顯、密宗分別介紹了信徒跟善知識的互動情況以及這種互動如何對信徒發生作用。顯宗在善知識領域提供給信徒的自我技術是一個合適的指路人，而在密宗中除了指路人這一作用之外，善知識對信徒來說主要是作為佛的存在，他們之間的互動對信徒形成的身、心層面的感召更帶有一種超驗的特質，也正是建立在這超驗因素之上的信心能夠引發信徒心中的佛性，從而使他們有可能邁向即身成佛的目標。總而言之，不論顯密，佛教在善知識這個領域提供給信徒的自我技術都有助於他們破除自身的偏見和習性、獲得修行的方向和方法，從而解決個人修學上的各種困擾，對信仰形成更深更徹底的理解，進而將信仰落實到生活中，真正融合世出世。在善知識這一領域，佛教的自我技術之所以能夠發揮作用離不開信徒對善知識的信心，不論顯密這一點都很關鍵，正是這種信心讓信徒能夠逐漸改變自我，從而平穩的走在通向成佛之目標的道路上。[45]

第四節　佛教自我技術的根本

一、自我的消解

　　前三節分別從宗教經驗、禪修和善知識三個方面介紹了佛教提供給信徒的自我技術以及這些技術是如何發揮作用的。不論是宗教經驗這種主要在信徒的頭腦意識層面起作用的自我技術，還是禪修這種在信徒的身、心層面逐漸產生影響的自我技術，抑或善知識領域以互動方式在信徒的腦、

就僅僅是五戒上面，別說更多的戒條，你（學佛之後）一開始怎麼樣一個正確的跟生活關係的處理都不見得那麼順利。只是說近幾年隨著你的年齡慢慢大了，而且你對自己自身的控制包括對修行的控制你也有一定的理解了，到那個時候無所謂了，你是生活中的一個人，你就先按照生活中的人來做，就做你的本分事。

45　事實上，如果沒有筆者通過對顯宗信徒的訪談所獲得的他們跟善知識的互動情況作為鋪墊，以及所有坐在筆者面前的訪談對象——不論顯宗密宗——的那種理性、客觀地面對自己的經歷並接受詢問和分析的態度，筆者一定會覺得密宗信徒在善知識這一部分所言純粹是個人幻想、天方夜譚而無法理解他們。但是每一個人都是單獨訪談的，那些密宗信徒也並不是屬於同一個修學團體，可是從他們那裡獲得的跟善知識互動的資料卻有著驚人的相似性。因此本節根據訪談資料做了如實的呈現。

身、心三個層面相互貫通的自我技術，其最終的落腳點都在信徒的「自我」，比如經過宗教經驗信徒自身對信仰的認識發生了轉變，通過禪修對身、心的影響信徒的自我意識發生了改變，而在跟善知識的互動中信徒能夠脫離以往習氣、改正自我、逐步成長，這一切都瞄準著信徒的「自我」。

　　首先，對於佛教提供的這些針對自我的技術，薛毅認為根本上就是在「破心結」、「扒自己的皮」，也就是在深層上消解自我。

> 薛毅：其實對我來講學佛是什麼呢，它不是一個讓你特別快樂的過程，但反過來說它也不是一個讓你特別痛苦的過程。很多人覺得學佛越學越快樂我覺得那是瞎扯，那是因為你沒有看到你自己醜陋的自我。可反過來為什麼學佛也不是完全那麼痛苦呢，因為其實學佛是扒皮，就是今天你悟到一點你的醜陋，你把這個醜陋扒掉了這個醜陋它就不會再有了。其實學佛更真實的是破心結，首先一開始你不知道自己有心結，後來你發現自己有心結，然後再破心結，破一個心結輕鬆一點破一個心結輕鬆一點，但破心結的時候你肯定很痛苦，扒自己的皮！可是你這個心結少一個以後相關問題就永遠不會出現了，等哪一天所有的心結全扒光了，我們也就徹底解脫了。這就是我對佛教的一個真實感覺，它不輕鬆，但它值得做！就是這樣的。它不是一個快樂和痛苦的，它就是這樣！
>
> 一般人（學佛的話）蠻艱難的。因為它非常難，它難在哪兒，它是要你破除掉你自己所有的習氣，你愛這個它不讓你愛，你討厭那個它告訴你要跟那個人在一起。就是這樣，你要發現其實所有的問題都來源於你自己，所以你就沒法去抱怨別人，你只能天天抱怨你自己。那種感覺其實有時候挺難受的。因為作為人嘛，我們都是很習慣說我痛苦了我看看電視劇，我鬱悶了我找朋友喝點小酒，轉移注意力看點閒書怎麼樣的，但是佛教告訴你這些都沒用，你就得在你自己身上想辦法。
>
> 我現在覺得確實是，你必須要讓你的眼睛裡看到所有人沒有缺點，所有人都是佛，一切都是圓滿的你自己才有可能成

　　道，因為外在的只是你內心的投射。就是這樣。

　　如果學佛學得很快樂，那可能是因為你沒有看到你醜陋的自我；針對自我的這個過程確實艱難，但扒掉一層皮就輕鬆一點扒掉一層皮就輕鬆一點，薛毅認為對此最中肯的判斷是「它值得做！」唯有一層層扒掉那「醜陋的自我」我們才可能回歸本性、真正解脫。所有的問題都來源於自己，就只能在自己身上想辦法，因為外在的只是自己內心的投射，——這正是第二章中侯諾然所言「一切事情都是自顯現」之義。[46]對此周源亦認同：「你如果感覺自己有煩惱、有不快樂，那一定首先是自己有問題，而不是外面的境有問題。」

　　總之，對這些青年佛教徒來說，一切都是自己的問題，就只能在自己身上想辦法，唯有運用佛教提供的這些自我的技術發現自己問題所在，逆著自己的習氣、改變自我才能化解現實生活中的衝突和煩惱；唯有破除掉佛教所認為的那個虛幻不實的阻礙本性顯露的「自我」，才可能將信仰落實到生活中，融合世出世。因此，佛教自我技術的根本正在於逐步地消解自我。[47]

　　其次，運用佛教的自我技術消解自我，可以切實解決日常生活中的煩惱，這裡以齊馨為例。母親一直對她嚴格地控制，吃飯穿衣都要在她的意識影響下才行，為此齊馨跟母親爭執了20多年無果，最終在佛教這裡找到了答案。

　　　齊馨：就是比如說她要求我衣著、穿衣吃飯啊，都會在她的意識影響下面。所以我覺得，不知道該怎麼辦。因為按照現代的理論就是覺得家長不應該管孩子，應該放手讓他自己去做，這

46　侯諾然在訪談中也反覆談到：要真誠面對自己，要意識到自己很差勁，不要覺得自己很厲害，我好像的確挺差勁，只有等到真正實修你才會發現自己有多差勁，不實修覺得這個道理也懂那個也懂。
　　通過實修，即通過佛教的自我技術，侯諾然意識到自己有很多問題，根本不是講道理講起來好像懂得很多的那種，所以他表示，如果要即身成就佛果，那麼對自我的對治就會非常厲害，他誠實面對自己覺得還做不到這樣，因此雖然是密宗信徒，但他今生的目標還是要求生淨土。
47　薛毅在談到自己這一段時間在修學上不怎麼長進時說：「因為我的自我太強大了，我比他們（身邊學佛的朋友們）都狡猾。」

是個人的這種獨立，而且家長這樣去做的話他會對孩子構成一種身心上的傷害。所以我就一直秉持這個理念，我就覺得是我自己的事情你不應該管我，你不——應——該管我。你管我是不對的。所以我一定要跟你說明白。但是我媽她那個習慣就是：「你穿了多少條褲子？你趕快去加一件，你聽到沒有！你穿衣服！」（受訪者同時扯筆者的褲子在筆者身上比劃，勁兒很大。——訪者注。）我媽就是這樣子的。所以我每次就跟她真是鬧不清楚，我覺得我好苦惱。

你說你要完全按照自己的……我就希望自己獨立一點，不想受別人的強制。我媽她一定要把自己的意識強加到我身上，當然也是因為我小時候體比較弱總是傷風感冒所以她也特別操心我這一點。但是我一直不知道該怎麼辦。我覺得這一點是我的底線，我不能放開，我自己穿衣服我有我的自主權，你從根本上沒有任何道理你要強迫我按照你的意識來決定。但是跟她講道理又講不通，自己完全又不知道該怎麼辦。我要按照她的意識去做的話我會特別難受，首先穿得太熱，太難受，然後另外呢，我覺得她的審美觀我也不贊同我覺得會穿得很難看。在這一點上面跟我媽打架打了20多年，我不知道怎麼去辦。

但是正好是佛教教你破我執，這一點除了破我執以外我沒有其他任何辦法。也不可能要求，我說我們都按照現代教育下的對於父母和子女的關係這樣去處理，我跟她講道理沒用，我強迫她更沒用，然後再跟她打架？那是更更更不對。但是該怎麼辦呢？所以真的只有，除了往佛教上面找之外，除此之外沒有任何出路。這一點沒有任何道理可講，首先是一個因果，另外是一個，根本上是無我，所以你要去體會無我，很多所謂的原則所謂的不能放下的東西必須得放下，這個時候這個心態才能調整過來，否則如果我堅持一種原則沒有辦法協調就始終走不出來。所以這一點，除了佛教它提供了一種很圓滿的學說，並且指出了我生活道路確實可行的一種出路以外，我在其他任何學說裡頭沒有、找不著。所有都會講

> 要父慈子孝，父親要慈，兒子要孝，你母親要愛而且要放手
> 讓孩子去做什麼的。但是當這些原則在你面臨的對境當中別
> 人不這樣做的時候你就會升起大煩惱，大煩惱升起來的時候
> 應該怎麼去做呢。

對於母親在自己吃飯穿衣這些個人事情上的強制性態度，齊馨非常苦
惱，因為如果按照母親的意志去做她自己會非常難受，而講道理又沒用，
所以唯有反省自己：承認並接受因果，然後好好的體會無我，放下自己那
些所謂的現代教育的原則，調整自己的心態從而盡可能化解跟母親的爭
執。這正是前文薛毅所說的：「它（學佛）是要你破除掉你自己所有的習
氣，你愛這個它不讓你愛，你討厭那個它告訴你要跟那個人在一起。」

再次，不只日常生活中的煩惱要如此化解，就是前一章提到的佛教信
仰與俗世生活的兩難也是同理對待，即運用佛教提供的自我技術在自己身
上找原因，破除我執，消解自我。

比如吃素的衝突的解決，有如李懷恩一般放掉這個讓自己徒增煩惱的
形式而不再執著於此的，也有如齊馨一般明白了這一形式的內涵並決定堅
定執行下去的，亦有如侯諾然一般放下自我重要感而堅持吃素的[48]。這裡

48　對於吃素在世間可能引起的衝突，侯諾然的選擇是放下自我重要感，堅持吃素。
侯諾然：首先（聚會）我是能少參加就少參加，其次有時候我就直接說我現在吃素了，
但是你們可以點肉——好朋友我才會這麼說——不過不要點現殺的，他們說為什麼，
我就說我不希望因為我們這次聚會殺害生命，我直接跟他們講，很多人都知道我學
佛，朋友裡面。但是比如老師同事的話我就吃肉邊菜，現在他們都知道我吃素了基
本上，但是有時候比如說我不小心夾錯了，夾餃子嘛夾了一塊有肉的，我也會把它
吃下去。就不會讓人覺得太那個。這是一個方面。而另一方面就是這其實是一個態
度的問題，我很多朋友、師兄修得好的話，他們就沒有這個問題，吃素啊，都沒有
任何問題，就像你不喝酒一樣，不想喝酒都沒有任何問題，關鍵在你的態度，你要
很委婉很客氣但是很堅決的表明你的立場，結果你會發現其實你遇到的阻力比你以
前想的要小得多，很多困難是我們自己想出來的，因為我們想出來的困難我們不敢
去做，自己嚇唬自己，其實當我們很委婉很堅決又很客氣的把自己的想法說出來的
時候他們全部都讓步了。比如我去領導家裡吃飯，另外還有兩個同事，只有我是新
進來的，一去領導就說你們今天真有口福我做了一大批大閘蟹。坐下來我說啊你們
吃。請我吃我說我不吃蟹，然後另一個老師就說諾然吃素，然後領導就說哎呀你們
這些年輕人啊真的！就這樣子然後我就沒說什麼我根本不搭理，我就吃菜，然後
那個老師就說吃素怎麼了，不行啊！就這樣他會幫我說一下話，我覺得挺好。而且
我想，我在別人心目中沒有那麼重要，比如我吃素這個事情過了十年他還會記得嗎？
不會。但是這個事情對我長遠的無限生命是有好處的，所以取捨之下就沒有問題了。

解決衝突的方式不論是「放下」還是「拿起」，都在於她們放下了自我的執著或者猶疑，破除了自身的習氣或偏見，改變了「自我」。

再比如前一章對出家這一衝突的集中分析，表面上是信徒出世的信仰與父母世間價值觀的衝突，實際上衝突的根源還是在於信徒自己內心受種種影響而形成的佛教「知見」，信仰與親情並不是不可以融合，它能融合到哪一步完全取決於信徒自己能夠做到哪一步，即信徒對自己所謂的佛教「知見」能夠放下到哪一步。[49] 如果信徒能夠對自己的偏好不執著、不一定要怎樣，而對自己討厭的亦不排斥、不拚命規避，那麼整個世間的生活對他們來說就真的成為一場歷練──對自我的歷練。如果生活本身成為了歷練自我進而消解自我的技術，那麼還有什麼形式是必要的、不得不的呢！正如前一章結尾處侯諾然所說，學佛最容易把形式的東西當成實質，比如一定要出家一定要吃素一定要怎麼樣怎麼樣……，其實這些都不對。關培在訪談結束時亦表示：「不要拘於形式，不要拘於形式，拘於形式都是自設障礙，自己設的心障礙！」

如果信徒能夠運用佛教提供的各種自我的技術發現自己的問題，在現實中歷練自我，逐步消解自我，那麼這一出世的求解脫的信仰就有可能跟俗世生活圓融。可是當那些選擇留在世間的佛教徒面對各種各樣的聖俗兩難、經歷信仰跟家庭的衝突的時候，他們如何能夠將這充滿張力的生活順利地轉變成對自我的歷練呢！這需要堅強的信心和不懈的努力。因此世出世的融合其實非常不容易，很多人就在這種衝突、掙扎的過程中放棄了，侯諾然一同信佛的朋友有轉向基督教的，有退回到世間法即徹底放棄信仰的；齊馨也曾經歷過一段時間信仰上的「放棄」。但是對那些走過這個艱難階段的人來說，他們對佛教各種自我技術的運用會更成熟，他們的信仰會更有力量，他們也更可能在社會上發揮出自己的影響力，這正是「入世潛修」的真實效果。

49　即便最後選擇出家或者去寺廟做義工的那兩人也在尋找機會盡可能的緩和乃至化解跟父母的矛盾。筆者後來詢問姜寧跟父母的關係怎麼樣了，她說父母對她辭掉工作去寺廟做義工之事尚不知情，但她準備在合適時請父母來自己做義工的寺廟看看，也許可以讓他們明白自己選擇的意義。

二、消解自我，而非否棄自我

　　當然，佛教自我技術的根本在於消解自我，但這一消解自我並不是要否棄自我，而是在充分承認自我的前提下消解自我，這一點首先可以從這些青年佛教徒對群體的態度中體現出來。

　　在前一章《大乘解脫論》研討班事件中，齊馨和呂薇最終選擇淡出研討班群體的原因之一就是，群體活動可能帶來個人信仰上的盲目。呂薇說，「群體它有一種影響力，有時候你自己判斷力不強或者什麼的很容易就被它左右了，然後身在裡面就不知道其他的世界嘛！你要進得去還要出得來。」當個人意願與群體目標不一致時，這時不見得一定要捨棄自我而追隨群體的目標，訪談對象中近一半人參加過《解脫論》研討班，除了出家的和去寺廟做長期義工的那兩人之外[50]，其他人基本都離開了研討班群體，因為研討班提供的信仰修學之路無法滿足他們的現實需要，僅僅在寺院培植福報還是很難幫助這些青年佛教徒在俗世生活中落實信仰，世出世衝突的化解需要比培植福報更深入也更有目的性的自我技術。因此在這裡，群體的目標就讓位給了個體的真實意願。

　　不過，對於那些初學佛人來說，群體的支持與保護仍然是很重要的，他們也都會表示因為有一個群體、有同參道友的陪伴或者說因為有上師所以不覺得孤單、不覺得難以融入社會。但是那些選擇留在世間的長期信徒基本上都打破了這些，比如周源和齊馨，他們不再依賴群體的關懷和保護。

50　出家者走上了報國寺提供的出世之路。而去寺廟做長期義工的姜寧則認為，群體可以相互支持鼓勵，一個相對出世的群體更可以避免學佛之後價值觀上的衝擊，她自認為自己尚沒有能力應對現實中的衝擊和挑戰，故而選擇加入寺廟的義工團體。她是在充分瞭解各種可能之後做出的暫時適合自己的選擇。
　　姜寧：整體上就是說很感謝他們陪我一起走，我需要他們。因為我要學習（佛法）的話只靠我自己是不行的，必須大家一起來學。一個團體一起來學，所以需要他們。因為你（一個人的話就會）一直在自己的思維模式裡面跳不出來啊。另外你要形成這樣一種力量，因為學佛學佛法你要走的那條路畢竟跟普通社會的主流還是有點不一樣，這時候會受到衝擊，價值觀會有比較大的衝擊，這個時候需要同道人的相互支撐。（如果在）現實生活中走（學佛這條路）的時候面臨的挑戰會更大一些，以及你會受影響。你花的時間，你所做的事情，你對心念的掌控，當然如果（修行）到一定境界你可以做任何事都沒有問題，但像我這種剛開始還是不夠的。（姜寧學佛四年多。——訪者注。）

周源：根本上來說佛教是反對尋求一個團體的關懷和保護的。

齊馨：修佛不是要找歸屬感啊，這不是去尋求一種心靈安慰而已。那些去深山苦行的人絕對不是去找歸屬感，而可能是去找孤獨感的。你就是要完全在天地悠遠當中你能夠立得起來，完全跟天地相參的一種東西吧，所以絕對不是找一種相互的陪伴也好一種熱鬧也好，一種內心的怎麼說呢——感到自己有很多同道啊同黨啊然後來壯大自己的力量啊，沒必要，確實這些東西可能有時候也是有害的。

齊馨表述得很形象：「就是要完全在天地悠遠當中你能夠立得起來，完全跟天地相參。」所以絕對不是要去尋找一種陪伴和熱鬧，這些可能也是有害的。

當然，儘管這些長期信徒充分地尊重自我並儘量破除自己對群體的依賴，但這也並不表示他們就沒有參與任何佛教修行的團體，也不表示學佛的團體對他們就不重要，事實上他們所參與的團體也是獨具特色。比如侯諾然就有一個共修的群體，每週共修：

侯諾然：我有時候沒去打坐沒去共修就不敢再去了，覺得哎呀再去見到師兄們，他們覺得我沒去這個多不好。後來我突然意識到這個問題，我為什麼會這麼想？我學佛是為自己學對不對，哪怕我一個月不去一年不去，我再去不管他們怎麼看我，只要那個地方是清淨的是好的地方，我再去他們怎麼看我跟我沒有任何關係，而且他們批評我正好消我業障，而且他們不會看不起我的他們只會很開心啊你又回來了，應該這樣想才對。學佛是你自己的事情不學也是你自己的事情，跟任何人沒有關係，你自己對自己負責就行了。

我們師兄都是，來就來，不來也不告訴我們不來，當然我們共修時候從來都不會等師兄的，然後過了幾週再來也不會問（他）為什麼沒來。所以我覺得我們這個團體蠻難得的。

在團體中就會在意周圍人的看法和評價，當侯諾然意識到自己這個

問題之後他才開始明白學佛要自己為自己負責，而他所在的這個團體事實上是一個充分給予個體自由的共修團體，僅為學佛共修，沒有任何其他目的。這樣的團體不容易讓人產生依賴，相反它會促使信徒發展出個體的獨立性，自己為自己負責；它讓信徒充分地面對真實的自我進而鍛鍊相關的技術來逐步消解自我：也就是說，它將群體對個體獨立的不利影響盡可能降到了最低。齊馨也說：「在一種集體環境中它會促使我們自己有時候呈現出來的面貌並不是我們自己本來的面貌。」因此，對這些長期信徒來說，打破對群體的依賴、避免在集體中自己信仰上的盲目、充分面對真實的自我其實是他們能夠成功消解自我的前提。

　　也許正是因為佛教的自我技術是在承認自我的基礎上再消解自我，這容易導致群體聯繫的相對鬆散，所以在家佛教徒的有組織的共同體往往難以看到。吳飛在《麥芒上的聖言》中說，「在佛教那裡，我們很難見到一個在家佛教徒的共同體，而在某些新教那裡，新教徒則相當明顯地形成了宗教共同體。」[51] 即便在佛教信徒跟善知識的關係中，也很少出現有組織的信徒團體，而往往是以善知識為中心、信徒聚集在周圍，他們有可能會做一些信仰相關的慈善、文化事業之類，但一般也不構成一個有嚴格組織的團體。

　　其次，消解自我而非否棄自我，這一點也可以從這些青年佛教徒對善知識的態度中體現出來。前一節在探討善知識領域的自我技術時亦提到信徒可能出現的對善知識的崇拜。侯諾然並不認為自己對上師的信心很足就是有些人覺得的「好像沒有自我了或者完全像狗一樣崇拜那種」，將上師觀為佛其實是「因我禮汝」，通過觀想外在的上師而將自己內心的佛性引發出來，他覺得「對上師的尊重其實是你內心是否清淨的一個反映，不是說失去自我了，不會有的。」因此即便善知識這個領域的自我技術也並不是否棄自我，而是在高度承認自己本性——本性是佛——的前提下，同時高度承認自我的真實狀況的前提下，逐步消解掉那個障礙本性顯現的「自我」，這一點在他們跟善知識的互動情況中體現得很清楚，在此就不詳述。

　　總之，佛教自我技術的根本正在於消解自我，而且這個消解自我並不

51　吳飛，《麥芒上的聖言》，道風書社出版，2001 年，頁 101。

是否棄自我，而是在充分承認自我的前提下逐步消解掉障礙本性顯現的虛幻不實的「自我」。吳飛在《麥芒上的聖言》中談到段莊天主教時認為段莊的教友群體體現的主要是集體對個人的技術，而非主體對自身的技術，這是否定自我的自我技術；而且教友們也沒有可以自己獨立解決問題的自我技術，而只能依靠神職人員的儀式化的自我技術，這種自我技術──正如福柯所言──仍然是通過否棄自我來完成的。[52] 與之相比，佛教提供給信徒的這些自我技術卻是要他們面對真實的自己並發展出獨立解決自己問題的能力，宗教經驗就是純粹個體性的，禪修時信徒能夠面對的更是只有自己，而善知識領域，不論顯宗、密宗，法師、老師、上師都是在強調信徒個體本具的佛性，鼓勵他們獨立自強、改正自我進而獲得佛教的解脫。[53]

　　在這樣的自我技術鍛造下的佛教信徒會如何表現，即「入世潛修」的真實效果可能是什麼樣的，李懷恩做了如是回答：

> 李懷恩：用什麼樣的話語去表達呢，如果用很佛教的話語那就是，追求你自身的覺悟然後把你的覺悟再去幫助別人也能達到這樣的覺悟，這是佛陀的很佛教的說法。對我自己來說，其實我也是追求這樣一種說法，因為我想來想去我發現其實生命對我來講的一個重心，我就覺得我就是想搞明白生命到底是怎麼回事。
>
> 有時候我也會覺得世界跟我沒有太大關係，我現在衣食無憂，好像很多都很順利，別人都很羨慕我。但反過來當你自己什麼都不想的時候你會覺得這個世界發生什麼好像你都不在意，但是很多時候通過各種管道媒介你會接觸到原來這個世界還存在很多苦難，那個時候自己心裡會有一種衝動覺得我好像有一種責任在，我會去想這個世界這麼多的苦難你不能坐視不理的，還有那麼多人還很迷茫很痛

52　吳飛，《麥芒上的聖言》，頁 136，145 － 146。

53　佛教固然如此承認並強調個體的獨立性，但亦不能算是一個自力成就、自力解脫的宗教：
　　侯諾然：所有的佛法修行都不可能自己成就的，雖然很多人認為佛教是自力成就，這是很大的誤解，絕對不是的，包括禪宗都不是，禪宗都不是說自力成就，一定要自他不二，也不是他力成就，自他不二。

苦。我會根據自己的體會其實很多這種痛苦跟爭鬥的產生
也是跟我們自己對生命沒有一種根本的瞭解有很大的關
係，如果我能夠去做這樣一個事情我覺得我的人生會比較
有意義——其實這個已經不是什麼意義的問題——而是當
你這樣想的時候覺得這個世界的其它事情跟你也很有關係
的時候，你會有一種衝動想要去做這樣的事情。

我的意思是說你要繼續去深入去解開生命這樣一個迷然後
也幫助更多人去瞭解，讓大家因為這樣一種瞭解而改變自
己對生命的看法，我想這樣一種改變會帶來整個世界的改
變。好像這樣說起來會很大，其實我覺得我們做的事情可
以很小，但是做這個事情可以跟自己一個很大的抱負把它
連在一起，我覺得沒有什麼不可以的。但可能我不會去做
什麼轟轟烈烈的事情，就是一件很微小的事情吧，希望盡
自己的力量去做。

　　當世出世的衝突逐漸得到化解，自己的事業、家庭都很順利的時候，
也許世界上發生什麼事情跟李懷恩並沒有太大關係，但是由於虛幻的自我
逐步得到消解她開始切實地感受到自己跟這個世界的聯繫以及對這個世界
的責任，「這個世界這麼多的苦難你不能坐視不理的」。信仰在俗世生活
中的真正落實讓李懷恩生發出一種廣闊的慈悲心，而這種慈悲是自然流露
的 [54]——當你「覺得這個世界的其它事情跟你也很有關係的時候，你會有
一種衝動想要去做這樣的事情」。

　　她不僅僅在尋求自己的解脫，而是通過自己對生命的深入瞭解進而去
幫助他人也能瞭解生命，也許她只是做很小的事情，但這能夠助於整個世
界的改變，這才是真正的世出世的融合。李猛在《麥芒上的聖言》的序的
結尾處提出了這樣一個問題：「一個肉身能否經歷了這個『愁苦之城』後
仍抱有希望，上到更高，甚至能返回人世？」[55] 這些「入世潛修」的知識
菁英們的選擇或許正是一種回答。

54　這或許正是薛毅在自己的宗教經驗中感受到的：「到了那個層次你的善會自然顯露
　　出來。」
55　李猛，〈代序——探尋他們是誰〉，載於吳飛，《麥芒上的聖言》，頁 17。

本章小結

　　本章從宗教經驗、禪修和善知識三個方面詳細描述了佛教提供的自我的技術是如何對信徒發生作用的。通過對佛教的自我技術在個人層面的運作方式和效用的考察，我們發現佛教宗教技術的根本正在於消解信徒的「自我」，比如自我錯誤的認知、偏見、習氣等，而且是在充分承認個體本性和個體真實狀況的前提下消解掉那個虛幻不實的障礙本性顯露的「自我」，並非簡單的否棄或者掩蓋回避自我。

　　正是通過這些自我的技術，信徒在個人的層面直面自我從而改造自我，以化解日常生活中的煩惱；同時自我的改變會讓他們對信仰形成一種更深更徹底的理解，從而化解佛教信仰跟俗世生活的兩難，比如家庭的矛盾以及個人修學上的各種困惑。實現了這兩者信仰就已經能夠落實到生活中，這正是第二章第三節提出來的「入世潛修」的第一層含義。這一層含義的實現會自動將信徒推向第二個層次，即世出世的真正融合──他們的生活跟周圍能夠很好地融合，不論他們是否保留吃素等習慣他們都不會顯得「怪異」，而整個俗世生活則直接成為他們更深入地鍛造自我的技術，比如侯諾然的「觀一切事情都是自顯現」，薛毅的「你必須要讓你的眼睛裡看到所有人沒有缺點，所有人都是佛，一切都是圓滿的你自己才有可能成道，因為外在的只是你內心的投射」，等等；而李懷恩更是在感受到自己跟這個世界的聯繫之後生發起一種想要利益眾生的慈悲──這正是實現了入世潛修第二層含義的信徒要開始發揮社會影響了，也是「入世潛修」這一生活樣式可能有的真實效果。

　　如果說前兩章是通過「入世潛修」這一生活樣式在展現居士佛教必然的發展趨勢，那麼本章則是在解釋這一發展何以可能；「入世潛修」的根本正在於通過實踐這些自我的技術來消解信徒的自我，從而讓本性或者說佛性顯現，進而從衝突矛盾等各種現實煩惱中解脫。

第五章　結論

一、入世潛修的生活樣式

　　格爾茨說，沒有人，甚至沒有聖徒，永遠生活在宗教象徵符號構成的世界裡，大多數人只是時而涉入其中；而信徒在宗教觀與日常生活之間的來回轉換，實際是社會生活中一個較為明顯的經驗現象之一，卻極易為研究者們忽視。[1]

　　本書正是考察了這些青年佛教徒經歷的佛教信仰與俗世生活的兩難以及他們最終落實信仰而體現出來的生活樣式；「入世潛修」使得他們完全生活在俗世，同時亦保有一顆信仰之心，或許他們的生活中已難看到任何宗教象徵符號，但他們的信仰之心不見得會比聖徒少。整個世間的生活對他們來說就是一種對自我的歷練，神聖隱沒在日常生活中，偶爾不經意的閃現。

　　學佛如何跟現實融合？這正是這些青年佛教徒面臨的首要問題，也是本研究的問題意識之所在。通過對訪談資料的分析，我們發現這是個理性的、求真的信仰群體，學佛初期他們可能會表現得與周圍人不太一樣，長期信徒則大有隱沒在人群中的趨勢。在青年中，他們絕對是一個異質群

---

[1] 〔美〕柯利弗德‧格爾茨，〈作為文化體系的宗教〉，載《文化的解釋》，上海人民出版社，1999 年，頁 136 － 137。

體，因為他們的信仰、生活方式以及他們的內在精神皆迥異其趣；在佛教信徒中，他們是個知識菁英群體，現代教育讓他們以一種理性、客觀的態度深入信仰，並追問生命的真相。他們自身的宗教認同並不強烈，與中國傳統文化亦保持一種親和性，而且對於其他宗教他們持一個寬容又審慎的開放態度。

該群體的主流認為，解脫須在俗世生活中獲得，因而他們呈現出一種「入世潛修」的生活樣式，以一種理性且注重方法的生活態度在這個俗世尋求佛教的解脫。對於人間佛教，他們整體上持一個贊同的態度，但同時亦強調自身信仰實踐的特點：他們雖然入世卻並不混同世間，而是有一個超越的層次，即「潛修」以化解生活中的衝突煩惱進而尋求解脫的層次。這也正是他們認為自己所行對「人間佛教」實踐的深化之處。

「入世潛修」這一生活樣式的成因正在於佛教信仰與俗世生活的兩難，主要表現在信仰與家庭的衝突以及個人修學上的諸多困惑。漢地儒家文化重視家庭的傳統使得大部分青年信徒無法出家追尋信仰之路，留在世間則要面對佛教的出世性與現實生活形成的種種衝突[2]，那麼努力化解衝突並落實信仰正是「入世潛修」的基本目的。再加上佛教界僧才缺乏、寺院訓練方式亦不完備的現狀，真正出家者皆是為了要荷擔如來家業，而其他的大多數則不會選擇這條出世之路。而且，不論是表層的信仰與家庭的衝突還是更深層的個人修學上的困惑都反映著世出世的矛盾，而矛盾的解決需要信徒對自身的信仰能夠形成一個更深更徹底的理解，明白佛教信仰的實質所在，而非固執於形式。

要對佛教信仰形成比較深入的洞見則需要真正進行宗教信仰實踐。世出世矛盾的化解正需要信徒採用相關的宗教技術或通過一定的宗教體驗來破除自身信仰上的偏見、盲目或改正自身的習氣，從根本上來說，即運用佛教提供的自我的技術逐步消解掉障礙本性顯現的那個虛幻不實的「自我」。本書主要從宗教經驗、禪修和善知識三個方面嘗試探討了佛教提供給信徒的這些自我技術是如何發揮作用的。宗教中的自我技術種類繁多、

---

2 本研究主要從信仰帶來的家庭衝突進行了分析，家庭之外的矛盾固然也有但並未集中涉及。因為這些青年佛教徒經歷的主要是家庭衝突，而且如能解決好家庭衝突，自然也就能解決好其他一切衝突。

精微深奧，並非本書一兩個章節可以涵蓋，這裡只起一個拋磚引玉的作用。此外，佛教的自我技術固然是要消解自我，但並不是否棄自我，而是在充分承認自我的本質和真實現狀的前提下消解自我，這從這些青年佛教徒對團體的態度以及他們跟善知識的交往中可以清楚的看出來。

通過「入世潛修」，這些青年信徒化解佛教信仰與俗世生活之間的衝突、解決個人信仰修學上的困惑，將信仰落實於生活，從而融合世出世。這時，整個俗世生活對他們來說就真的成為一種對自我的鍛造，也唯有這時他們才可能真正在社會上發揮出自身的影響力。

這個青年佛教徒群體的實踐或者說「入世潛修」的生活樣式一定程度上展現了漢地居士佛教發展的必然趨勢並為其提供了一種可能的形式，亦符合當前世界範圍內居士佛教發展的潮流。它不是傳統的出家之路，它屬於人間佛教的範疇，可以說是對當前流行的人間佛教的一種深入實踐。它是佛教信仰在現代社會存在發展的一種重要形式，也是受過高等教育的佛教青年信徒因應時代形勢和自身需要的一種必然選擇。同時，「入世潛修」亦是經典世俗化理論中的宗教世俗化之私人化趨勢的體現，居士或者說宗教信仰中俗人的力量增長，信徒的個體性和靈性較之以前得到了更多的關注和發展。

「入世潛修」的根本在於通過實修即佛教提供的自我的技術消解自我，從而化解世出世矛盾，進而尋求解脫或證悟，這正是佛教作為一個宗教的本質之所在。這群青年信徒選擇這樣一種生活樣式事實上回應了尉遲酣在上個世紀對民國太虛法師佛教改革的隱憂判斷——他認為民國時將佛教改為世俗的做法其實有失落中國獨特的修道方式的危險（China's unique forms of religious practice）。中國人並不缺乏宗教感，宗教修行（religious practices）或者說宗教中超越性的核心總是以各種形式在歷史中若隱若現。如今，它又以「入世潛修」的生活樣式在這些青年佛教徒身上體現出來，它正源於化解聖俗兩難的現實需要。

同時，「入世潛修」這一生活樣式還澄清了韋伯對大乘佛教無法發展出一種理性的、俗人的生活方法論的偏頗判斷。在韋伯的時代他的論斷或許是符合事實的，因為那個時代居士佛教的潮流尚未大量出現。然而，當

前中國社會以及世界宗教形勢事實上推動了居士佛教的發展。固然我們不能說「入世潛修」這一生活樣式一定會具有某種經濟上的效果，但它卻極可能是適合中國人的一種倫理狀況。韋伯在論述亞洲宗教的一般性格時這樣總結，如果有個知識階層深入追索世界及生命的意義，並願意對之進行體驗性的掌握，那麼他們總會走向印度「無形式的神祕主義」，並「進入那隱於俗世背後的平靜綠野」；若一個知識階層放棄遁世之努力，而代之以現世內自我完成的最高目標，那麼不論如何他們都會走向儒教君子理想的路途：亞洲的知識人文化本質上都是這兩種傾向之間的交錯融合。[3]「入世潛修」的生活樣式正是這樣一種融合在當代的體現，這群知識菁英內心的佛教信仰與外在的儒家入世傳統很好地結合在了一起。中國歷史上不乏如此實踐的士大夫，比如清代以彭紹升為代表的一批居士，他們的儒佛會通思想就體現了中國居士佛教的這一發展特色。[4]但筆者以為，「入世潛修」的生活樣式在當今時代尤其具有鮮明的理論和現實意義。

　　必須指出，本書通過 23 人的訪談資料歸納得出的「入世潛修」這一生活樣式只是一個理想型（ideal type）。它是我們用來理解佛教信仰及其實踐、理解我們自身文化特色的一個抽象工具。它同樣可以幫助這些青年信徒在超越個人的層面上理解為何他們的信仰生活會有如此多的困擾，為何他們不得不做這樣或那樣的選擇，為何聖俗似乎總難以兩全，從而可以洞悉影響自身信仰生活的更大的社會結構性力量。本研究這種努力正源於社會學的想像力以及宗教學的人文關懷。

二、佛教中國化的歷史實踐：適應

　　這群青年佛教徒面臨的首要問題是學佛如何與現實生活融合，問題的成因正在於佛教信仰的出世性與中國社會的入世導向之間的兩難。這不僅是他們個人信仰遇到的問題，這一問題更是佛教中國化在當代的一種具體表現，而這也是一個有著悠久歷史的問題。

　　本書第三章單辟一節集中分析了聖俗兩難的焦點所在，即出家。青年

3　韋伯，《韋伯作品集 X：印度的宗教──印度教與佛教》，頁 476。
4　張萌萌，《從彭紹升的儒佛思想看中國居士佛教的發展特色》，北京大學哲學宗教學
　　系 2007 屆碩士學位論文，頁 31。

信徒對此的態度和選擇正是他們信佛後能否妥善處理好家庭關係的關鍵。樣本中青年佛教徒父母的信仰狀況其實非常具有代表性，民間信仰、氣功、無神論者、道家以及佛教，這五類約略涵括了中國社會的主要信仰文化，其生活信念也符合中國普通百姓的一般思維方式。因此，他們對待子女信佛的態度一定程度上可以反映中國社會對佛教信仰的一個基本認識。有將近四成（39%）的父母反對或完全不知道子女的信仰；將近一半的父母（48%）在經歷衝突之後選擇寬容。這是佛教傳入中國近 2000 年後的樣本，而家庭分歧的焦點就在子女是否會出家。雖然今天說起佛教，一般人不容易想到它的外來身分，但在這樣的資料面前，還是能夠清楚的嗅到一絲「外來的」氣息。

西元 1 世紀，佛教自西域傳入中國。經過 300 多年的發展，到 4 世紀時中國社會的士大夫階層掀起了激烈的反對僧權之爭，主要由知識和權力菁英參與，而普通民眾中佛教信仰則傳播迅速。在印度，僧伽的競爭對手主要是其他類似的宗教團體，然而在中國僧人卻不得不和士大夫階層發生衝突。當時流行的反對僧權的觀點主要有四種：（1）僧人的活動以各種方式危害政府權威、社會穩定和繁榮；（2）寺院生活沒有生產價值因而對俗世毫無用處；（3）佛教是一種「胡」教，適合未開化的外國人；（4）寺院生活有損於自古以來的聖訓，因而極其不道德。士大夫們分別從政治經濟、功利主義、文化優越感以及道德倫理四個角度排斥佛教。[5] 前三個角度均在當時的爭論和歷史的見證中完全失去了效力，唯有道德倫理的立場仍然殘留在中國人的心理習慣中，若隱若現。

家庭是中國古代社會的基礎，也是一切社會倫理關係的基石。對中國人來說，孝道至上，「不孝有三，無後為大」是每一個人都熟稔的聖訓。個體必須服從家庭利益，婚姻更是保障父系傳承的重要手段。佛教傳入中國之前，獨身現象幾乎不存在。再加上中國人認為「身體髮膚受之父母」，不得損毀。因此辭親出家、剃盡頭髮、終生獨身生活，根本就與中國人最基本的倫理道德精神相違。

面對來自道德倫理的責難，孫綽在《喻道論》中指出，佛教的解脫之

5　許理和，《佛教征服中國──佛教在中國中古早期的傳播與適應》，李四龍、裴勇等譯，江蘇人民出版社，2005 年，頁 327。

道同時表現為最高的孝道。出家事實上是一種比通常履行社會責任更高明更有效的行孝方式，兒子地位的改變會帶來父親地位的變化；佛陀本人就是最完美的行孝典範，他在開悟成道之後也使父親皈依佛法。因此，寺院生活的最終目的成佛是與實現最高的社會美德一致的。[6]他從中國文化出發對佛教的「出家」做符合孝道的闡釋，以獲得更多的社會理解和認同。

在爭論和質疑聲中，佛教逐漸與中國文化相融合。5世紀初，慧遠作〈沙門不敬王者論〉，基本穩固了僧伽在中國社會的位置。隨後中國本土的傑出僧人不斷湧現，有中國特色的宗派也被創立出來，佛教在中國獲得了廣闊、深入的發展。到民國時，它已成為中國傳統文化中不可或缺的一支。然而實事求是地說，近2000年的發展和融合，佛教思想雖已滲入中國文化的骨髓，但佛教信仰並沒能對中國傳統的孝道倫理產生多大影響。中國民眾對佛教慣有的社會心理，一方面是虔誠地燒香拜佛，另一方面就是擔心子孫出家[7]。樣本中父母們態度正是如此。

許理和考察佛教最初傳入中國的歷史，稱之為「一個偉大的宗教征服了一個偉大的文化」，[8]然而《佛教征服中國》一書的小標題卻是「佛教在中國中古早期的傳播與適應」。也許中國社會最終接受了佛教，容納了僧團，中國人還吸收佛教思想開創出宋明理學的儒學高峰。但作為一個誕生自外文化的宗教，佛教在中國的傳播更多的是適應。針對倫理道德的非議，佛教從早期護教論開始，一直都採取迂迴方式，通過比附中國傳統道德來確認佛教信仰，盡可能將出家修行建立在中國傳統倫理道德的基石上。而事實是，佛教在印度誕生，其存在的合理性與中國式的倫理道德沒有什麼關係，它在印度也不曾碰到這樣的責難。然而在中國語境中面對中國問題，佛教不得不適應中國社會，這就是佛教中國化的歷史實踐。武則天時期就有關於「孝」的疑偽經《父母恩重經》出現，清晰顯示出佛教為了適應中國文化、在傳統孝道倫理基礎上發展自身的努力[9]。

6　許理和，《佛教征服中國——佛教在中國中古早期的傳播與適應》，頁350、353－354。

7　李四龍，〈佛教征服了什麼？〉，《法音》，1998年第9期。

8　許理和，《佛教征服中國——佛教在中國中古早期的傳播與適應》，頁283。

9　葛兆光，《中國思想史第1卷：七世紀前中國的知識、思想與信仰世界》，復旦大學出版社，2015年，頁393－405。

三、佛教中國化的當代實踐分析

當前中國的青年佛教徒學佛後面臨的首要問題是信仰如何與現實生活相結合。面對家庭矛盾和個體困惑，大多數青年佛教徒的最終選擇呈現為「入世潛修」的生活樣式，即留在世間尋求佛教的解脫。他們試圖融合聖俗，既照顧父母感情、順應社會倫理道德，又堅守自身的信仰。當然這並不容易做到。相對出家，也許留在世間是一條更難的路。最終去寺廟做全職義工的姜寧曾主動談到學佛的信仰之路與社會主流的差異，她也認為，如果真學得好的話，信仰與俗世生活是可以通的；但她目前信仰的力量還不夠。而事實是，要真正做到通達，不僅需要強大的信仰力量，還需要深入信仰實踐，體悟佛法，體味人生，運用智慧來化解聖俗兩難。

首先，這群青年將佛教信仰與現實生活結合起來的努力，正從信徒自身角度反映出佛教中國化的一種當代實踐面向。歷史上的護教者從未對世俗道德予以直接否定，而只是迂迴承認出家修行和在家奉養父母都有其合理性，並努力比附傳統道德。這些青年信徒的努力和選擇可以說為歷史上護教者的行為做了一個活生生的當代注解。而他們所呈現的「入世潛修」的生活樣式，正是佛教信仰與儒家入世傳統的一個完美結合。不管怎樣，佛教傳入中國，必須與中國本土傳統價值觀念相融合，才能獲得真正的發展，在當代更是如此。

可以說，除佛化家庭外，漢傳佛教中幾乎每一個自擇成為信徒的個體都會經歷這樣一個文化差異背景下的信仰成長過程。面對家庭矛盾和出世的佛教傳統，青年人逐步摸索、歷練，進而找到信仰方向。這個過程當然是一種信仰，但實質上也是一種對差異文化的體驗；正是在古往今來無數這樣的過程中，佛教真正的中國化了，也正是在每一個鮮活的佛教徒的具體信仰行為中佛教中國化的歷程不斷得到落實、推進和深入。而且，在古代這種成長過程可能相對容易，只需處理好佛教與漢文化的差異即可。現代社會由於傳統文化日漸式微，再加上現代教育的影響，青年人接觸佛教後碰到的聖俗衝突可能會更大，信仰的成長會更艱難。

在所有外來宗教中，佛教的中國化無疑是非常成功的。然而，時至今日，佛教的中國化並沒有結束，它還將持續下去。只有深入理解了佛教信

仰與俗世生活間的各種兩難並智慧地處理好它們，信徒才可能真正活出自己的信仰，佛教也才可能在中國社會發揮更多的積極作用，普通民眾對佛教的印象才有可能扭轉。這個問題絕不只是信徒自身的信仰成長，它影響著佛教中國化的當代形態。而它能否在中國社會徹底解決，還有待於能真正超越文化差異、融合文化精髓的大智慧。

其次，「入世潛修」的生活樣式既是佛教中國化實踐在當代的一種真實體現，又是對「人間佛教」入世精神的一種繼承和深入實踐。禪宗六祖慧能大師在《壇經》中提出了著名的偈子：「佛法在世間，不離世間覺，離世覓菩提，恰如求兔角。」作為典型的佛教中國化的宗派，禪宗已經指明了解脫須在俗世中獲得，世出世其實無法截然分開，聖俗本來不二。太虛法師正是在此基礎上提出了「人生佛教」的基本思想，即強調佛教回歸現實人生、參與社會的面向，進而推動了流行至今的「人間佛教」的發展。而佛教本身亦給信眾提供了能夠化解聖俗兩難的各種宗教技術。因此，信徒只要運用這些技術進行信仰實踐，就能化解遇到的各種矛盾衝突，融合聖俗，進而於俗世覓得解脫。這些青年佛教徒繼承了人間佛教的入世思想，並以「入世潛修」的生活樣式對這一精神進行了深入實踐。當他們化解各種聖俗衝突之後，便開始觀照到自身之外的世界，感受到自己與他人之間的聯繫，進而能主動承擔自身責任並生發起一種想要幫助更多人的利他之心。這時，人間佛教回歸現實人生、參與社會的面向，就在他們身上得到了真實的體現。也正如太虛法師所言：「仰止唯佛陀，完成在人格，人成即佛成，是名真現實。」

在這些青年「入世潛修」的生活樣式中，佛教適應了中國本土文化和社會環境，同時也保留了自身核心的理論和實踐特色，可以說它是佛教的適應性和中華文明的包容性共同作用的結果，亦可作為對韋伯所刻畫的世界諸宗教生活樣式理想型的一個來自中國大乘佛教方面的有益補充。

因此，回應前言部分對於佛教中國化的界定，我們認為，佛教的中國化不能僅僅流於一句抽象的話語口號，也不能僅僅落在佛教理論和歷史的爬梳整理，而要將佛教中國化的思想和精神融入到每個信徒具體的信仰行為中。本研究這些青年在接受佛教信仰之後，自覺努力地將佛教教義、儀軌和修持與中國傳統價值觀念和社會文化環境相融合，進而形成了具有中

國文化特色的信仰實踐的生活樣式。這正是佛教中國化的當代實踐的一種體現。

四、應重視對佛教青年信徒的引導

習近平總書記在 2016 年全國宗教工作會議上指出，做好黨的宗教工作，關鍵要在「導」上想得深、看得透、把得準，做到「導」之有方、「導」之有力、「導」之有效，牢牢掌握宗教工作主動權。同時指出，積極引導宗教與社會主義社會相適應，一個重要的任務就是支持我國宗教堅持中國化方向。

本研究中這些青年信佛後面臨的首要問題正是佛教信仰要如何與現實生活相融合。該群體的主流通過信仰實踐摸索的結果呈現為一種「入世潛修」的生活樣式，即不出家、留在世間尋求佛教的解脫，將信仰與現實生活結合起來。這一問題的成因正在於佛教信仰的出世傳統與中國社會的入世導向之間的兩難，而這一過程正構成佛教中國化的當代實踐的一種具體面向。而這一問題和現象本身，則顯示出青年接觸佛教信仰之後尤其需要相關的引導。

前文對訪談資料的分析中，多處直接涉及到引導的問題。比如關於佛教信仰與俗世生活的兩難，信徒如何處理家庭矛盾化解聖俗衝突，關鍵在於他最初接觸佛教時形成的信念，也就是向他傳播佛教的這個人或群體對於信仰的強調和落腳點在哪裡，如果強調出世的方向，那麼信徒在生活中跟家庭、跟世間的張力就會比較大，聖俗衝突往往會難以化解。而且資料顯示，並不是經常接觸僧人的信徒就一定會想出家，關鍵在於引導的方向；只要引導適當，信徒的家庭矛盾或聖俗兩難完全都可以化解。再比如《大乘解脫論》研討班這一尋找信仰方向的典型事件，亦集中而鮮明地呈現出引導的問題。不論是參加過研討班的信徒還是通過研討班走上出家之路進而再幫助寺廟推廣研討班的宗白法師，都承認該研討班初期的引導方向不合適，存在過分注重出世傾向的問題。宗白法師在反思研討班問題後表示：要讓大家在各自的工作崗位和生活中也能夠慢慢體會佛法，進而改善生命狀態；有緣人可能會走上出家之路，這是個人因緣，但我們不能從整體上這樣來引導。又比如，23 人的訪談對象，大部分都比較認同青年學佛時

需要的是善知識或實修的引導。而不論是善知識還是實修的引導，很大的作用都是要化解聖俗兩難。

因為他們年輕，不僅對人生對社會都缺乏閱歷，而且對於本就不甚熟悉的佛教信仰更是缺乏經驗。而由於經驗、資訊和認知的缺乏，青年信眾與宗教推廣者之間其實還存在明顯的資訊不對稱現象。很多時候，一些宗教推廣者的意圖並不一定與青年信徒的真實需要相符合。這也是訪談資料中反映的青年信徒會不斷在信仰的領域摸索的一個直接原因。這其實需要信徒能夠客觀地瞭解自己瞭解環境，進而做一個理智的分析和判斷；而不是一涉及宗教信仰，就直接跟從推廣者的引導從「信」入手，不加理性分析。然而這一現象的複雜性，卻並不一定為廣大的青年信徒所知曉。

這一引導的問題，不僅僅是佛教界需要引起重視，也是我國當前宗教工作需要加強的一項重要內容。佛教界可能需要在宗教傳播時對青年信眾予以格外關注，重視對他們引導的全面性和針對性，亦應在引導青年信眾時注意與社會主義核心價值觀相接軌。而相關宗教管理部門則尤其需要注意青年信眾與一般信眾相比獨特的現實引導需要，並引領推動宗教界相應予以正面關注。

對佛教青年信徒來說，不僅要引導他們正信正行，幫助他們提升認識、掌握相關技術、化解聖俗兩難，同時還要積極引導他們踐行社會主義核心價值觀，勇於承擔責任、服務社會，將美好的青春投入到實現中華民族偉大復興中國夢的宏偉事業中去。事實上，這些青年信徒的主流自覺選擇了「入世潛修」的生活樣式，正顯示出佛教信仰與中國社會文化環境相融合的良好基礎，他們確實愛國愛家，不少信徒亦明確贊同：「成佛先成人。」因此如果能注意解決好引導的問題，減少他們對聖俗兩難的困擾和信仰摸索，幫他們化解世出世的矛盾，完全可以讓他們與全國其他青年一道，在中國特色社會主義現代化建設的實踐中發揮出更大的作用和價值。因此，做好對佛教青年信徒的引導工作，亦有助於將這些青年信徒團結在黨和政府周圍，從而讓他們在潛移默化、春風化雨之中徹底融化於中華文化的大懷抱。這也是支持佛教中國化的當代實踐的一個重要內容。

總而言之，本研究從人的立場出發，提供了一份活生生的當代青年佛

教徒信仰實踐的深描。也許佛教界的善知識講法時對於信徒們面臨的這些聖俗兩難的問題會有涉及，但是從信徒視角進行的這種客觀呈現還是有其難以替代的研究價值。因為如果沒有信眾，其實就不會有宗教的延續和發展。這樣的呈現也因其更直接、深入和全面，而更為真實、客觀和有力量。

　　本研究不僅為佛教融於中國化於中國的歷史給出了一份鮮活的現代版闡釋，也為解決宗教本土化過程中的文化衝突提供了一個當代中國文化的成功範例。它為佛教中國化的深入研究和理論建構準備了一個良好的實證基礎，亦可作為當前宗教治理工作的一個有益參考。

參考文獻

中文

著作

艾爾・巴比，《社會研究方法》，邱澤奇譯，華夏出版社，2005 年。

愛彌爾・塗爾幹，《宗教生活的基本形式》，渠東、汲喆譯，上海人民出版社，2006 年。

──《自殺論》，馮韻文譯，商務印書館，1996 年。

──〈人性的兩重性及其社會條件〉，渠東譯，載《亂倫禁忌及其起源》，上海人民出版社，2003 年。

安東尼・吉登斯，《現代性與自我認同》，趙旭東、方文譯，王銘銘校，生活・讀書・新知三聯書店，1998 年。

──《社會學方法的新規則──一種對解釋社會學的建設性批判》，田佑中、劉江濤譯，文軍校，社會科學文獻出版社，2003 年。

彼得・貝格爾等，《漂泊的心靈──現代化過程的意識變遷》，曾維宗譯，臺北，巨流圖書公司出版，1985 年。

查理斯・泰勒，《自我的根源──現代認同的形成》，譯林出版社，2001 年。

陳兵、鄧子美，《20 世紀中國佛教》，民族出版社，2000 年。

陳向明，〈質性研究的理論範式與功能定位〉，見《質性研究：反思與評論》，重慶大學出版社，2008 年。

陳向明、朱曉陽、趙旭東主編，《社會科學研究：方法評論》，重慶大學出版社，2006 年。

鄧子美、陳衛華、毛勤勇，《當代人間佛教思潮》，甘肅人民出版社，2009 年。

費孝通，《鄉土中國‧生育制度》，北京大學出版社，1998 年。

福柯，《瘋癲與文明》，劉北成、楊遠嬰譯，生活‧讀書‧新知三聯書店，2003 年。

霍姆斯‧維慈，《中國佛教的復興》，王雷泉、包勝勇、林倩等譯，上海古籍出版社，2006 年。

李四龍，《歐美佛教學術史──西方的佛教形象與學術源流》，北京大學出版社，2009 年。

李素菊、劉綺菲，《青年與「宗教熱」》（下篇），中國青年出版社，2000 年。

《六祖大師法寶壇經》（宗寶本），《大正藏》，第 48 冊，351b。

劉成有，《近現代居士佛學研究》，巴蜀書社，2002 年。

盧克曼，《無形的宗教──現代社會中的宗教問題》，覃方明譯，中國人民大學出版社，2003 年。

羅伯特‧貝拉，《德川宗教──現代日本的文化淵源》，王曉山、戴茸譯，三聯書店（倫敦）牛津大學出版社，1998 年。

牟鐘鑒、張踐，《中國宗教通史》（上、下），社會科學文獻出版社，2003 年。

羅德尼‧斯達克、羅傑爾‧芬克，《信仰的法則──解釋宗教之人的方面》，楊鳳崗譯，中國人民大學出版社，2004 年。

潘桂明，《中國居士佛教史（上）、（下）》，中國社會科學出版社，
　　2000 年。

喬治・H・米德，《心靈、自我與社會》，趙月瑟譯，上海譯文出版社，
　　2005 年。

孫尚揚，《宗教社會學》，北京大學出版社，2003 年。

韋伯，《韋伯作品集 V：中國的宗教、宗教與世界》，康樂、簡惠美譯，
　　廣西師範大學出版社，2004 年。

　　——《韋伯作品集 VIII：宗教社會學》，康樂、簡惠美譯，廣西師範
　　大學出版社，2005 年。

　　——《韋伯作品集 X：印度的宗教——印度教與佛教》，康樂、簡惠
　　美譯，廣西師範大學出版社，2005 年。

　　——《韋伯作品集 XII：新教倫理與資本主義精神》，康樂、簡惠美譯，
　　廣西師範大學出版社，2007 年。

　　——《入世修行：馬克斯・韋伯脫魔世界理性集》，王容芬、陳維
　　綱譯，天津人民出版社，2007 年。

威廉・詹姆斯，《宗教經驗之種種——對人性的研究》，蔡怡佳、劉宏
　　信譯，廣西師範大學出版社，2008 年。

吳飛，《麥芒上的聖言——一個鄉村天主教群體中的信仰和生活》，香港，
　　道風書社，2001 年。

　　——《浮生取義——對華北某縣自殺現象的文化解讀》，中國人民出
　　版社，2009 年。

吳言生、賴品超、王曉朝主編，《佛教與基督教對話》，中華書局，2005 年。

謝宇，《社會學方法與定量研究》，社會科學文獻出版社，2006 年。

許理和，《佛教征服中國——佛教在中國中古早期的傳播與適應》，李四
　　龍、裴勇等譯，江蘇人民出版社，2005 年。

嚴耀中，《佛教戒律與中國社會》，上海古籍出版社，2007 年。

——《漢傳密教》，學林出版社，1999 年。

約翰・斯通，《社會中的宗教——一種宗教社會學》，尹今黎、張蕾譯，四川人民出版社，1991 年。

約瑟夫・A・馬克斯威爾著，《質的研究設計：一種互動的取向》，朱光明譯，重慶大學出版社，2007 年。

論文

陳彬，〈當代國內關於中國宗教的社會學研究述評：回顧與思考〉，來源：社會學人類學中國網 2005 年 9 月 28 日。

陳彬，〈當前大學生宗教信仰調查研究的回顧、批判與反思〉，《中國城市經濟》，2011 年第 1 期。

福柯，〈自我的技術〉（Technologies of the Self），吳飛譯，未刊稿。

福柯，〈自我技術〉（《福柯文選》III），汪民安編，北京大學出版社，2016 年，頁 48 － 104。

龔雋，〈從現代性看「人間佛教」——以問題為中心的論綱〉，載《佛教傳統與當代文化》，中華書局，2006 年，頁 39 － 60。

侯灃君，《大學生基督徒宗教信仰的形成及宗教實踐的特徵——以上海 S 大學的調查研究為例》，華東師範大學法政學院社會學系 2007 屆碩士學位論文。

華樺，《上海大學生基督徒的身分認同及成因分析》，華東師範大學教育科學學院教育學系 2007 屆博士學位論文。

——〈大學生信仰基督教狀況調查——以上海部分高校大學生為例〉，《青年研究》，2008 年第 1 期，頁 27 － 34。

——〈我國青年和大學生信教現象研究綜述〉，《理論觀察》，2009 年第 3 期，頁 129 － 132。

汲喆，〈居士佛教與現代教育〉，載《北京大學教育評論》，2009 年 7 月第七卷第 3 期，頁 41 － 64。

——〈復興三十年：當代中國佛教的基本資料〉，載《佛教觀察》總第 5 期，2009 年 7 月。

——〈如何超越經典世俗化理論？——評宗教社會學的三種後世俗化論述〉，載《社會學研究》，2008 年第 4 期，頁 55 － 75。

柯利弗德・格爾茨，〈作為文化體系的宗教〉，載《文化的解釋》，上海人民出版社，1999 年，頁 101 － 147。

李四龍，〈美國佛教的傳播經驗〉，載《世界宗教文化》，2009 年第 2 期，頁 16 － 19。

——〈基督禪與佛教自覺〉，《北京大學學報（哲學社會科學版）》，2010 年 1 月，頁 76 － 83。

李向平、高虹，〈人間佛教的制度變遷模式——當代中國四大寺廟的比較研究〉（上、下），見《佛教論壇》，2008 年第 5、6 期，頁 9 － 21，頁 43 － 53。

梁麗萍，〈中國人的宗教皈依歷程：以山西佛教徒與基督教徒為對象的考察〉，載《宗教學研究》，2005 年第 1 期，頁 118 － 125。

齊曉瑾，〈尋找心中的淨土：出世抑或入世〉，見《中國宗教與社會高峰論壇暨第五屆宗教社會科學國際研討會論文集（下）》，2008 年，頁 360 － 369。

上海社科院宗教研究所課題組，〈松江大學城大學生宗教信仰狀況調查報告〉，載於金澤、邱永輝主編，《中國宗教報告（2009）》，社會科學文獻出版社，2009 年，頁 265 － 284。

蘇杭，《北京市大學生基督徒聚會點個案研究》，中央民族大學哲學與宗教學系 2007 屆碩士學位論文。

孫尚揚、韓琪，〈北大學生對基督宗教的態度：初步調查與分析〉，《輔仁宗教研究》，2009 年秋，頁 55 － 88。

譚偉，〈中國居士佛教略論〉，《社會科學戰線》，2002 年第 5 期，頁 61 － 67。

王虹美，《「成全」及其超越——艾香德傳教模式研究》，北京大學哲學宗教學系 2011 屆碩士學位論文。

韋伯，〈世界宗教的經濟倫理〉，載《儒教與道教》，王容芬譯，北京，商務印書館，1995 年，頁 5 － 40。

吳飛，〈一個寺廟的制度變遷〉，《北京大學研究生學刊》，1998 年第 1 期，頁 28 － 38。

楊善華、孫飛宇，〈作為意義探究的深度訪談〉，《社會學研究》，2005 年第 5 期，頁 53 － 68。

章軍、黃劍波，〈宗教信仰對青少年生命狀況的影響——以基督徒為例的定量問卷調查研究〉，《青年研究》，2008 年第 9 期，頁 41 － 48。

張萌萌，《從彭紹升的儒佛思想看中國居士佛教的發展特色》，北京大學哲學宗教學系 2007 屆碩士學位論文。

朱鯤鵬，《大學生「跑廟」行為的社會學思考——基於對 A 城市八方殿寺廟的考察》，安徽師範大學 2010 屆碩士學位論文。

左鵬，〈象牙塔中的基督徒——北京市大學生基督教信仰狀況調查〉，《青年研究》，2004 年第 5 期，頁 11 － 18。

——〈情感歸屬與信仰選擇——北京某大學校園內基督教聚會點調查〉，《當代宗教研究》，2005 年第 3 期，頁 34 － 38。

——〈當代大學生宗教信仰問題解析〉，《思想理論教育》，2006 年 9 月，頁 40 － 43。

佛教術語主要參考：

陳兵，《新編佛教辭典》，中國世界語出版社，1994 年。

任繼愈主編，《佛教大辭典》，南京，江蘇古籍出版社，2002 年。

慈怡主編，《佛光大辭典》（第三版），高雄，佛光出版社，1988 年。

英文

著作

Astin, Alexander W., Astin, Helen S. & Lindholm, Jennifer A, 2011, *Cultivating the Spirit: How College Can Enhance Students' Inner Lives*, Jossey-Bass.

Baehr, Peter & Wells, Gordon C. (trans., eds.), 2002, *The Protestant Ethic and the "Spirit " of Capitalism and Other Writings*, Penguin Books.

Bazeley, Patricia & Richards, Lyn, 2000, *The Nvivo Qualitative Project Book*, Sage Publications.

Berger, Peter L, 1969, *The Sared Canopy: Elements of a Sociological Theory of Religion*, New York: Anchor Books.

Blofeld, John, 1948, *The Jewel in the Lotus: an Outline of Present Day Buddhism in China*, London: The Buddhist Society, Sidgwick & Jackson Ltd.

Browning, Don S. & Miller-McLemore, Bonnie J. (ed.), 2009, *Children and Childhood in American Religions*, Rutgers University Press.

Casanova, José, 1994, *Public Religions in the Modern World*, The University of Chicago Press.

Chandler, Stuart, 2004, *Establishing a Pure Land on Earth: The Foguang Buddhist Perspective on Modernization and Globalization*, University of Hawaii Press.

Charmaz, K, 2006, *Constructing Grounded Theory: A Practical Guide through Qualitative Analysis*, London: Sage Publications.

Creswell, J.W, 1998, *Qualitative Inquiry and Research Design: Choosing among Five Traditions*, Thousand Oaks: Sage Publications.

Denzin, N.K, & Lincoln, Y.S. (eds.), 2005, *The SAGE Handbook of Qualitative Research*, Thousand Oaks: Sage Publications.

Dillon, Michele (ed.), 2003, *Handbook of Sociology of Religion*, Cambridge

University Press.

Gerth, H. H. & Mills, C. W. (trans., ed.), 1947, *From Max Weber: Essays in Sociology*, Lowe & Brydone Printers, Ltd.

Huang, C. Julia, 2009, *Charisma and Compassion: Cheng Yen and the Buddhist Tzu Chi Movement*, Harvard University Press.

Kleinman, Arthur, 1986, *Social Origins of Distress and Disease: Depression, Neurasthenia, and Pain in Modern China*, New Haven: Yale University Press.

Learman, Linda (ed.), 2005, *Buddhist Missionaries in the Era of Globalization*, University of Hawaii Press.

Loundon, Sumi (ed.), 2001, *Blue Jean Buddha: Voices of Young Buddhists*, Boston: Wisdom Publications.

—— 2006, *The Buddha's Apprentices: More Voices of Young Buddhists*, Boston: Wisdom Publications.

Martinson, Roland D., Anderson, David W. & Hill, Paul, 2006, *Coming of Age: Exploring the Identity and Spirituality of Younger Men*, Augsburg Books.

Overmyer, Daniel, 2003, *Religion in China Today*, Cambridge, UK: Cambridge University Press.

Pittman, Don A, 2001, *Toward a Modern Chinese Buddhism: Taixu's Reforms*, Honolulu: University of Hawaii Press.

Roehlkepartain, Eugene C., King, Pamela Ebstyne, Wagener, Linda M. & Benson, Peter L, 2006, *The Handbook of Spiritual Development in Childhood and Adolescence*, Sage Publication, Inc.

Roth, Guenther & Wittich, Claus (ed.), 1978, *Economy and Society: an Outline of Interpretive Sociology (Volume I)*, The Regents of the University of California.

Seidman, I, 2006, *Interviewing as Qualitative Research: A Guide for*

Researchers in Education and the Social Sciences (3rd ed.), New York: Teachers College Press.

Shahar, Meir & Weller, Robert P, 1996, *Unruly Gods : Divinity and Society in China*, University of Hawaii Press.

Smith, Christian & Denton, Melinda Lundquist, 2005, *Soul Searching: The Religious and Spiritual Lives of American Teenagers*, Oxford University Press.

——2008, *National Study of Youth and Religion Telephone Survey Codebook Introduction and Methods (Waves 1, 2 & 3)*, Chapel Hill, NC: National Study of Youth and Religion.

Smith, Christian & Snell, Patricia, 2009, *Souls in Transition: The Religious and Spiritual Lives of Emerging Adults*, Oxford University Press.

Welch, Holmes, 1967, *The Practice of Chinese Buddhism, 1900-1950*, Cambridge, MA: Harvard University Press.

—— 1968, *The Buddhist Revival in China, Cambridge*, MA: Harvard University Press.

—— 1972, *Buddhism under Mao*, Cambridge, MA: Harvard University Press.

Weller, Robert P, 1987, *Unities and Diversities in Chinese Religion*, Bashingstoke, Hampshire: Macmillan Press.

Wolf, Arthur P. (ed.), 1974, *Religion and Ritual in Chinese Society*, Standford University Press.

Yang, C. K, 1970, *Religion in Chinese Society: A Study of Contemporary Social Functions of Religion and Some of Their Historical Factors*, University of California Press.

論文

Ashiwa, Yoshiko & Wank, David L.,"The Politics of a Reviving Buddhist Temple: State, Association, and Religion in Southeast China", *The Journal of Asian Studies* 65, No.2 (May 2006):337-359.

—— "The Globalization of Chinese Buddhism: Clergy and Devotee Networks in the Twentieth Century ", *International Journal of Asian Studies*, 2, 2(2005), pp.217-237.

Birnbaum, Raoul, "Buddhist China at the Century's Turn ", *The China Quarterly*, No.174 (Jun, 2003), pp.428-450.

Coleman, H. & Unrau, Y. A, 2005, "Analyzing Qualitative Data", In Grinnell, R. M. Jr. & Unrau, Y. A. (eds.), *Social Work Research and Evaluation: Quantitative and Qualitative Approaches (7th ed.)* Oxford, UK: Oxford University Press, pp.403-420.

—— 1996, "Phase Three: Analyzing Your Data", In Tutty, L. M., Rothery, M. & Grinnell, R. M. Jr, *Qualitative Research for Social Workers: Phases, Steps, and Tasks*, Boston: Allyn and Bacon, pp.88-119.

Fisher, Gareth, "The Spiritual Land Rush: Merit and Morality in New Chinese Buddhist Temple Construction", *The Journal of Asian Studies*, Vol.67, No.1 (February) 2008: 143-170.

Hahn, Thomas H, 1989, "New Developments concerning Buddhist and Taoist Monasteries", *The Turning of the Tide: Religion in China Today*, Julian Pas (eds.), Hong Kong: Hong Kong Branch Royal Asiatic Society and Oxford University Press, pp.79-101.

Hall, Brian, "Social and Cultural Contexts in Conversion to Christianity among Chinese American College Students", *Sociology of Religion*, Vol.67, No.2, Special Issue: Conversion to Christianity among the Chinese (Summer, 2006), pp.131-147.

Havens, Joseph, "The Changing Climate of Research on the College Student and His Religion", *Journal for the Scientific Study of Religion*, Vol.3, No.1 (Autumn, 1963), pp.52-69.

Hastings, Philip K. & Hoge, Dean R, "Religious Change among College

Students over Two Decades ", *Social Forces*, Vol.49, No.1 (Sep, 1970), pp.16-28.

———"Changes in Religion among College Students, 1948 to 1974", *Journal for the Scientific Study of Religion*, Vol.15, No.3 (Sep, 1976), pp.237-249.

——— "Religious Trends among College Students, 1948-79", *Social Forces*, Vol.60, No.2, Special Issue (Dec, 1981), pp.517-531.

———"Religious and Moral Attitude Trends Among College Students, 1948-84", *Social Forces*, Vol.65, No.2 (Dec, 1986), pp.370-377.

Hoge, Dean R, 1969, "College Students' Religion: A Study of Trends in Attitudes and Behavior", PhD Dissertation, Harvard University.

———"College Students' Value Patterns in the 1950's and 1960's", *Sociology of Education*, Vol.44, No.2 (Spring, 1971), pp.170-197.

———"Changes in College Students' Value Patterns in the 1950's, 1960's, and 1970's", *Sociology of Education*, Vol.49, No.2 (Apr, 1976), pp.155-163.

——— & Petrillo, Gregory H., "Development of Religious Thinking in Adolescence: A Test of Goldman's Theories", *Journal for the Scientific Study of Religion*, Vol.17, No.2(Jun, 1978), pp.139-154.

——— , Hoge, Jann L. & Wittenberg, Janet, "The Return of the Fifties: Trends in College Students' Values between 1952 and 1984", *Sociological Forum*, Vol.2, No.3 (Summer, 1987), pp.500-519.

Huang, Chien-Yu Julia & Weller, Robert P, 1998, "Merit and Mothering: Women and Social Welfare in Taiwanese Buddhism", *The Journal of Asian Studies* 57(2):379-396.

Ji Zhe, "Buddhism and the State: the New Relationship", http://chinaperspectives. revues.org/document408.html.

Laliberté, André, 2010, "Religion and the Changing Welfare Regime of China: Buddhist Philanthropy as a Case Study", In *The Present and Future of*

Religion in China(II): The 7th Annual Conference of Social Science of Religion in China, pp.1009-1028.

Li Xiangping, "A Case Study of Interreligious Relations in Contemporary China: Buddhist-Christian Interaction in Four Southeast Cities", *Ching Feng*, n.s., 5.1(2004) 93-118.

Magolda, Peter & Ebben, Kelsey, "Students Serving Christ: Understanding the Role of Student Subcultures on a College Campus", *Anthropology & Education Quarterly*, Vol.38, No.2(Jun., 2007), pp.138-158.

McCarthy, Susan K, 2008, "Doing Strange Things: Spirituality, Religious Practice and Faith-based Charity in Contemporary China", In *Religion and Society in China (II): The 5th Annual Conference of Social Science of Religion in China*, pp.305-325.

Moberg, David O. & Hoge, Dean R, "Catholic College Students' Religious and Moral Attitudes, 1961 to 1982: Effects of the Sixties and the Seventies", *Review of Religious Research*, Vol.28, No.2(Dec, 1986), pp.104-117.

Stark, Rodney, "On the Incompatibility of Religion and Science: A Survey of American Graduate Students", *Journal for the Scientific Study of Religion*, Vol.3, No.1 (Autumn, 1963), p.11.

Smith, Christian, "Social Predictors of Retention in and Switching from the Religious Faith of Family of Origin: Another Look Using Religious Tradition Self-Identification", *Review of Religious Research*, Vol.45, No.2 (Dec, 2003), pp. 188-206.

Tsui, Bartholomew P. M, 1989, "Recent Developments in Buddhism in Hong Kong", *The Turning of the Tide: Religion in China Today*, Julian Pas (eds.), Hong Kong: Hong Kong Branch Royal Asiatic Society and Oxford University Press, pp.299-311.

Weller, Robert P, 2008, "Asia and the Global Economies of Charisma", *Religious Commodifications in Asia: Marketing Gods*, Pattana Kitiarsa (eds.), New York: Routledge, pp.15-30.

Welch, Holmes, 1973, "The Buddhists' Return", *Far Eastern Economic Review*, July 16, pp.26-30.

Wuthnow, Robert & Glock, C. Y, "Religious Loyalty, Defection, and Experimentation Among College Youth", *Journal for the Scientific Study of Religion*, Vol.12, No.2(Jun, 1973), pp. 157-180.

Yang, Fenggang & Wei, Dedong, 2005, "The Bailin Buddhist Temple: Thriving under Communism", *State, Market, and Religions in Chinese Societies*, edited by Yang, Fenggang & Tamney, Joseph B, Leiden, Boston: Brill, pp.63-86.

Yang, Fenggang & Leamaster, R. J, 2010, "Buddhists in China Today", In *The Present and Future of Religion in China(II): The 7th Annual Conference of Social Science of Religion in China*, pp.1041-1060.

Zurcher, Erik, 1980, "Buddhism Influence on Early Taoism: A Survey of Scriptural Evidence", *T'oung Pao* 66(1-3):8-147.

附錄

表一、訪談對象基本資訊

化名	性別	年齡	從皈依算起學佛時間	是否初學[1]
薛毅	男	30	3 年半	
謝寬	男	21	3 年多	
張蘭	女	36	大約 7 年	
龍韜	男	28	5 年	
曾蘅	女	23	2 個月	是
齊馨	女	29	6 年	
呂薇	女	28	4 年	
羅競	男	26	10 年	
關培	男	34	3 年	
陸融融	女	25	3 年半	
周源	男	28	5 年	
秦珊珊	女	29	1 年	是
楊煜	男	24	9 年	
盧一帆	男	23	2 年半	是
侯諾然	男	31	大約 5 年	
王鋒	男	24	3 年多	
李懷恩	女	35	5 年半	

1　本研究中是否初學的評判標準是接觸佛教時間尚不滿 3 年。

孟雯	女	25	大約 1 年半	是
隋楓	女	25	小半年	是
文魁	男	25	3 年半	
陳曉華	女	34	5 年半	
姜寧	女	30	4 年多	
曹倜	男	23	4 年	

表二、修行宗派的分布（人數）

漢傳佛教					藏傳佛教		
淨土宗	禪宗	漢地密宗	不明確宗派（禪淨雙修；什麼都摸一下；學教理等）	「忙修瞎練、佛道互參」[2]	寧瑪	格魯	噶舉
2	6	2	7	1	1	2	2

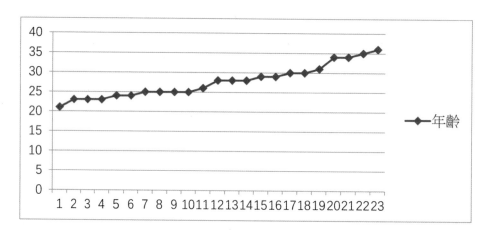

圖一、年齡趨勢

2　受訪者調侃地這麼形容自己的派別，此處即用他的原話。

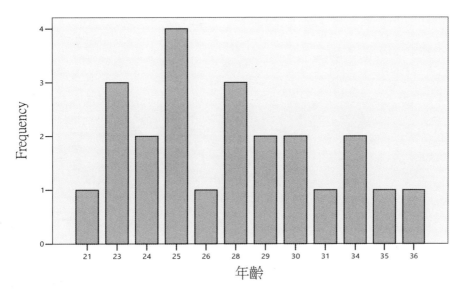

圖二、年齡分布

後記

　　本書的訪談完成於 2011 年，初稿撰寫完成於 2012 年，今年終於得以出版，已是 2022 年。十年的光陰，相關的人事物都有不小的變化。筆者曾萌生十年後再次訪談書中這些人的想法，進行歷時比較，但實在力不從心故而作罷。儘管如此，書中訪談對象真實的生命體驗呈現出來的問題和解決方案，在今天仍有其鮮活的參考價值。

　　此次出版，補充了一些近年來的相關研究文獻，可能還不夠全面。對於導論部分的一些數據，為保持本書前後分析的一致性，則沒有做變更。

　　這份研究成果今天能夠出版，首先要感謝我的母校北京大學，感謝這裡所有培養我的師長！其次要感謝中國社會科學院馬克思主義研究院，感謝領導和同事的支持與幫助！最後要感謝所有的訪談對象，感謝你們的信任以及對學術研究的支持！同時，還要感謝所有支持我幫助我的朋友們和同學們！感謝愛我的親人們！感謝蘭臺出版社編輯的辛勤工作！

　　本書如有任何疏漏，責任由筆者承擔。

國家圖書館出版品預行編目資料

佛教中國化的當代實踐：北京地區青年佛教徒的信仰生活
/ 韓琪著. -- 初版. -- 臺北市：蘭臺出版社, 2022.09
  面；　公分. --（佛教研究叢書；14）
ISBN 978-626-95091-8-8(平裝)

1.CST: 佛教 2.CST: 信仰 3.CST: 文集 4.CST: 北京市

220.7   111010805

佛教研究叢書14

佛教中國化的當代實踐：
北京地區青年佛教徒的信仰生活

作　　者：韓琪
總　　編：張加君
主　　編：沈彥伶
校　　對：楊容容、古佳雯
美　　編：沈彥伶
封面設計：陳勁宏
出　　版：蘭臺出版社
地　　址：臺北市中正區重慶南路1段121號8樓之14
電　　話：(02) 2331-1675 或 (02) 2331-1691
傳　　真：(02) 2382-6225
E - MAIL：books5w@gmail.com或books5w@yahoo.com.tw
網路書店：http://5w.com.tw/
　　　　　https://www.pcstore.com.tw/yesbooks/
　　　　　https://shopee.tw/books5w
　　　　　博客來網路書店、博客思網路書店
　　　　　三民書局、金石堂書店
經　　銷：聯合發行股份有限公司
電　　話：(02) 2917-8022　　傳真：(02) 2915-7212
劃撥戶名：蘭臺出版社　　　帳號：18995335
香港代理：香港聯合零售有限公司
電　　話：(852) 2150-2100　　傳真：(852) 2356-0735
出版日期：2022年9月 初版
定　　價：新臺幣800元整（平裝）
ISBN：978-626-95091-8-8